国家开放教育汽车类专业（本科）规划教材
全国汽车职业教育人才培养工程规划教材

汽车评估

国家开放大学汽车学院组织编写
成 英 刘晓锋 汪 磊 主编

人民交通出版社股份有限公司·北京
国家开放大学出版社·北京

内 容 提 要

本书为国家开放教育汽车类专业(本科)规划教材、全国汽车职业教育人才培养工程规划教材之一。主要内容包括:绪论、汽车评估基础知识、新汽车评估、二手车技术状况鉴定、二手车价格评估方法、二手车交易实务、汽车碰撞损失评估。

本书可作为普通高等教育院校汽车服务工程和其他相关专业教材或教学参考书,也可供汽车服务行业和相关工程技术人员参考使用。

图书在版编目(CIP)数据

汽车评估/成英,刘晓锋,汪磊主编.—北京:
人民交通出版社股份有限公司:国家开放大学出版社,
2019.9
　　ISBN 978-7-114-15581-9

Ⅰ.①汽…　Ⅱ.①成…②刘…③汪…　Ⅲ.①汽车—评估　Ⅳ.①U472

中国版本图书馆 CIP 数据核字(2019)第 105843 号

书　　　名:	汽车评估
著　作　者:	成　英　刘晓锋　汪　磊
责任编辑:	郭　跃
责任校对:	孙国靖　魏佳宁
责任印制:	张　凯
出版发行:	人民交通出版社股份有限公司
	国家开放大学出版社
地　　　址:	(100011)北京市朝阳区安定门外外馆斜街 3 号
	(100039)北京市海淀区西四环中路 45 号
网　　　址:	http://www.ccpress.com.cn
	http://www.crtvup.com.cn
销售电话:	(010)59757973
	(010)68180820
总 经　销:	人民交通出版社股份有限公司发行部
经　　　销:	各地新华书店
印　　　刷:	北京市密东印刷有限公司
开　　　本:	787×1092　1/16
印　　　张:	12
字　　　数:	267 千
版　　　次:	2019 年 9 月　第 1 版
印　　　次:	2019 年 9 月　第 1 次印刷
书　　　号:	ISBN 978-7-114-15581-9
定　　　价:	30.00 元

(有印刷、装订质量问题的图书由本公司负责调换)

总　　序

　　国家开放大学汽车学院是在2004年北京中德合力技术培训中心与原中央广播电视大学（现国家开放大学）共同创建的汽车专业（专科）基础上，由国家开放大学、中国汽车维修行业协会、中国汽车文化促进会、北京中德合力技术培训中心四方合作于2013年11月26日挂牌成立。旨在通过整合汽车行业、社会现有优质教育资源，搭建全国最大的汽车职业教育平台，促进我国汽车行业从业人员终身教育体系建设，以及人人皆学、时时能学、处处可学的学习型行业的形成与发展。

　　在2003年颁布的《教育部等六部门关于实施职业院校制造业和现代服务业技能型紧缺人才培养培训工程的通知》中，汽车维修专业被确定为紧缺人才专业。国家开放大学为了满足从业人员业余学习的需要，从2005年春季学期起开办汽车专业（维修方向）（专科）、汽车专业（营销方向）（专科），至2018年春季学期，汽车专业（专科）在32个地方电大系统、汽车行业以及部队建立学习中心，基本覆盖了全国各地。累计招生103,531人，毕业41,740人，在籍57,470人，为缓解我国对汽车行业紧缺人才的现实需求和加快培养培训做出了积极贡献。

　　2017年，国家开放大学增设汽车服务工程（本科）专业，汽车学院随即开展了专业建设和教学模式探索，确定了全网教学模式资源建设方案。学生将利用国家开放大学学习网和汽车学院企业微信平台完成线上学习和考试，线下完成毕业实习和毕业论文。为适应全网教学模式的需要，汽车学院组织编写了本套国家开放教育汽车类专业（本科）规划教材、全国汽车职业教育人才培养工程规划教材。这为满足汽车行业从业人员提升学历层次和职业技能的时代要求提供了必要的现实条件，为最终建成全国最大的远程开放汽车职业教育平台奠定了基础。

　　本套教材具有如下特点：

　　第一，针对性强。教材内容的选择、深浅程度的把握、编写体例严格按照国家开放大学关于开放教育教材的编写要求进行，满足成人教育的需要。

　　第二，专业特色鲜明。汽车服务工程（本科）专业（专科起点）是应用型专业。教材主编均来自高校长期从事汽车专业本科教学的一线专家教授，他们教学和实践经验丰富，所选内容强化了应用环节，理论和实验部分比例适当，联系紧密，实用性强。

　　第三，配合全网教学模式需要。全套教材是配套全网教学模式需要编写的。在内容的选取上满足全媒体网络课件制作的需要。对传统教材编写是一突破。教材配合网上资源一起使用，增加了教材的可读性、可视性、知识性和趣味性。

　　第四，整合优质资源。本套教材由国家开放大学出版社、人民交通出版社股份有限公司联合出版发行的国家开放教育汽车专业（本科）规划教材、全国汽车行业人才培养工程规划教材，面向国家开放大学系统和全社会公开发行，不但适合国家开放大学的需要，也适合其他高等院校汽车服务工程（本科）专业的教学需要。

　　在本套教材的组编过程中，国家开放大学就规划教材如何做出鲜明行业特色做了重要指示,国家开放大学出版社做了大量细致的编辑策划及出版工作。北京中德合力技术培训中心承担了教材编写、审定的组织实施及出版、发行等环节的沟通协调工作。中国汽车维修行业协会积极调动行业资源,深入参与教材的组织编写,人民交通出版社股份有限公司积极提供各种资源。中国汽车文化促进会积极推荐主编人选,参与教材编写的组织工作。各教材主编、参编老师和专家们认真负责、兢兢业业,确保教材的组编工作如期完成。没有他们认真负责的工作和辛勤的劳动付出,本套教材的编写、出版、发行就不可能这么顺利进行。借此机会,对所有参与、关心、支持本套教材编辑、出版、发行的先生、女士表示衷心感谢!

  本套教材编写时间紧,协调各方优质资源任务重,难免存有不足之处,还请使用者批评指正,不吝赐教。

2019 年 1 月

前　　言

　　《汽车评估》是国家开放教育汽车类专业(本科)规划教材、全国汽车职业教育人才培养工程规划教材之一。

　　通过对本书的学习,学生能够掌握车辆代码的识读、新汽车的价格定价方法、二手车的技术鉴定、二手车的成新率计算、二手车交易、汽车损失的估算等内容,同时熟悉二手车交易流程,为今后从事二手车的鉴定评估实践打好理论基础。通过本课程的学习,培养面向汽车后市场应用型高技能人才,毕业时学生能够在生产和服务一线从事汽车二手车评估、汽车定损、二手车销售服务、技术管理等工作。

　　本书的编写是根据专业培养目标和培养对象的认知水平及学习特点,将汽车评估基础知识紧密围绕汽车专业特点展开阐述,教材实现资产评估知识与汽车专业知识的有机接合,以"必需、够用、有效、经济"为原则,对教学内容进行整合优化和深度融合,在内容编排上,紧密联系当前汽车市场的实际状况,按照工作过程为导向的教学思维,突出应用型教育的特色,满足对实践技能的要求,力求做到知识和应用的统一。本书着重地体现了汽车专业学习中的基础性和实用性,具有专业知识和技能培养的针对性。

　　本书由天津职业技术师范大学成英、刘晓锋,天津中德应用技术大学汪磊负责编写,成英担任统稿工作。在教材的编写过程中,承蒙国家开放大学和兄弟院校及企业有关同志的大力支持,在此向他们表示衷心的感谢。此外,本书在编写过程中参考了大量的文献资料,在此向原作者表示谢意。由于作者知识水平有限,书中难免存在疏漏之处,敬请读者批评指正。

编　者
2019 年 6 月

学习指南

0.1 学习目标

完成本门课程的学习之后,你将达到以下目标:

1. 认知目标

(1)理解汽车评估的定义及特点,了解二手车市场的形成与发展现状,掌握并分析二手车交易市场的政策法规及未来行业发展趋势。

(2)掌握汽车评估的基础知识,理解资金的时间价值及车辆的经济评价等内容。

(3)理解新汽车价格构成和影响因素,以及新汽车定价目标、方法、策略,掌握新车价值评估的方法与步骤。

(4)掌握二手车技术状况鉴定的静态检查、动态检查、仪器检查三种方法,会对被评估车辆的各项技术性能及各总成部件技术状况进行定量、客观地评价。

(5)掌握二手车价格评估方法,包括现行市价法、重置成本法、收益现值法、清算价格法。

(6)掌握二手车成新率的确定方法。

(7)理解二手车价格评估方法的优点、缺点及适用范围。

(8)理解二手车交易概述,掌握二手车的收购价格确定,掌握二手车的销售价格确定。

(9)掌握二手车交易流程,掌握撰写二手车评估委托书、作业表、评估报告书的方法。

(10)掌握事故车辆损失评估的基本知识,能够对碰撞、火灾、水淹等不同事故类型车辆进行初步检查并确认损失。

(11)掌握对轻微事故车辆损失费用进行估算的方法。

(12)掌握撰写车辆事故损失评估报告。

2. 技能目标

(1)能够描述汽车评估的概念及特点,熟悉汽车评估的作用及意义。

(2)能够开展二手车市场调查,熟悉二手车的市场情况。

(3)能够理解汽车使用寿命的影响因素,熟悉常见车型的报废标准。

(4)能够进行资金的时间价值计算,能够正确选择汽车投资方案。

(5)能够熟练使用各种新车定价方法,能够正确对新汽车价值进行评估。

(6)能够根据汽车企业的实际情况选择不同的定价策略。

(7)能够依据 C – NCAP 星级标准判断不同车型的安全性。

(8)能够根据先修课程的知识鉴定车辆技术状态,能够正确对二手车价值进行评估。

(9)能够阅读车辆检测报告书,熟悉检测车辆性能。

(10)能够根据二手车性质正确选择评估方法,能够根据评估要求完成评估项目。

(11)能够正确使用现行市价法、重置成本法、收益现值法、清算价格法进行二手车价值评估。

(12)能够理解二手车价格评估方法的优点、缺点、适用范围。

(13)能够办理二手车交易流程,熟悉办理车辆转移过户登记手续。

(14)熟悉不同类别的事故车损失项目,能够判断碰撞造成的零部件基本修复方案。

(15)能够对事故车辆损失费用进行估算,会撰写事故损失评估报告。

3. 情感目标

(1)发挥自主学习的能力和团队合作精神,养成良好的工作作风。

(2)发挥收集、分析学习资料的能力,培养归纳、总结、关联知识点的能力。

(3)养成分析问题、解决问题的能力。

(4)自觉遵守国家法律法规要求。

(5)培养严肃认真、求真务实的工作作风。

(6)恪守职业道德,提高职业技能,做好社会服务。

0.2 学习内容

本教材包括以下内容:

1. 绪论

本部分主要包括汽车评估的定义及特点,二手车市场的形成与发展,二手车交易市场的政策法规及未来行业发展趋势等内容。通过本章的学习,学生能够理解汽车评估的概念、作用及意义,为继续学习相关章节打下坚实的基础。

2. 汽车评估基础知识

本部分主要包括汽车评估的基本要素,汽车技术状况、汽车的使用寿命、汽车的品牌与保值率等影响汽车价格的重要因素,资金的时间价值及车辆的经济评价等内容。通过本章的学习,重点掌握汽车评估基础知识,为后续学习汽车鉴定与评估实务奠定技术基础。

3. 新汽车评估

本部分主要包括新汽车价格构成及影响因素,新汽车定价目标,新汽车的定价方法,新汽车的定价策略,新汽车安全性评估,新车价值评估的方法与步骤等内容。通过本章的学习,重点掌握进口汽车和国产汽车定价方法及定价策略,能够针对具体车型进行价值评估,根据汽车企业的实际情况选择不同的定价策略,运用合理的定价方法,实现企业的定价目标。

4. 二手车技术状况鉴定

本部分主要包括二手车静态检查、动态检查及仪器检查三种鉴定方法。通过本章的学习,重点掌握二手车技术状况鉴定的方法,会对被评估车辆的各项技术性能及各总成部件技术状况进行定量、客观地评价,会对汽车技术状况进行等级划分。

5. 二手车价格评估方法

本部分主要包括现行市价法、重置成本法、收益现值法、清算价格法四种二手车价格评估方法相关内容。通过本章的学习,重点掌握二手车成新率的确定方法,理解二手车价格评估方法的优点、缺点、适用范围。

6. 二手车交易实务

本部分主要包括二手车交易概述、二手车的收购价格确定、二手车的销售价格确定、二手车交易流程。通过本章的学习,重点掌握二手车价值评估方法,掌握撰写委托书、作业表、评估报告书的方法。

7. 汽车碰撞损失评估

本部分主要包括汽车碰撞事故分类、二手车交汽车碰撞损伤的诊断、汽车维修费用的评估、碰撞损伤的评估报告。通过本章的学习,重点掌握事故车辆损失评估的基本知识,能够对碰撞、火灾、水淹等不同事故类型车辆进行初步检查并确认损失,能对轻微事故车辆的损失费用进行估算,学会撰写事故损失评估报告。

0.3 学习准备

在学习本教材之前,你应具有"汽车概论""汽车构造""汽车检测与维修""汽车营销"的基础知识以及使用计算机或手机进行网页浏览、资料下载等能力。

目　录

第1章　绪论 ··· 1
　1.1　汽车评估的概念 ··· 1
　1.2　二手车市场的形成与发展 ··· 3
　1.3　二手车交易市场的政策法规及行业发展 ······························· 14
　本章小结 ·· 18
　自测题 ·· 18

第2章　汽车评估基础知识 ··· 20
　2.1　汽车评估的基本要素 ·· 21
　2.2　汽车价格的影响因素 ·· 31
　2.3　资金的时间价值及车辆的经济评价 ···································· 47
　本章小结 ·· 53
　自测题 ·· 54

第3章　新汽车评估 ·· 56
　3.1　新汽车的价格构成及影响因素 ·· 57
　3.2　新汽车安全性评估 ·· 61
　3.3　新车价值评估的方法与实例 ·· 65
　本章小结 ·· 69
　自测题 ·· 69

第4章　二手车技术状况鉴定 ··· 71
　4.1　静态检查 ··· 72
　4.2　动态检查 ··· 82
　4.3　仪器检查 ··· 86
　本章小结 ·· 95
　自测题 ·· 95

第5章　二手车价格评估方法 ··· 97
　5.1　二手车价格评估基本方法 ··· 97
　5.2　二手车成新率的确定方法 ·· 104
　5.3　二手车价格评估案例 ·· 109
　本章小结 ··· 114
　自测题 ··· 114

第6章　二手车交易实务 ··· 116
　6.1　二手车交易概述 ··· 116

  6.2　二手车的收购价格确定 ……………………………………………… 119
  6.3　二手车的销售价格确定 ……………………………………………… 121
  6.4　二手车交易流程 ……………………………………………………… 122
  本章小结 ……………………………………………………………………… 138
  自测题 ………………………………………………………………………… 138
第7章　汽车碰撞损失评估 ……………………………………………………… 140
  7.1　汽车碰撞事故分类 …………………………………………………… 140
  7.2　汽车碰撞损伤的诊断 ………………………………………………… 142
  7.3　汽车维修费用的评估 ………………………………………………… 150
  7.4　碰撞损伤的评估报告 ………………………………………………… 164
  本章小结 ……………………………………………………………………… 171
  自测题 ………………………………………………………………………… 171
附录　普通复利系数表 …………………………………………………………… 173
参考文献 …………………………………………………………………………… 179

第1章 绪 论

导言

本章主要介绍了汽车评估的定义及特点、二手车市场的形成与发展,分析了二手车交易市场的政策法规及未来行业发展趋势。本章力求使学生理解汽车评估的概念、作用及意义,为继续学习相关章节打下坚实的基础。

学习目标

1. 认知目标
(1) 理解汽车评估概念。
(2) 掌握二手车市场发展现状。
(3) 了解二手车交易市场的政策法规。
2. 技能目标
(1) 能够描述汽车评估的概念及特点。
(2) 能够描述汽车评估的作用及意义。
(3) 具备二手车市场调查的能力。
(4) 熟悉二手车的市场情况。
3. 情感目标
(1) 自觉遵守国家法律法规要求。
(2) 培养严肃认真、求真务实的工作作风。
(3) 恪守职业道德,提高职业技能,做好社会服务。

1.1 汽车评估的概念

1.1.1 汽车评估的定义

随着汽车与社会经济的密切联系,汽车作为一种高科技、高流动性产品,其功能不断拓展,汽车鉴定评估行为也逐步渗透到社会的各个领域,成为资产评估的重要组成部分。

广义上汽车评估包括新车价值评估、二手车价值评估、汽车事故损失评估、汽车风险评估四个范畴:

(1) 新车价值评估。新车价值评估是指汽车制造企业根据自身的经营目标,运用科学的定价方法,选择合理的定价策略,对汽车市场价格进行的分析估算和价格波动预测。它是企业制订汽车营销策略和获得利润的重要依据,也为准备购车的消费者或投资者选择新车提供重要参考。

(2) 二手车价值评估。二手车价值评估也称旧车评估,这是汽车评估最主要的组成内容,即由具有专门资格的鉴定评估人员,按照特定的目的,遵循法定的标准和程序,运用科学的方法,对经济活动中涉及二手车的证件手续检查、技术性能鉴定和市场价格估算的评估服务过程。它是本书重点研究内容。

(3) 汽车事故损失评估。汽车事故损失评估是指汽车因碰撞、水灾、火灾、盗抢等而造成损伤,在修理前所进行的事故损失评估。其内容包括汽车损伤鉴定、汽车维修工时和材料费用的估算等。它是汽车保险理赔以及事故汽车进行维修的重要依据。

(4) 汽车风险评估。汽车风险评估是指通过合理的汽车风险因素分析,为确定汽车风险的损失和责任而进行的汽车风险度量,主要包括汽车损失风险评估和汽车责任风险评估两项内容。它既是汽车保险领域的重要内容,也是汽车使用者和汽车管理部门重要的参考内容。

广义汽车评估的内在联系如图 1-1 所示。

$$汽车评估(广义)\begin{cases}新车价值评估(新汽车性价比评估)\\二手车价值评估(旧汽车实际价值评估)\\汽车事故损失评估(特殊的实际价值评估)\\汽车风险评估(汽车风险的度量)\end{cases}$$

图 1-1 汽车评估的内在联系

狭义上,汽车评估属于资产评估,汽车鉴定评估理论和方法以资产评估学为基础。狭义汽车评估是指依法设立具有执业资质的汽车鉴定评估机构和汽车鉴定评估人员,接受国家机关和各类市场主体的委托,按照特定的目的,遵循法定或公允的标准和程序,运用科学的方法,对经济和社会活动中涉及的汽车所进行的技术鉴定,并根据鉴定结果对汽车在鉴定评估基准日的价值进行评定估算的过程。通常也称为二手车鉴定与评估、旧机动车鉴定与评估。

1.1.2 汽车评估的特点

汽车作为一类资产,既是生产资料,也是消费资料。作为生产资料指用于生产或经营的车辆,其特征是有明显的价值转移,对产权所有者产生收益,如营运载货汽车、客车、工厂用于生产使用的叉车、工程上用于生产使用的挖掘机等。作为家庭的消费资料指一般家庭中仅次于房产的第二大财产,用于生活和生产服务,以交通代步为主的车辆,其特征是没有明显的价值转移,对所有者不产生经济收益,车辆价值随使用年限及使用里程数的增加而消费掉。因此,汽车自身有这样几个特点:

(1) 其单位价值大,使用时间长。

(2) 和房地产一样,有权属登记,其使用管理严格,税费附加值较高。

(3) 其使用强度、使用条件、维护水平的差异较大,并有较高的技术含量。

由于汽车有其自身特点,从而决定了汽车评估的主要特点如下。

1. 以技术鉴定为基础

汽车本身具有较强的工程技术特点,其技术含量较高。汽车在长期的使用中,由于机件的摩擦和自然力的作用,处于不断磨损的过程中。随着行驶里程和使用年数的增加,车辆实体的有形损耗和无形损耗加剧;其损耗程度的大小,因使用强度、使用条件、维修等水平差异很大,所以,评定车辆实物和价值状况,往往需要通过技术检测等技术手段来鉴定其损耗程度。

2. 以单台为评估对象

由于汽车单位价值相差比较大、规格型号多、车辆结构差异很大,为了保证评估质量,对于单位价值大的车辆,一般都是分整车、分部件逐台、逐件地进行鉴定评估。为了简化鉴定评估工作程序,节省时间,对于以产权转让为目的、单位价值小的车辆,也不排除采取"提篮作价"的评估方式。

3. 要考虑其手续构成的价值

由于国家对车辆实行"户籍"管理,使用税费附加值高,因此对汽车进行鉴定评估时,除了估算其实体价值以外,还要考虑由"户籍"管理手续和各种使用税费构成的价值。

1.1.3 汽车评估的作用与意义

做好汽车鉴定评估工作,不仅有利于引导企业正确作出价格决策,有利于保障司法诉讼和行政执法等活动的顺利进行,有利于维护法人和公民合法权益,而且对维护正常的社会经济秩序、促进经济发展具有重要意义。因此,深入认真研究、探讨汽车鉴定评估问题,建立一套完整、科学、适用的汽车鉴定评估方法,保证其鉴定评估结论客观、公正、合理,就显得更为重要。

进行汽车鉴定评估的实际过程中,应注意以下两点核心内容:

(1)汽车鉴定评估既是科学也是艺术与经验的结合。也就是说,正确的汽车技术状况鉴定,汽车价格的估计、推测与判断,必须依赖于一套科学严谨的汽车鉴定评估理论和方法,但又不能完全拘泥于有关的理论和方法,还必须依赖于评估人员的经验,因为汽车价格形成的因素复杂、多变,不是任何人用数学公式能够计算出的。

(2)汽车鉴定评估不是对评估对象的主观给定,而是把汽车客观实在的价值通过评估活动正确地反映出来。也就是说汽车鉴定评估是基于对汽车客观实在的价值认识以后,运用科学的评估理论、方法和长期积累的评估经验将其表达出来。而不是把某一个主观想象的数据强加给评估对象,尽管评估表现为一种主观活动,甚至带有一些主观色彩。

1.2 二手车市场的形成与发展

1.2.1 二手车市场概述

近年来,我国的汽车产业取得了巨大的进步,2009年实现了产销1300多万辆新车的辉煌成绩,使我国至今成为世界第一汽车生产和销售国家。特别是从2013年到2015年连续3年超过2000万辆。据公安部2018年初公布的数据显示,截至2017年末,中国汽车保有量现已达2.09亿辆,其中24个城市汽车保有量超过200万辆。

随着汽车保有量的持续增加,逐步进入置换期的汽车存量资源被释放,为二手车市场提供了广阔的发展空间。2016 年全年我国汽车新车销量达 2802 万辆,同比增长 13.7%。预计至 2020 年,新车销量每年将保持 5%~7% 的稳定增长。2016 年全年我国二手车交易量达 1039 万辆,同比增长 10.4%。未来随着汽车保有量的增长,二手车市场仍将保持高速增长。据中国汽车流通协会预计,到 2020 年,中国二手车交易规模将达到 2920 万辆,这将使新车与二手车交易规模比例接近 1∶1。汽车市场的持续稳定增长将成为汽车金融持续增长的动力。2011~2016 年我国新车及二手车市场销售对比见图 1-2。

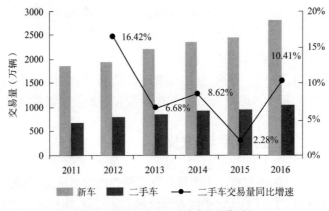

图 1-2 我国新车及二手车市场销售对比

(数据来源:中国汽车流通协会、中国汽车工业协会)

这样大的规模和增长速度吸引了大量的投资者进入或关注二手车市场。但经过十几年的发展,我国二手车市场的经营模式并没有大的进步和大量资本流入。虽然在交易中也出现了如网上交易、拍卖、二手车置换等新形式,但从整体上看,我国二手车市场依然处于十分落后的状态,没有出现大规模的经营实体。

从美国、英国、日本等成熟市场来看,二手车交易量远远高于新车的,达到了 2∶1,甚至 3∶1 或更高。但我国二手车交易量仅为新车交易量的 30% 左右,与国外相差甚远,中美二手车市场关键数据(截至 2017 年年末底)如图 1-3 所示。但同时我们也看到了我国二手车市场的巨大商机。毋庸置疑,我国二手车市场必将迎来"井喷"。我国二手车市场起步较晚,与发达国家相比,市场较落后和混乱,规模也较小。但我国二手车市场潜力巨大,前景光明。

项 目	中 国	美 国
汽车保有量(亿辆)	2.09	2.79
平均车龄(年)	4.6	11.6
新车销量(万辆)	2888	1710
全行业二手车交易量(万辆)	1240.1	3930
二手车金融渗透率(%)	8~10	53~55
融资租赁渗透率%	2~3	31
二手车商数量(户)	10	3.6
授权经销商数量(家)	28531	16708
授权经销商二手车交易量(万辆)	400	1157
平均单店员工数(人/店)	68	69

图 1-3 中美二手车市场关键数据

1. 二手车市场的定义

在了解二手车市场之前,我们先了解一下二手车的定义。在 2005 年 10 月 1 日《二手车流通管理办法》出台之前,在国家的相关文件中从没出现过"二手车"的字样,而是使用"旧机动车"替代,这给人一种很旧的感觉。而且国外也没有"Old car"的说法,而是使用"the Second hand"或者"Used car"之类。《二手车流通管理办法》中给出了二手车的定义:指办理完注册登记手续之后到达到国家报废标准之前所进行的交易并且所有权发生转移的汽车、挂车和摩托车。

而二手车市场就是机动车商品发生第二次流动的场所,而且要比新车市场复杂得多。它具有中介服务商和商品经营者的双重性。二手车市场具有二手车评估、收购、销售、上牌、寄售、过户、置换、拍卖、转籍、保险等功能。此外,二手车市场还会严格按照国家有关法律、法规的要求严格审查二手车交易的合法性,杜绝盗抢车、走私车、非法拼装车和手续不全的车辆进行交易。

2. 二手车市场的特点

(1)具有服务性。二手车市场是二手车交易的地方,为二手车的交易提供了场所。此外,当前二手车市场还提供检测评估、售后服务、跟车验车、资金融通等多种服务。

(2)具有流通性。二手车市场是二手车辆和资金流通的场所,目前的二手车市场还涉及新旧车辆的置换、旧车更新等流通环节。

(3)拥有资源配置性。二手车市场可以有效调节富余缺失,使资源得到优化配置。避免浪费实现供求各取所需。

(4)规范交易性。作为交易的场所,还需要有规范的交易标准,积极承担引导市场良性健康发展的责任。而且还应按照国家法律法规要求,打击非法交易行为,规范市场管理。

1.2.2 我国二手车市场现状

1. 我国二手车市场的发展现状

我国自从加入世界贸易组织以来,汽车市场的发展十分迅速。在当前经济发展的情况下,汽车产业成为重要的角色。除此之外,随着市场经济的快速发展,我国民众的消费观念也发生了巨大的转变,不仅局限在新车方面,汽车市场的份额逐渐被二手车占据。

我国当前的二手车市场经过十几年的发展,已经初具规模且发展状况也有可喜的方面。

1)交易规模不断上升

在发达国家的成熟汽车市场中,汽车更新的需求已占据了主导地位,二手车市场的交易量几乎占到汽车销售总量的 70%。据统计,英国、美国、德国的二手车销量分别是新车销量的 3.5 倍、3.3 倍、2.3 倍。据中国汽车流通协会统计数据显示,2017 年二手车交易量达到

1240.9万辆,同比增长了19%,预计2018年交易规模将超过1400万辆,但是这也只是新车销量一半,二手车政策法规和交易体系不断完善,同时二手车电商的发展极大提升了消费者对行业的认知度,因此,更多消费者在购置汽车时会选择购买二手车,表明我国二手车市场尚有巨大的发展空间。

2) 车辆更新换代的周期逐渐缩短

根据2017年全国二手车交易市场车辆使用年限分析,使用年限在3~6年的交易量最多,占比为43.49%,其次是3年内为24.7%,7~10年内为22%,10年以上为9.44%。

最近几年,3年车龄内的二手车交易量呈现上升趋势。新车研发和上市速度的加快,让有车一族有了更多的选择。汽车厂家置换业务的开展也促使车辆更新换代周期缩短。将来,二手车车龄的低龄化必将成为一种趋势。

3) 轿车二手车的交易占据着主导地位

根据2017年全国二手车车型分析,基本型乘用车仍为主要流通车型,占比为59.43%,其次为客车10.74%,货车9.01%,SUV7%,MPV5.83%;相比于2016年,客车、SUV、MPV较其他车占比都有所增加。

4) 省市的交易量集中度较高

当前,我国各地的经济发展不充分不均衡,各地二手的交易量也差别较大。但省市二手车交易量相对集中且较大。2017年,浙江、广东、山东、四川、河北、河南、江苏、北京、辽宁、上海这些排名前十位的省市二手车交的易量几乎占到全国交易量的80%,同时这些省市的二手车市场也相对成熟。

5) 品牌二手车备受青睐

最近几年,随着二手车市场的发展,汽车消费者在选择二手车时,从只注重价格逐渐向注重品牌、服务等方面转变。由此,品牌二手车应运而生,并以其特有的优势而受到各方的关注,从4S店里购买二手车成为很多汽车消费者首选。很多汽车企业陆续开设了品牌二手车业务,如上海通用的诚新二手车、东风日产的认证二手车、宝马的尊选二手车、奥迪的品荐二手车、奔驰的星睿二手车等。

品牌二手车之所以能够成为很多消费者的首选,是因为有着令人放心的车源、良好的售后服务。去除了消费者的后顾之忧,加强了消费者对购买二手车的信心。

尽管我国二手车市场有着巨大的潜力和广阔的发展前景,但目前我国二手车市场仍然存在着较突出的问题:

(1) 二手车市场的交易体制还不够成熟,交易不够规范。由于我国二手车市场的发展速度过快,二手车市场法制还不健全,导致中国的二手车市场迄今还比较混乱。在交易中存在逃税、漏税的现象而且还存在私买公卖价格低、公买私卖价格高的现象,造成公有资产的严重损失。这在一定程度上阻碍了二手车市场的发展。

(2) 二手车交易规模较小。虽然我国的新车销量多年保持世界第一,但二手车年交易量远远低于英国、美国等发达国家成熟市场的交易水平,如图1-4所示。英国的二手车与新车交易量比例约为3.5∶1,而我国二手车与新车交易量比例约为0.25∶1,也就是说,我国距离发展到一个成熟的二手车交易市场,还有很大的增长空间。

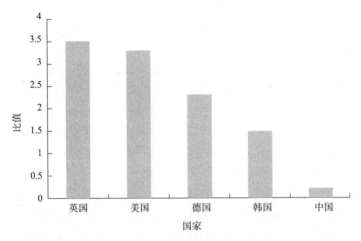

图 1-4 二手车交易量与新车交易量比值

(3)二手车信息的严重不对称,鉴定评估缺乏统一的科学标准。目前我国还尚未建立全国性的二手车交易信息网系统,车辆的基本信息、维修与事故记录等还未做到公开,导致我国的二手车市场还是一个信息很不对称的市场。其必然会导致二手车交易过程中不诚信的现象发生。加之目前我国的二手车鉴定评估体系还处于萌芽状态,二手车的鉴定评估行业还没有一整套科学、统一、严谨的鉴定评估标准。

(4)相关税收政策尚不完善。目前二手车拍卖企业需按照拍卖标的成交价的4%缴纳增值税,经销企业需按交易价的2%缴纳增值税,而经纪公司、交易市场则只需缴纳5%的营业税。相比之下,拍卖企业、经销企业的税负比较重,这必将会阻碍行业整体经营水平的提高。

2. 我国部分重点城市二手车市场发展情况

随着经济的不断发展,二手车市场也随着经济的发展日而渐成熟,特别是当前我国经济飞速发展和在国际上地位的不断提高,私家车越来越为人们所需要。目前,我国每年二手车交易量已占到新车交易量的三分之一,而且每年都有所增长,相较于经济不发达的区域,北京、上海这些大的中心城市的汽车保有量特别大,交易量也比较大。以北京、上海、广州这三个地方的交易数据为例进行分析研究,来了解一下目前我国二手车市场的现状。

1)北京的二手车市场情况

由于北京的特殊地理位置,其正在逐步成为连接东北、西北和南部地区的二手车交易集中地。根据统计知,2016年北京新车交易44.98万辆,同比2015年46.03万辆累计负增长2.28%;比2015年同比下降了12.65个百分点,是北京连续第三年新车销售呈负增长的态势。二手车方面,2016年北京交易二手车67.06万辆,同比2015年68.78万辆累计负增长2.5%;2016年是连续第二年二手车同比交易下降,下降幅度比2015年减少2.8%,下降幅度有所缩小。整体来看,二手车过户交易量超过新车49%,新旧车比值为1:1.49,同2015年新旧车比值基本持平。但是2016年北京二手车外迁率为40.64%;内蒙古仍占据北京外迁地第一的位置,市场占有率达到32%,与2015年相比增长13%,增长明显;山西超过辽宁、山东、吉林,位居第二。大规模车辆的买卖和快速流动性是北京二手车市场的主要特点。

北京二手车销量快速增长的原因有：

(1) 自2005年3月起，没有北京户口的居民也可以在北京为车"上牌照"，这一措施大大地促进了二手车的交易量。在北京地区购买二手车的人群主要分为三类：北京本地人地、外省有暂住证的人和在北京定居迁往外省市工作或定居的人，分别占40%、30%和30%。"暂住证"政策促使很多在北京工作的外省市单位的人把车辆过户到自己的名下。这一类的交易车辆每年都至少在2万辆。

(2) 自2005年10月起，北京地区取消车辆过户费，改为交易服务管理费。这项改革使二手车交易费用下降了70%以上，这也间接地促进了二手车的交易量。

2) 上海的二手车市场情况

自从2001年以来，上海的二手车交易量逐年上升。2006年上海的二手车成交量达21.6万辆，较上年增长超过35%，当年新上牌的新车总量仅18.5万多辆，二手车交易量首超新车交易量。二手车和新车的交易量之间距离正在逐年加大，到2015年，二手车交易总量达39.4万辆，营业额达数十亿元。

上海二手车市场的特点是拥有现代化的管理模式。《上海市二手车交易市场"十二五"发展规划》中指出要将上海二手车市场发展为与国际贸易中心相匹配，成为拥有影响力和辐射力的十分重要商品市场。上海的二手车市场拥有先进的计算机评估系统，使用计算机进行评估测试，将车辆的信息，如车牌号、发动机号、车架号、车辆类型、行驶里程等数据输入，并输入需要维修的项目，计算机会根据目前的市场和价格的波动，自动打印出一份二手车鉴定书和二手车技术检查表。这种数据库的管理，对与规范二手车市场有着很大的现实意义。

3) 广州的二手车市场情况

据统计，2017年上半年广东省二手机动车累计交易量为44.4万辆，同比增长2.1%；二手车交易总金额为247.7亿元，同比增长6.9%。需要注意的是，2017年上半年全国二手车交易为583.7万辆，同比增长了21.5%。与全国的交易大幅增长相比，广东省二手车交易的增长就显得明显乏力。

全省各地区交易情况：从交易量来看，东莞、佛山、深圳、广州、中山为全省前5强。其中，东莞市的交易量为6.9万辆，同比增长4.8%。佛山市的交易为6.4万辆，同比增长1.4%。深圳市的交易量为5.88万辆，同比增长2.4%。广州市的交易量为5.85万辆，同比增长3.4%。中山市的交易量为4.3万辆，同比下跌4.8%。与去年相比，2017年上半年全省各城市的二手车交易以微增长为主调，仅肇庆、汕尾两城市的增幅在10%以上，中山、江门、湛江三城市则呈负增长。

珠三角九市二手车总交易量为35.3万辆，同比增长1.8%。二手车总交易额为213.2亿元，同比增长6.6%。珠三角九市的交易量与交易额的增幅均未跑赢全省的增幅。作为广东省二手车交易的主力市场，珠三角九市受"限迁"与居住证政策的双重影响，2017年上半年二手车交易明显活力不足，从而导致全省二手车交易增长乏力。

4) 全国二手车评估鉴定的现状

当前我国的二手车鉴定评估系统还处于起步状态，二手车鉴定评估还没有形成一套科学、统一、严谨的鉴定评估理论和办法。目前我国的二手车鉴定评估主要是人起主导作用而且很多二手车市场仍然采用简单的平均年限折旧法进行价值的评估。二手车市场鉴定评估人员也十分混乱,二手车市场缺少高素质的专业鉴定评估师,且获得国家正规职业资格证书的评估师相对比较少,鉴定评估师的专业水平也是参差不齐。所以在实际的鉴定评估工作当中存在知识技能偏低、人为因素影响大、随意成分多等现象,漏估、高估、低估车价的现象时有发生。有的地方甚至发生了"私卖公高估价,公卖私低估价",不仅扰乱了市场秩序,而且造成了国有资产和税收的大量流失,严重影响了司法的公正和相关业务的正常开展,还使广大消费者的合法权益受到损害。许多二手车市场采用非常简单的平均年限折旧法,并辅之眼观、手摸、试驾等老办法,全凭评估者的经验进行鉴定和评估,其结果缺乏依据,并具有一定的片面性,使得出的价格缺乏科学性和可信度,无法为公平的市场交易提供价值尺度,也无法使二手车的行驶安全和卖车者的利益得到保证。2005 年出台的《二手车流通管理办法》也只是对于二手车鉴定评估机构的性质、人员、场地等进行了简单的要求,并没解决目前我国二手车市场发展所面临的根本问题,这也在一定程度上阻碍了我国二手车市场的发展。

二手车鉴定评估环节存在的问题所引发的不良后果使得社会各界的反映十分强烈,也引起了国家相关部门的重视。国家国内贸易局和劳动和社会保障部已经对二手车的鉴定评估从业人员作出了先培训、后上岗的决定,先后还颁布了《旧机动车鉴定估价师国家职业标准》,编写了培训二手车鉴定评估从业人员的专用教材,成立相关的鉴定机构,为二手车鉴定评估行业走向规范化、科学化、法制化的轨道奠定了坚实的基础。而且国内一些 4s 店开展的品牌二手车业务,大型正规的二手车评估鉴定机构对二手车的鉴定采取的人员评估和电脑检测评估相结合的评估方式,相对先进,紧跟世界潮流。但由于电脑检测鉴定需要专业仪器,成本相对较高,在我国并没有普及开来。不过这也说明我国的鉴定评估行业正在进步。

1.2.3 国外二手车市场现状

1. 美国二手车市场现状

美国,被称为装在轮子上的国家,是世界上最大的汽车市场,引领着世界汽车市场的发展。从近几年美国的汽车销售数据来看,2013 年美国的新车与二手车交易量约为 1∶3,二手车市场的活跃程度可见一斑。导致这种结果主要有两方面原因:消费者的消费观念以及二手车市场的不断成熟和完善。美国人对二手车认识程度以及消费观念是导致二手车市场繁荣的主要原因,不过二手车市场逐渐成熟、运营体制的不断健全和消费者的普遍认可也是其繁荣的重要原因。

美国已经建立起了一套价格评估和质量认证制度。据美国汽车经销商协会关于购买二手车的调查报告显示,在众多原因中,最让购买者担心的有:价格上受到欺骗和买到了以次充好的二手车。对此,美国的二手车市场建立合理的价格评估制度和质量认证制度来消除消费者的疑虑。针对价格,美国建立了合理的二手车评估体系。就是说由公认的二手车价格加上技术的鉴定来决定,除了原来的价格、使用时间和行驶公里数等外,往后的使用寿命和维修成本也会成为重要的参考因素。这样可使使用时间和行驶公里数差不多的两辆二手车,很有可能原来售价高的反而要卖得便宜。例如,前几年汽油价格不断上涨,导致比较省油的日系二手车就普遍比美系二手车卖得贵些。各种车型的参考价格主要是由行业协会和大公司等比较有权威的机构定期发布。《美国汽车经销商协会二手车价格指南》就是一个比较权威的参考;二手车的交易巨头 Manheim 公司根据全球最大的汽车批发市场的交易数据的每天更新所制定的二手车价格指数也可以作为参考价格之一。号称买卖二手车"圣经"的《凯利蓝皮书》为美国多数的二手车购买者提供了有用的参考。很多二手车消费者在交易前都会查阅这些相关材料,这样就不用担心成交价格会很离谱。至于如何避免买到以次充好的二手车,美国也采用了一些社会化认证的方法来解决。迄今为止,美国已经成立了几家比较权威的二手车认证机构,会根据顾客的需要详细检测二手车,甚至会到车辆管理局查阅是否有关事故等情况,最后向顾客提供一份详细的车况检测报告,同时收取一定的费用。除此之外,美国的二手车车商也很注重二手车的售后服务,在美国一些州,如果消费者发现购买的二手车有质量问题,在确保二手车没有其他损坏的情况下只要购车后未行驶超过300英里或者购车不足3天的情况下,可向消费者全额退款。

在美国,购买二手车非常方便,美国的二手车销售渠道主要有四个:品牌4S店、拍卖公司、小型二手车经营公司和连锁二手车经销商。其中品牌4S店二手车业务是当下整个美国4S店核心业务,而且所有的公司都会在二手车网络中销售。正常来说,凡是卖新车的经销商都会销售二手车,在推荐新车的同时也会介绍二手车。二手车的置换业务也是经销商经常采用的营销方式。往往销售顾问在介绍新车的同时,还会咨询客户是否有二手车,是否有意置换新车,并让评估师对二手车进行检测评估,给出检测结论和回收价位,在客户同意的情况下置换新车。经销商一般是用比较低的价格买下旧车,之后对车辆进行整备检修和翻新,放在展厅里售卖。

二手车市场在美国规模已经十分巨大,而且利润非常丰厚。2010年新车的利润率仅有4.5%,而二手车利润率达到11.5%左右。在利润的驱使下,美国的二手车市场发展迅猛,还出现了一些规模较大的二手车超市,以满足消费者需求。通常这些二手车超市都有美国大的汽车公司作后盾,使得二手车销售这一本就热门的生意的竞争变得更加激烈。2016年,美国二手车交易量3851.4万辆。其中,授权渠道二手车交易量为1157.3万辆,占二手车交易市场的30.1%。授权渠道中,原厂认证二手车交易量占22.8%。2011—2016年美国二手车交易市场概览如图1-5所示。

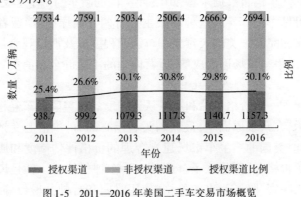

图1-5 2011—2016年美国二手车交易市场概览

(数据来源:Edmunds)

美国的二手车拍卖公司的政策健全、业务完整、技术高超和成交量巨大。有些公司甚至通过卫星系统进行二手车拍卖,感兴趣的经销商们通过电视转播来观看现场的拍卖实况,通过电话进行报价,购买中意的二手车。美国对于二手车拍卖管理十分严格,拍卖公司必须对卖出的二手车承担责任,确保二手车的来源是合法的以及向购买用户提供车辆的真实情况。正因如此,顾客到拍卖行买二手车,对质量也较为放心。

2. 英国二手车市场现状

英国不仅有一个成熟的汽车市场,而且有一个更出类拔萃的二手车市场,每年的二手车销量超过新车销量的三倍。英国政策规定,一辆新车从下线到报废,一般周期为11年,不过根据市场调查表明,英国车辆更新周期为4年,这就给了二手车市场的发展提供了充足的养分和广阔的空间。

英国的汽车产业非常发达,道路交通也非常便利,汽车已成为大家出行的必备交通工具。二手车满足不同档次人群的需求,这其中主要是中产阶级和低收入群体。高收入群体购买车辆会优先考虑车辆的安全性能、美观程度、驾驶性能,而价钱则是次要,所以他们通常会优先考虑新车。而中产阶级和低收入群体则优先考虑价钱,其次考虑车的各项性能,所以这两类人群就是二手车市场的主力军。一般二手车的价钱不到新车的一半,但是车辆的可靠性和安全性还很高,且二手车的折旧率很低,在使用几年后,这类车还可以出售,这样的车辆价位会更低,一般不高于新车价钱的30%。虽然二手车的维修成本会高一些,但对比新车而言总成本还是很低,这正适合中产阶级和低收入群体,甚至学生的需求。

发达国家的二手车市场的情况为二手车比较多,供大于求,且整体价位偏低,不过发达国家的二手车流通机制比较健全,尤其是二手车售前与售后服务保障,切切实实地保护了消费者的权益,而且二手车评估行业也发展得十分迅猛,可以为二手车评估出比较公正合理下的价格,这也使二手车发展有一个健康、稳定的发展环境。在这方面,英国是发达国家的典范,二手车市场不但有完善的流通政策、完备的监督体制、成熟的业务机制,还有全面的服务体系。

在英国,买卖二手车是一件十分简单的事情,没有烦琐的程序,甚至几分钟就可以开走心仪的车辆。这一切都要归功于车辆管理部门。英国每辆机动车都要有车辆管理部门颁发的登记证书,登记证书上除了标明车辆品牌、型号、牌照号、底盘号、发动机号、生产日期等信息外,还专门设交易栏供二手车交易使用。正是有了如此详细可靠的信息,才让二手车交易如此简单。

英国的二手车市场的经营体制主要包括品牌经销商、汽车超市、二手车行、拍卖行和个人交易。

1) 品牌经销商

品牌经销商是英国二手车行业的"领头羊",他们归属于各大汽车公司,有确定的销售平台,兼顾该品牌的二手车置换和销售。这些车辆的质量都有保证且售后服务也十分完善。不过由于附加项目多,所以销售价位通常较高。

2) 汽车超市

汽车超市是一个大型的客户自选汽车平台,得到了很多消费者的认可。在英国,汽车超市尤为繁荣。汽车超市几乎都是明码标价,一般不支持议价,且这些超市基本都会提供二手车的置换业务,和新车置换一样,补足差价可以得到心仪的二手车。这些超市将旧车翻新和维修之后再进行出售。但是汽车超市的价位也偏高。

3）二手车行

二手车行主要受众是底层的低收入群体。二手车行最大优点是二手车价格比较低,但是车行一般经营不规范,经常出现以次充好、以假乱真的现象。这些车行通常分布在城乡接合部及乡村,在车辆出售时会赠送一些短期的服务。由于价钱低,所以在市场上比较活跃,但是这些车行经营单一、不受约束,很难使消费者权益得到保障。

4）拍卖行

拍卖行也是英国二手车市场的一大亮点。参加竞拍的购车者需要提前对自己心仪的车辆做功课,对车辆全面了解后,拍下车辆。一般情况下,这些购车者都会对车辆进行全面了解,确定车辆是否符合拍卖行的检测结果,从而进行维权。不过从拍卖行买到的二手车通常比较便宜,但质量难以保证。

5）个人交易

英国允许二手车车主进行个人交易。这种交易可以说是无处不在,如网络、市场、街道等。不过个人交易的风险比较大,首先确认所售车辆是否是违法车辆,在保证自身安全的前提下,多次进行接触了解,验车过程中要请专家进行指导,避免受骗。这种交易最大的优点是便宜,最大的缺点就是安全和质量难以保证。

3. 日本二手车市场现状

日本是亚洲二手车市场的先驱,从20世纪70年代开始起步,仅用了20年左右达到饱和状态,发展到顶峰,汽车数量维持在7900万辆左右。在日本汽车人均保有量较大,二手车市场比较活跃,政策也很健全,形成特有的二手车交易网络,不同地域间可以相互交易。拍卖会是日本二手车流通非常重要的渠道,日本的拍卖场是以会员制的形式组成的。如果一家有拍卖会,全国各地的经销商便会赶到那里交易。日本针对二手车有一套公正的评估制度,很好地维护了消费者的权益。汽车市场包括新车和二手车市场。新车市场和二手车市场又是两个相互依存、互惠互利的关系。据统计,日本近几年平均每年汽车销量在1300万辆左右,二手车的交易就占到汽车市场的2/3,所以这个市场非常大。此外,日本强大的汽车产业链,也促进了二手车的发展;日本鼓励有能力、有资质、合法的个人和集团参与到这个行业的政策也促进了二手车业务的开展。日本的二手车流通方式要有:新车经销商、二手车销售店、二手车收购店和二手车拍卖行。

1）新车经销商

和欧美国家一样,日本的新车经销商一般都兼营二手车业务,这其中也包含新车置换业务,在二手车市场中占有份额约为1/3,是日本二手车的主力军。

2）二手车销售店

在日本,二手车销售店是一种常见的经营模式,各大城市均有分布,方便消费者买卖,不过大部分二手车经销店规模都比较小,基本没有太大的竞争能力。

3）二手车收购店

在日本,还有一个新兴的产业,就是二手车收购店。其主要的业务是面向普通消费者进行二手车回收,然后将收来的二手车卖给二手车销售企业,而不对普通消费者进行销售。

4）二手车拍卖企业

日本是目前二手车拍卖行业开展最好的国家,不仅有欧美发达国家几乎所有的二手车拍卖行业务,还进行许多特殊业务。竞拍者不仅可以到现场看车,了解车况及拍卖信息,而且可以用电子竞拍器给出自己理想的价位,增加了拍卖现场的公平性、公开性和实时性。二手车拍卖场除了接受个人和企业二手车拍卖委托,还可以进行二手车的回收,再进行拍卖,丰富了二手车拍卖行的业务。拍卖场都采用实名注册,注册也对国外的二手车经销商开放,实现了二手车国内市场的拓展。拍卖场一般是定期拍卖,信息更新也比较快,加快了二手车的流通速度,降低了二手车存放成本,提高了二手车更新换代,促进了二手车市场的发展和进步。

1966年,日本成立了旧汽车鉴定协会,开始制定二手车鉴定的标准,还推动鉴定师技能考试和注册鉴定师的进修培训,为二手车业务规范起到了至关重要的作用。现在,日本不仅注册的二手车评估师达十几万人,能够进行二手车评估的单位就接近一万家。但是日本到现在还没出具统一的认证标准,主要是几个第三方认证标准,如Gulliver公司的"监价标准"、AUCNET公司的"AIS"等。例如,丰田、本田、日产等汽车公司都认可并使用"AIS"。

4. 对国外成熟二手车市场现状的总结

通过对美国、英国和日本三个国家较为成熟的二手车市场现状的了解,不难发现它们虽然不是完全相同,却有着十分明显的相同点。

1)二手车的消费观念

国民对二手车的消费观念是一个国家或地区二手车市场得以发展的基础。发达国家因汽车产业开始的时间较早,人们对汽车了解的比较多且对二手车也比较认可,这就使得二手车市场十分繁荣。这也是我国国民现在所要解决的首要问题。

2)健全的法律法规和行业标准

一个成熟有序的汽车市场背后,必然需要一个完善的标准法规体系。这也是国外二手车市场得以正常发展和壮大的根本原因。

3)合理的价格评估和质量认证制度

大部分的二手车消费者对二手车的评定都是一知半解,在购买二手车时最怕的就是上当受骗。这就要求一个公平公正的评估机构对车辆作出一个评估。这样不仅可以打消购车者的疑虑,还可以避免很多纠纷。

4)严格的质量保障制度

利用车辆识别代码的唯一性,为二手车建立历史档案,从而使消费者对二手车以往的使用历史做到心中有数,避免了因信息不对称造成的盲目购车。

5)优质的售后服务和使用环境

国外的销售者一般都会承诺在一段时间或一定行驶里程内可以享受与新车相同的售后服务待遇,以增强二手车消费者的购买信心。

6)多样的交易形式

成熟二手车市场的交易形式多种多样且大同小异,主要形式有二手车拍卖场、二手车超市和网络拍卖等。

7)成熟的网络市场

如今网络十分发达,购车者足不出户就可以了解二手车信息。网上的二手车信息数量巨大且十分可靠,总会找到自己心仪的车辆。这也使购买二手车变得非常简单。

1.3 二手车交易市场的政策法规及行业发展

1.3.1 二手车市场政策环境分析

自 2000 年以来，随着二手车市场的扩大，政府不断制定新的法规条例，以规范二手车的市场交易。

1. 推动二手车市场初步发展

我国的二手车市场是随着我国改革开放和汽车行业发展而发展的，从 1979 年国家允许私人买车以来，汽车开始走入千家万户。有需求就有市场，20 世纪 80 年代后，二手车行业开始逐步兴起。起初是由私人自发式经营的路边摊模式，二手车交易以车贩子倒车为主要方式，促进二手车的流通，但是也出现了二手车交易秩序混乱、诚信度较差等的特点，使消费者很难放心地购买二手车。

面对二手车市场规模的日益增长，为规范二手车交易，1998 年 3 月 9 日，当时的国内贸易部，发布了关于《旧机动车交易管理办法》的通知，这是我国一部关于二手车交易的专门性文件。

该办法中明确提出要设立旧机动车交易中心，具有旧机动车评估定价及旧机动车收购、销售、寄售、代购、代销、租赁、拍卖、检测维修、配件供应、美容及信息服务等功能，并为客户提供过户、上牌、保险等服务，明确了二手车的评估定价执行标准和从业人员资质，规范了二手车交易行为，如收购、销售、寄售、代购、代销、租赁、拍卖。从此，我国的二手车市场走上正规发展之路。

2. 促进二手车市场规范发展

随着经济快速发展，汽车私人消费需求快速增长。截止到 2004 年年底，全社会汽车保有量已增加到 2709 万辆，其中私人汽车保有量占总保有量的 55.3%。但随之而来的是，法律法规不健全，不能适应新的形势要求。比如，原国内贸易部在 1998 年颁布的《旧机动车交易管理办法》规定，二手车只能在二手车市场交易，市场外的交易都是非法的。但随着管理方式日益改进，场外交易已经具备条件，应按国际惯例，允许汽车经销商、拍卖公司等经营主体经营二手车。

在此背景下，2005 年 8 月，商务部发布了《汽车贸易政策》，鼓励二手车流通，加快二手车市场的培育和建设；同年 10 月，具体的施行办法《二手车流通管理办法》正式实施，标志着二手车市场走上科学规范发展之路。《二手车流通管理办法》实现经营主体多样化、简化二手车交易程序，对二手车的行为规范、鉴定评估有了更为明确的规定。

2006 年 3 月，为加强规范二手车交易行为，商务部出台《二手车交易规范》，并明确规定二手车经销企业需为车辆提供质量保证。2009 年 2 月，国务院出台的《汽车产业调整与振兴规划》，则进一步明确了二手车市场发展的政策和措施。

3. 保障二手车市场转型发展

随着二手车进入全新、快速的稳定发展阶段后，近年来，二手车市场似乎也走到了十字路口,路边摊的历史原因造成二手车市场不被信任;国企背景、限迁、限购政策原因造成二手车市场经营和服务滞后。

2016年3月14日,国务院办公厅下发《关于促进二手车便利交易的若干意见》,对二手车的流动环境、流通模式、交易登记、税收政策、金融产品、信息公开、诚信制度等方面提出意见。此文件取消了影响二手车行业发展的多条限制,全面激发了二手车行业活力。与之前下发的文件不同的是:第一,这次文件是由国务院牵头发布,体现国家重视程度。第二,每条都规定了执行的具体部门与执行时间,体现了明确的责任分工,更利于政策的落地执行。第三,从执行效果看,仅取消限迁一项,截至2016年底全国已经有10省区市133个城市取消限迁,虽然数量不到一半,但效果尚可,毕竟各地难度不一。

2018年还有二手车流通信息平台、修订《二手车流通管理办法》值得期待,相信随着国家政策的逐步落实与施行,二手车行业的发展肯定也会继续前进。

二手车相关政策法规汇总如表1-1所示。

二手车相关政策　　　　　　表1-1

政策工具	政策名称	文号	发布时间
行业管理	旧机动车交易管理办法	原贸易部(内贸机字〔1998〕第33号)	1998年
	关于加强旧机动车市场管理工作的通知	国经贸贸易〔2001〕1281号	2001年
	二手车流通管理办法	商务部令2005年第2号	2005年8月29日
	二手车交易规范	商务部公告2006年第22号	2006年3月24日
	关于进一步规范二手车市场秩序促进二手车市场健康发展的意见	工商市字〔2009〕212号	2009年10月22日
	商务部关于促进汽车流通业"十二五"发展的指导意见	商建发〔2011〕489号	2011年12月22日
	家用汽车产品修理、更换、退货责任规定	国家质检总局〔2013〕250号	2013年10月
	二手车鉴定评估技术规范	国标〔2013〕第27号	2014年6月
	国务院关于"先照后证"改革后加强事中事后监督的意见	国发〔2015〕62号	2015年10月13日
	国务院办公厅关于促进二手车便利交易的若干意见	国办发〔2016〕13号	2016年3月25日
	关于加强二手车环保达标监管工作的通知	环办大气函〔2016〕2373号	2016年12月29日
	关于请提供取消二手车限制迁入政策落实情况的函	商办建函〔2017〕115号	2017年3月16日

续上表

政策工具	政策名称	文　号	发布时间
关联政策	机动车登记规定	公安部令第124号	2012年9月12日
	汽车贷款管理办法	中国人民银行,中国银行业监督管理委员会令〔2004〕第2号	2004年8月16日
税收管理	国家税务总局关于统一二手车销售发票样式问题的通知	国税函〔2005〕693号	2005年7月5日
	国家税务总局关于二手车经营业务增值税问题的通知	国家税务总局公告2012年第23号	2012年6月1日
	国家税务总局关于二手车经销企业发票使用有关问题的公告	国家税务总局公告2013年第60号	2013年10月9日

1.3.2　二手车+互联网行业发展分析

1. 二手车行业网站分类

当今互联网上的涉及二手车信息的网站有很多,而其中绝大多数网站是以乘用车二手车为主题的网站,专业的面向商用车二手车网站相对较少,更多一些的是综合类二手车网站,兼有乘用车与商用车信息。二手车相关网站按照内容与定位主要分为以下三类。

1)分类信息类网站

网站为用户提供众多本地生活、商务服务类信息,其中二手车信息只占网站信息量的一小部分,这类网站是由卖车人通过网站发布自己的二手车信息,买家通过网站搜索到自己需要的二手车信息,按照卖车人登记在网站上的联系方式与之取得联系。这一类型的网站只作为信息发布平台,并不作为二手车的销售方与买家有任何业务往来,实际的二手车交易是通过买卖双方在线下进行的。

2)专业二手车信息平台网站

网站为用户提供二手车交易供求信息,其中既包括乘用车二手车信息,也包括商用车信息,但从网站的信息量比重来看,乘用车的信息量比重远大于商用车的信息量比重。

3)汽车门户网站

此类网站主要报道乘用车与商用车市场动态,提供最新的汽车新闻资讯和行业数据,汽车导购及报价信息以及经销商信息等。二手车信息作为该网站的一个分支频道存在,由网站发布或者由用户自主发布二手车信息。

2. 二手车行业网站盈利模式

1)分类信息类网站

(1)广告收入:分类信息网的广告收入主要来自精准广告方面,其实商家对这类广告有着很强的需求。

(2)用户在线支付:分类信息网用户可以享受免费发布信息的服务的一些基本服务项目。但是,如果要享受一些特殊服务项目,需要付费才能使用。这不仅是分类信息网盈利模式之一,同时也是为那些想要获得更好服务的用户提供服务的必要条件。

(3)商家付费:在分类信息网上,商家的产品信息发布是免费的,并且是按照发布时间的先后顺序排列的。如果发布的时间早,很可能会被其他商家发布的产品信息覆盖掉,很难被用户发现。如果经常在此网站上发布,不仅占用时间,而且还占用人力资源。因此,可以成为分类信息网的赞助商,那样就可以显示在网页上。当然这是收费的,但这相对于在电视或报纸上做广告可能要便宜得多。

2)专业二手车信息平台网站

网站以公司总部为基础开展线下业务,随着多年的发展,如今辐射到全国较广的区域。凭借着设立在部分地区的实体店或合作店,线上与线下相结合的开展二手车业务。主要赢利模式有:

(1)网站本身作为一个专业的二手车媒体,为全国广大二手车商提供网店,会员和广告推广服务。通过收取建站费,会员服务费和广告费来创收。

(2)在有分支机构的城市开展二手车交易服务,以中介服务为主,通过收取一定的信息中介费或叫服务费来创收。

(3)使用二手车信息发布平台的用户在网上可免费发布信息,同时对一部分用户提供一定的增值付费服务项目。

(4)汽车增值辅助服务,比如二手车保险、贷款、检测、维修、保养、改装等。

3)汽车门户网站

(1)广告收入:汽车门户网站的广告收入主要来自页面广告。

(2)经销商、厂家推广收入:在产品信息页面推广,相应产品的经销商以及生产厂家页面推广信息等。

3. 二手车行业网站发展趋势分析

1)内容翔实的数据平台

由于我国二手车中90%以上者都是在交易市场中完成的,这造成的结果就是市场上车辆很多,而网络上寥寥无几。

要解决这个问题,首先,必须实现二手车信息的上网,并纳入专门的数据库中。这要求尽可能地做到二手车信息的丰富和真实。这样,消费者在选择车辆的时候,就无须到处奔波,耗费大量时间和精力,只要轻点鼠标,相关信息就一目了然。

其次,二手车可以利用品牌优势,将车辆检测标准、规范的业务流程,严谨可靠的过户流程等内容,通过网络数据平台告之客户。让每一位选择二手车的客户都能感受到诚信服务。另外,二手车通过寄售、代售、虚拟预售等多种方式延伸服务类型,满足不同客户需求,从而提升品牌认知度和满意度。

2)互动平台

由于二手车选择购买过程比较复杂,消费者在购买的过程中必然会有大量的问题需要解答。往往是一个问题得到了解答,不久又会产生新的问题,所以,二手车交易远不像新车那样干脆利落,常常是要经过多次的沟通才能形成最后购买意向。这就对商家提出较高的要求,要不厌其烦、耐心细致地回答消费者的提问。只有如此,才有可能得到好的回报。

建立一个互动平台可以较好地满足这种需求,同时在互动交流过程中,还可以收集客户对品牌的建议。通过对二手车服务平台的不断改进和完善,从而更好地满足客户的需要。

3)二手车拍卖与交易服务平台

二手车拍卖与具有拍卖特征的交易服务平台业务指二手车以公开竞价的形式转让给最高应价者的经营活动。二手车拍卖公司和交易服务平台的业务主要来自集团客户、经纪公司、经销公司、黄牛和个人车主的委托。通过拍卖的方式,实现 B2B、B2C 和 C2C 交易。二手车拍卖分为二手车实地竞拍和二手车网络竞价,二手车经营者为了节省成本,二手车网上竞价逐渐活跃起来。

自 2011 年起,二手车跨区域交易的流转比例不断上升的市场形势,为拍卖业提供了大发展的契机。2012 年,实体拍卖与网络竞购等肩负二手车交易批发功能的业务呈现更快发展势头,越来越多的交易服务平台加入其中。

本章小结

本章主要内容包括汽车评估的定义及特点、二手车市场的形成与发展现状、二手车交易市场的政策法规及未来行业发展趋势等内容。

下列的总体概要或框图覆盖了本章的主要学习内容,可以利用以下线索对所学内容进行一次简要的回顾,以便归纳、总结和关联相应的知识点。

1. 汽车评估概述

介绍了汽车评估广义和狭义上的定义,描述了汽车评估的特点、作用及意义等。

2. 我国二手车市场的形成与发展

介绍了我国二手车市场概况以及发展取得的成绩和存在的问题,分析了全国、北京、上海、广州部分重点城市二手车市场的发展情况。

3. 国外二手车市场的形成与发展

介绍了国外二手车市场的情况,分析了美国、英国、日本等国家的二手车市场发展情况。

4. 二手车市场政策环境分析

主要介绍了二手车交易市场的政策法规。

5. 二手车+互联网行业发展

主要介绍了二手车行业网站分类、二手车行业网站盈利模式、二手车行业网站发展趋势分析等。

自测题

一、单项选择题

1. 从美国、英国、日本等国家的成熟市场来看,二手车与新车交易量比例高达 2∶1,甚至 3∶1。而我国二手车与新车交易量比例为(　　)。

A. 2∶1　　　　　　B. 3∶1　　　　　　C. 1∶3　　　　　　D. 1∶2

2. 下列(　　)不是二手车价格评估人员的岗位职责。

A. 接受客户对二手车交易的咨询,引导客户合法交易

B. 负责收集二手车鉴定估价的市场价格信息

C. 为交易后二手车提供技术服务

D. 不准走私、非法拼装、报废车辆进场交易

3.《二手车流通管理办法》中给出了二手车的定义:指办理完(　　)之后到达到国家报废标准之前所进行的交易并且所有权发生转移的汽车、挂车和摩托车。

A. 销售手续　　　　B. 注册登记手续　　　　C. 上牌手续　　　　D. 寄售手续

4. 二手车鉴定评估以(　　)为基础。

A. 车内鉴定　　　　B. 排放鉴定　　　　C. 外观鉴定　　　　D. 技术鉴定

二、判断题(在括号内正确的打√、错误的打×)

1. 汽车评估的核心是对汽车的某一时间点的价格进行估算。　　　　　　(　　)

2. 汽车评估直接涉及当事人双方的权益,对评估机构和人员有较高的要求。(　　)

3. 从 2009 年至今,我国汽车生产和销售量排名位于世界第一,已连续 3 年超过 2000 万辆。(　　)

三、简答题

1. 何谓汽车评估?

2. 我国二手车市场与国外二手车市场相比,存在哪些差距?

3. 简述二手车市场发展存在的问题。

第2章 汽车评估基础知识

导言

本章主要介绍了汽车评估的基础知识,包括汽车评估的主体和客体、评估的依据和目的、评估的原则和程序、评估的假设和计价标准等基本要素,汽车技术状况、汽车的使用寿命、汽车的品牌与保值率等影响汽车价格的重要因素,资金的时间价值及车辆的经济评价等内容。通过本章的学习,学生能够掌握汽车评估基础知识,为后续学习汽车鉴定与评估实务奠定技术基础。

学习目标

1. 认知目标
(1) 掌握汽车评估的八大要素。
(2) 理解汽车技术状况变化的原因及影响因素。
(3) 掌握汽车使用寿命及报废标准。
(4) 掌握汽车的品牌与保值率。
(5) 掌握资金的时间价值及车辆经济评价。
2. 技能目标
(1) 能够根据汽车技术状况判断汽车价值。
(2) 熟悉汽车使用寿命的影响因素。
(3) 熟悉常见车型的报废标准。
(4) 能够进行资金的时间价值计算。
(5) 能够正确选择汽车投资方案。
3. 情感目标
(1) 遵守国家法律法规要求。
(2) 培养严肃认真,求真务实的工作作风。
(3) 培养学生的创新精神与实践能力。
(4) 促进学生个性发展,培养学生分析问题与解决问题的能力。
(5) 培养学生的团队合作精神。
(6) 培养学生的学习能力。

2.1 汽车评估的基本要素

由汽车评估狭义定义可知,汽车评估由八大基本要素组成,即鉴定评估主体、鉴定评估客体、鉴定评估依据、鉴定评估目的、鉴定评估原则、鉴定评估程序、鉴定评估价值和鉴定评估方法。以上八种要素构成了汽车鉴定评估活动的有机整体。它们之间相互依托,是保证汽车鉴定评估工作正常进行和评估价值科学性的重要因素。

2.1.1 评估的主体和客体

1. 汽车鉴定评估主体

汽车鉴定评估主体是指汽车鉴定评估业务的承担者,即从事汽车鉴定评估机构及专业评估人员。由于汽车鉴定评估直接涉及当事人双方的权益,是一项政策性、专业性都很强的工作,因此无论是对专业评估机构,还是对专业评估人员,都有较高的要求。

1) 汽车鉴定评估人员

汽车鉴定评估人员的素质,对评估工作水平和评估结果的质量有至关重要的影响。合格的鉴定评估人员应具有以下三个方面的素质。

(1) 政策理论素质。

① 掌握马克思主义的基本理论,能运用马克思主义的立场、观点和方法分析和解决问题。

② 有一定的资产评估业务理论,熟悉并掌握资产评估基本原理和基本方法。

③ 有一定的政策水平,熟悉并掌握国家颁布的与二手车交易有关的政策、法规、行业管理制度及有关的技术标准。

(2) 业务素质。

① 具有一定的汽车专业知识,熟悉汽车构造、汽车理论、汽车运用、汽车维修、汽车英语、汽车故障诊断、微机操作等知识。

② 具有实际的汽车检测技能,能够借助必要的检测工具,对汽车的技术状况进行必要的判断和鉴定,具有较高的收集、分析和运用信息资料的能力及一定的评估技巧。

③ 具备经济预测、财务会计、市场金融、物价、法律等多方面的知识。

(3) 思想品德素质。

热爱祖国,坚持四项基本原则,遵纪守法,公正廉洁。鉴定评估人员只有具备较高的思想品德素质,才能在评估工作中自觉履行自己的职责和义务,恪守职业道德,全心全意地为客户服务。

除了保证汽车鉴定评估质量以外,汽车鉴定评估的从业人员还需经过严格的考试或考核,取得劳动部门颁发的二手车鉴定评估岗位资格证书。

2) 汽车鉴定评估机构

汽车评估机构作为汽车保险市场、二手车交易市场、汽车碰撞事故双方的中介,易被双方当事人所接受,因而可以缓解当事人双方的矛盾冲突。也可以说,汽车评估机构是减少当事人之间摩擦的润滑剂。然而,汽车评估机构毕竟是以利润最大化为目标的中介组织,因此,无论评估人员本身是否出于商业目的,其行为的商业性是明显的,而公正性则相对有限,目前汽车评估机构的法律地位完全不同于我国司法系统中的公证部门。

汽车评估机构的职能主要表现在以下几个方面:

(1) 评估职能。

评估即评价、估算,指对某一事物或物质进行评判和预估。评估职能是评估所应具有的作用。汽车评估机构与其他公估人一样具有一种广义的评估职能,包括评估职能、勘验职能、鉴定职能、估价职能等。汽车评估机构对汽车进行评估,得出评估结论,并说明得出结论的充分依据和推理过程,体现出其评估职能。评估职能是汽车评估机构的关键职能。

(2) 公证职能。

这里所指的公证,即汽车评估机构对汽车评估结论作出符合实际、可以信赖的证明。汽车评估机构之所以具有公证职能,是因为:第一,汽车评估机构有丰富的汽车评估知识和技能,在判断汽车评估结论准确与否的问题上最具有资格和权威性;第二,作为当事人之外的第三方,汽车评估机构完全站在中立、公正的立场上就事论事,科学办事。

公证职能是汽车评估机构的重要职能,并具有以下特征:第一,这种公证职能虽然不具备定论作用,但却有促成事故结案、买卖成交的作用,因为当事人双方难以找出与评估结论完全不同的原因或理由;第二,这种公证职能虽然不具备法律效力,但该结论可以接受法律的考验。这是因为汽车评估机构的评估结论确定之后,必须经当事人双方接受才能结案或买卖成交。一旦当事人双方有一方不能接受,则可选择其他途径解决,如调解协商、仲裁或诉讼。但是,汽车评估机构可以接受委托方的委托出庭辩护,甚至可被聘请为诉讼代理人出庭诉讼,本着对委托方特别是对评估报告负责的原则,促成双方接受即定结论。

(3) 中介职能。

汽车评估服务机构作为中介人,从事评估经济活动,并参与相关利益的分配,为当事人提供服务,具有鲜明的中介职能。这是因为:第一,汽车评估机构可以受托于双方当事人的任何一方;第二,汽车评估机构以当事人之外的第三方身份从事汽车评估经营活动,从当事人一方获得委托,以中间人立场执行汽车评估,并收取合理费用。这样,汽车评估的服务机构以中间人的身份,独立地开展汽车评估,从而得出评估结论,促成双方当事人接受该结论,为当事人提供中介服务,淋漓尽致地发挥其中介职能。

2. 汽车鉴定评估的客体

汽车鉴定评估的客体是指被评估的车辆。汽车鉴定评估是以变动汽车产权或不变动汽车产权为目的而进行的评估,为将要发生的经济行为提供公平的价格尺度。例如,在二手车的交易过程中准确地确定二手车价格,并以此作为买卖成交的参考底价。根据《二手车流通管理办法》的规定,以下九种车辆不允许进行交易。

(1) 已报废或者达到国家强制报废标准的车辆。

(2)在抵押期间或者未经海关批准交易的海关监管车辆。

(3)在人民法院、人民检察院、行政执法部门依法查封、扣押期间的车辆。

(4)通过盗窃、抢劫、诈骗等违法犯罪手段获得的车辆。

(5)发动机号码、车辆识别代号或者车架号码与登记号码不相符,或者有凿改迹象的车辆。

(6)走私、非法拼(组)装的车辆。

(7)不具有《机动车登记证书》《机动车行驶证》、有效的机动车安全技术检验合格标志、车辆购置税完税证明、养路费缴付凭证、车船使用税缴付凭证、车辆保险单等任一证明或凭证的车辆。

(8)在本行政辖区以外的公安机关交通管理部门注册登记的车辆。

(9)国家法律、行政法规禁止经营的车辆。

此外,车辆上市交易前,必须先到公安交通管理机关申请临时检验。经检验合格,在其行驶证上签注检验合格记录后,方可进行交易。检验被交易车辆的车架号码和发动机号码的符号、数字及各种外文字母的全部拓印,发现不一致或改动、凿痕、锉痕、重新打刻等人为改变或毁坏的,对车一律扣留审查。

2.1.2 评估的依据和目的

1.汽车鉴定评估的依据

汽车鉴定评估工作和其他工作一样,在评估时必须有正确科学的依据,这样才能得出较正确结论。汽车鉴定评估的依据是指评估工作所遵循的法律、法规、经济行为文件以及其他参考资料。一般包括行为依据、法律依据、产权依据和取价依据四部分。

1)行为依据

行为依据是指实施汽车鉴定评估行业的依据。一般包括经济行为成立的有关决议文件以及评估当事方的评估业务委托书。

2)法律依据

法律依据是指汽车鉴定评估所遵循的法律法规及相关标准规范,主要包括:

(1)《国有资产评估管理办法》。

(2)《国有资产评估管理办法施行细则》。

(3)《机动车强制报废标准规定》。

(4)《机动车登记规定》。

(5)《二手车流通管理方法》。

(6)《机动车运行安全技术条件》。

(7)其他相关的政策法规。

3)产权依据

产权依据是指表明机动车权属证明的文件,主要包括:

(1)机动车来历凭证。

(2)机动车登记证书。

(3)机动车行驶证。

(4)道路运输证。

(5)其他机动车权属证明文件。

4)取价依据

取价依据是指实施汽车鉴定评估的机构或人员,在评估工作中直接或间接取得或使用对汽车鉴定评估有借鉴或佐证作用的资料,主要包括价格资料和技术资料。

(1)价格资料。价格资料包括新车销售价格、易损零部件价格、车辆装备价格、维修工时定额和维修价格资料,国家税费征收标准、车辆价格指数变化、各品牌车型残值率等。

(2)技术资料。技术资料包括机动车的技术参数,新产品、新技术、新结构的变化,车辆故障的表面现象与差别,车辆维修工艺及国家有关技术标准等。

2.汽车鉴定评估的目的

汽车鉴定评估的目的是为了正确反映汽车的价值及变动,为将要发生的经济行为提供公平的价格尺度。同时,它告诉汽车鉴定评估机构市场在哪里,到哪里去寻找评估业务。在汽车鉴定评估市场,针对汽车的鉴定评估主要分为两大类:一类为变动汽车产权;另一类为不变动汽车产权。

1)变动汽车产权

变动汽车产权是指车辆所有权发生转移的经济行为,包括二手车的交易、置换、转让、并购、拍卖、投资、抵债、捐赠等。

(1)车辆的交易转让。二手车在交易市场上进行买卖时,买卖双方对二手车交易价格的期望是不同的,甚至相差甚远。因此,需要鉴定评估人员对被交易的二手车进行鉴定评估,评估的价格作为买卖双方成交的参考底价。

(2)车辆置换。置换的概念源于海外,它强调的是旧物品(或次等的、较差的)与新物品(较好的)进行交换,这种交换是不等价的,由置换方给予差额补贴。置换业务有两种情况:一种是以旧换新业务;另一种是以旧换旧业务。两种情况都会涉及对置换车辆的鉴定评估,结果直接关系到置换双方的利益。

(3)车辆拍卖。拍卖是指以公开竞价的形式将特定物品或者财产权利转让给最高应价者的买卖方式。对于公务车,执法机关罚没车辆,抵押车辆,企业清算车辆,海关获得的抵税、放弃车辆和私家车等,都需要对车辆进行鉴定评估,为拍卖车辆活动提供拍卖底价。此外,还有与拍卖方式基本类似的招标底价。

(4)其他。其他经济行为(如企业发生联营、兼并、出售、股份经营或破产清算)也需要对企业所拥有的汽车进行鉴定评估,以充分保证企业的资产权益。

2)不变动汽车产权

不变动汽车产权是指车辆所有权未发生转移的经济行为,包括汽车的纳税、保险、抵押、典当、事故车损、司法鉴定(海关罚没、盗抢、财产纠纷等)。

(1)车辆保险。在对车辆进行投保时,所缴纳的保险费高低直接与车辆成本的价值大小有关。同样当被保险车辆发生保险事故,保险公司需要对事故进行理赔。为了保障双方的利益,也需要对核保理赔的车辆进行公平的鉴定评估。除一般的车损评估外,还包括火烧车和浸水车的鉴定评估。

(2)抵押贷款。银行为了确保放贷安全,要求贷款人以机动车作为贷款抵押。银行为了确保贷款的安全性,要对汽车进行鉴定评估。而这种贷款的安全性在一定程度上取决于对抵押车辆评估的准确性。一般情况下,评估价要比市价略低。

(3)担保。担保是指车辆所有单位或所有人,以其拥有的汽车为其他单位或个人的经济行为提供担保,并承担连带责任的行为。

(4)典当。当典当双方对当物车辆的估价有较大的出入时,为了保障典当业务的正常进行,可以委托汽车鉴定评估人员对当物车辆的价值进行评估,典当行可以以此作为放款的依据。当当物车辆发生绝当时,对绝当车辆的处理,同样也需要委托汽车鉴定评估人员为其提供鉴定评估服务。

(5)纳税评估。纳税评估是指政府为纳税赋税,由评估人员估定的作为机动车纳税基础的价码,具体纳税价格如何视纳税政策而定。

(6)司法鉴定。司法鉴定按性质的不同可分为刑事案件和民事案件。

①刑事案件一般是指盗抢车辆、走私车辆、受贿车辆等。其委托方一般是国家司法机关和行政机关,委托目的是为了取证。

②民事案件是指法院执行阶段的各种车辆,其委托方一般是人民法院,委托目的是案件执行需要进行抵债变现。

上述两种情况都要求鉴定评估人员对车辆进行评估,有助于把握事实的真相,确保司法公正,因此要求极高。

在接受车辆评估委托时,明确车辆的评估目的十分重要。对车辆的鉴定评估是一种市场价格评估,所以对客户提出的不同委托目的,有不同的评估方法。对于同一车辆,由于不同的评估目的,其评估出来的结果有所不同。

2.1.3 评估的原则和程序

1.汽车鉴定评估的原则

汽车鉴定评估的基本原则是对汽车鉴定评估行为的规范。正确理解和把握汽车鉴定评估的原则,对于选择科学、合理的汽车鉴定评估方法、提高评估效率和质量具有十分重要意义。汽车鉴定评估的原则分为工作原则和经济原则两大类。

1)工作原则

汽车鉴定评估的工作原则是评估机构与评估工作人员在评估工作中应遵循的基本原则,包括合法性原则、公平性原则、独立性原则、客观性原则、科学性原则、专业性原则等。

(1)合法性原则。汽车鉴定评估行为必须符合国家法律、法规,必须遵循国家对机动车户籍管理、报废标准、税费征收等政策要求,这是开展汽车鉴定评估的前提。

(2)公平性原则。公平、公正、公开是汽车鉴定评估机构和工作人员应遵守的一项最基本的道德规范。要求鉴定评估人员的思想、作风、态度公正无私,评估结果应该公道、合理,绝不能偏向任何一方。

(3)独立性原则。独立性原则:一是要求汽车鉴定评估机构和工作人员应该依据国家的法规和规章制度及可靠的资料数据,对被评估的汽车价格独立地给出评估结论,且不受外界干扰和委托者的意图影响,保持独立公正;二是评估行为对于委托当事人应具有非利害和非利益关系。评估机构必须是独立的评估中介机构,评估人员必须与评估对象的利益涉及者没有任何利益关系。绝不能既从事交易服务经营,又从事交易评估。

(4)客观性原则。客观性原则要求鉴定或评估结果应以充分的事实为依据,在鉴定评估过程中的预测推理和逻辑判断等只能建立在市场和现实的基础资料以及现实的技术状态上。

(5)科学性原则。科学性原则是指汽车鉴定评估机构和人员应运用科学的方法、程序、技术标准和工作方案开展活动。即根据评估的基准日、特定目的,选择适用的方法和标准,遵循规定的程序实施操作。

(6)专业性原则。专业性原则要求汽车鉴定评估工作尽量由专业的鉴定评估机构来承担。同时还要求汽车鉴定评估行业内部存在专业技术竞争,以便为委托方提供更多的选择余地,并要求鉴定评估人员接受相关专业培训,通过职业技能鉴定并取得国家相关部门统一颁发的执业证书,持证上岗。

2)经济原则

汽车鉴定评估的经济原则是指在汽车鉴定评估过程中,进行具体技术处理的原则。它是汽车鉴定评估原则的具体体现,是在总结汽车鉴定评估经验及市场能够接受的评估准则的基础上形成的,主要包括预期收益原则、替代原则、最佳效用原则。

(1)预期收益原则。预期收益原则是指在对营运性车辆评估时,车辆的价值可以不按照其过去形成的成本或购置价格决定,但必须充分考虑它在未来可能为投资者带来的经济效益。车辆的市场价格主要取决于其未来的有用性或获利能力,未来效用越大,评估值越高。

预期收益原则要求在进行评估时,必须合理预测车辆的未来获利能力及取得获利能力的有效期限。

(2)替代原则。替代原则是商品交换的普遍规律,即价格最低的同质商品对其他同质商品具有替代性。据此原理,汽车鉴定评估的替代原则是指在评估中,面对几个相同或相似车辆不同价格时,应取较低者为评估值,或者说评估值不应高于替代物的价格。这一原则要求评估人员从购买者角度进行汽车鉴定评估,因为评估值应是车辆潜在购买者愿意支付的价格。

(3)最佳效用原则。最佳效用原则是指若一辆汽车同时具有多种用途,在公开市场条件下进行评估时,应按照其最佳用途来评估车辆价值。这样既可保证车辆出售方的利益,又有利于车辆合理使用。

2. 汽车鉴定评估的程序

汽车鉴定评估作为一个重要的专业领域,情况复杂,作业量大。在进行汽车鉴定评估时,应分步骤、分阶段地实施相应的工作。从专业评估角度而言,汽车鉴定评估机构开展汽车鉴定评估经营活动按如图2-1所示流程作业,具体过程参照《二手车鉴定评估技术规范》(GB/T 30323—2013)进行。

第2章 汽车评估基础知识

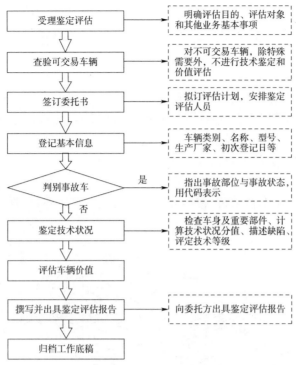

图2-1 汽车鉴定与评估流程

1) 受理鉴定评估

了解委托方及其车辆的基本情况,明确委托方要求,主要包括委托方要求的评估目的、评估基准日、期望完成评估的时间等。

2) 查验可交易车辆

(1) 查验机动车登记证书、机动车行驶证、有效的机动车安全技术检验合格标志、车辆购置税完税证明、车船使用税缴付凭证、车辆保险单等法定证明、凭证是否齐全,并按照表2-1检查所列项目是否全部判定为"N"。

(2) 如发现上述法定证明、凭证不全或表2-1检查项目任何一项判别为"Y"的车辆,应告知委托方,不需继续进行技术鉴定和价值评估(司法机关委托等特殊要求的除外)。

(3) 发现法定证明、凭证不全或表2-1中第1项、第4项~8项任意一项判断为"Y"的车辆应及时报告公安机关等执法部门。

可交易车辆判别表　　　　　　　　　　　　　表2-1

序号	检查项目	判别	
1	是否达到国家强制报废标准	Y	N
2	是否为抵押期间或海关监管期间	Y	N
3	是否为人民法院、检察院、行政执法等部门依法查封、扣押期间的车辆	Y	N
4	是否为通过盗窃、抢劫、诈骗等违法犯罪手段获得的车辆	Y	N
5	发动机号与机动车登记证书登记号码是否一致,且无凿改痕迹	Y	N
6	车辆识别代号或车架号码与机动车登记证书登记号码是否一致,且无凿改痕迹	Y	N
7	是否走私、非法拼组装车辆	Y	N
8	是否法律法规禁止经营的车辆	Y	N

3)签订委托书

对相关证照齐全、表2-1检查项目全部判别为"N"的,或者司法机关委托等特殊要求的车辆,签署二手车鉴定评估委托书。

4)登记基本信息

(1)登记车辆使用性质信息,明确营运与非营运车辆。

(2)登记车辆基本情况信息,包括车辆类别、名称、型号、生产厂家、初次登记日期、表征行驶里程等。如果表征行驶里程如与实际车况明显不符,应在《二手车鉴定评估报告》或《二手车技术状况表》有关技术缺陷描述时予以注明。

5)判别事故车

(1)参照图2-2所示车体部位,按照表2-2要求检查车辆外观,判别车辆是否发生过碰撞、火烧,确定车体结构是完好无损或者有事故痕迹。

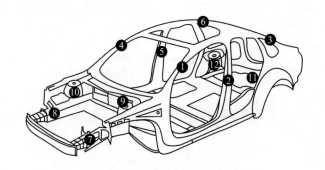

图2-2 车体部位结构图

1-左A柱;2-左B柱;3-左C柱;4-右A柱;5-右B柱;6-右C柱;7-左前纵梁;8-右前纵梁;9-左前减振器悬架部位;10-右前减振器悬架部位;11-左后减振器悬架部位;12-右后减振器悬架部位

(2)使用漆面厚度检测设备配合对车体结构部件进行检测;使用车辆结构尺寸检测工具或设备检测车体左右对称性。

(3)根据表2-2、表2-3对车体状态进行缺陷描述,即车身部位+状态。例如:4SH,即左C柱有烧焊痕迹。

(4)当表2-2中任何一个检查项目存在表2-3中对应的缺陷时,则该车为事故车。

(5)事故车的车辆技术鉴定和价值评估不在二手车鉴定与评估的范围之内。

车体部位代码表　　　　　　　　　　　　　　表2-2

序　号	检查项目	序　号	检查项目
1	车体左右对称性	8	左前纵梁
2	左A柱	9	右前纵梁
3	左B柱	10	左前减振器悬架部位
4	左C柱	11	右前减振器悬架部位
5	右A柱	12	左后减振器悬架部位
6	右B柱	13	右后减振器悬架部位
7	右C柱		

车辆缺陷状态描述对应表   表2-3

代表字母	BX	NQ	GH	SH	ZZ
缺陷描述	变形	扭曲	更换	烧焊	褶皱

6) 鉴定车辆技术状况

(1) 按照车身、发动机舱、驾驶室、起动、路试、底盘等项目顺序检查车辆技术状况。

(2) 根据检查结果确定车辆技术状况的分值。总分值为各个鉴定项目分值累加，即鉴定总分 = Σ 项目分值，满分为100分。

(3) 根据鉴定分值，按照表2-4确定车辆对应的技术等级。

车辆技术状况等级分值对应表   表2-4

技术状况等级	分值区间	技术状况等级	分值区间
一级	鉴定总分≥90	四级	鉴定总分<20
二级	60≤鉴定总分<90	五级	事故车
三级	20≤鉴定总分<60		

7) 评估车辆价值

(1) 根据车辆有关情况，确立估值方法，并对车辆价值进行估算。

(2) 估值方法选用原则：一般情况下，推荐选用现行市价法；在无参照物、无法使用现行市价法的情况下，选用重置成本法。

(3) 现行市价法的运用方法：评估价值为相同车型、配置和相同技术状况鉴定检测分值的车辆近期的交易价格；若无参照，可从本区域本月内的交易记录中调取相同车型、相近分值，或从相邻区域的成交记录中调取相同车型、相近分值的成交价格，并结合车辆技术状况鉴定分值加以修正。

(4) 当无任何参照体时，使用重置成本法计算车辆价值。

车辆评估价值 = 更新重置成本 × 综合成新率

① 更新重置成本为相同型号、配置的新车在评估基准日的市场零售价格；

② 综合成新率由技术鉴定成新率与年限成新率组成，即：

综合成新率 = 年限成新率 × α + 技术鉴定成新率 × β

式中，年限成新率 = 预计车辆剩余使用年限/车辆使用年限（乘用车使用年限15年，超过15年的按实际年限计算；有年限规定的车辆、营运车辆按实际要求计算）；技术鉴定成新率 = 车辆技术状况分值/100；α、β 分别为技术鉴定成新率与年限成新率系数，由评估人员根据市场行情等因素确定，且 $\alpha + \beta = 1$。

技术鉴定成新率 × β，相当于实体性陈旧贬值与功能性陈旧贬值后，车辆剩余的价值率；年限成新率 × α，相当于经济性陈旧贬值后，车辆剩余的价值率。

8) 撰写及出具鉴定评估报告

(1) 根据车辆技术状况鉴定等级和价值评估结果等情况，撰写《二手车鉴定评估报告》，做到内容完整、客观、准确，书写工整。

(2) 按委托书要求及时向客户出具《二手车鉴定评估报告》，并由鉴定评估人与复核人签章、鉴定评估机构加盖公章。

9）归档工作底稿

将《二手车鉴定评估报告》及其附件与工作底稿独立汇编成册，存档备查。档案保存一般不低于5年；鉴定评估目的涉及财产纠纷的，其档案至少应当保存10年；法律法规另有规定的，从其规定。

2.1.4 评估的假设和计价标准

1. 汽车鉴定评估的假设

汽车鉴定评估假设是与汽车鉴定评估标准有着密切联系的概念。汽车鉴定评估过程中所采用的理论和方法，都是建立在一定的假设条件上的。如果其假设前提不同，所适用的评估标准也就不同，评估结果也会大相径庭。汽车鉴定评估的假设有继续使用假设、公开市场假设和清偿假设三种。

1）继续使用假设

继续使用假设是指汽车将按现行用途继续使用，或将转换用途继续使用。这一假设的核心是强调汽车对未来的有效性。

对于可继续使用的汽车的评估与不能继续使用的汽车的评估，所采用的计价标准是不同的。例如，对一辆可继续使用的处于在用状态的汽车进行评估时，一般采用重置成本法评估其处于在用状态的价值，其评估值包括车辆的购买价及剩余继续使用期的折算费用等。但如果汽车无法继续使用，只能将其拆零出售，以现行市价法评估其零件的变现值，并且还需扣除拆零费用。两者的评估值显然不同。再如，一辆正在营运的汽车，以收益现值法评估其价值，设为10万元，但如果该汽车所属的企业因破产被强制清算拍卖，就只能以清算价格法评估其价值，其价格一定会大大低于10万元。

在采用继续使用假设时，需考虑以下几个条件：

（1）车辆尚有明显的剩余使用寿命。这是继续使用假设的最基本的前提要求。

（2）车辆能用其提供的服务或用途满足所有者或占有使用者经营上期望的收益。这是投资者持有或购买车辆的前提条件。

（3）车辆的所有权明确，能够在评估后满足二手车交易或抵押等业务需要。这同时也是转换用途的前提条件。

（4）充分考虑车辆的使用功能，即无论车辆的现行用途，还是转换用途继续使用，都是在法律许可的范围内，按车辆的最佳效用使用。

（5）车辆从经济上和法律上允许转作他用。

2）公开市场假设

公开市场假设是指被评估的车辆可以在完全竞争的交易市场上，按市场原则进行交易，其价格取决于该汽车在公开市场上的行情。

不同类型的车辆，其性能、用途不同，在市场上买卖的活跃程度也不一样。一般情况下，用途广泛的车辆比用途狭窄的车辆在市场上活跃，因此也越容易通过市场交易实现其最佳效用。这里所谓的最佳效用是指车辆在法律许可的范围内，被用于最有利的用途，可取得最佳经济效果。在汽车鉴定评估时，对于具备在公开市场上进行交易条件的车辆，作公开市场假设,并根据车辆所在地区、环境条件及市场的供求关系等因素确定其最佳用途。按车辆的最佳用途进行评估,有助于实现车辆的最佳效用。

3)清偿假设

清偿假设是指车辆所有者由于种种原因,以拍卖的方式出售车辆。这种情况下的汽车交易,与公开市场下的交易具有两点显著区别:一是交易双方的地位不平等,卖方是非自愿地被迫出售;二是交易被限制在较短的时间内完成。因此,汽车的价格往往明显低于继续使用或公开市场假设下的价格。

2. 汽车鉴定评估的计价标准

资产评估的计价标准是指资产评估价值的质的规定性,即评估价值内涵,是资产评估价值形式上的具体化。

资产评估计价标准应与特定经济行为相匹配,不同的评估目的决定了不同的价值内涵,决定了评估项目应选择的计价标准。计价标准的确定对评估方法的选用具有约束性,评估价值是计价标准与评估方法即评估价值的规定和量化过程共同作用的结果。合理选择资产评估计价标准是资产评估具有科学性和有效性的根本前提。

关于资产评估的计价标准,从不同的角度出发有着不同的表述。目前理论界有两种表述方式:一种是将计价标准分为市场价值和非市场价值。市场价值是指在公开市场条件下自愿买方与自愿卖方在评估基准日进行交易的价值估计数额,当事人双方应自主谨慎行事,不受任何强迫压制。非市场价值是指不满足市场价值成立的资产在非公开市场条件下实现的价值。另一种表述是将资产评估价值归纳为重置成本、现行市价、收益现值和清算价格四种价值类型。

2.2 汽车价格的影响因素

2.2.1 汽车技术状况

1. 汽车的技术状况

汽车的技术状况是指定量测得的、表征某一时刻汽车的外观和性能的参数值的总和。

在汽车使用过程中,汽车内部零件之间、零件与工作介质和工作产物之间、汽车与外部环境之间均存在着相互作用,其结果是汽车零件在机械负荷、热负荷和化学腐蚀作用下,引起零件磨损、发热、腐蚀等一系列物理的和化学的变化,使零件尺寸、零件相互装配位置、配合间隙、表面质量等发生改变。如发动机汽缸活塞组的尺寸、曲柄连杆机构的尺寸、制动器制动摩擦片的尺寸、制动蹄与鼓的间隙等,在汽车使用过程中时刻都在发生着变化。汽车是由机构、总成组成的,而机构和总成又由零件组成,所以零件是汽车的基本组成单元。零件性能下降后,汽车的技术状况将受到影响,因此汽车技术状况的变化取决于组成零件的综合性能。

随着汽车行驶里程的增加,汽车的技术状况将逐渐变坏,致使汽车的动力性下降、经济性变差、使用方便性下降、行驶安全性和使用可靠性变差,直至最后达到使用极限。其主要表现有:

(1)汽车最高行驶速度降低;

(2)加速时间与加速距离增长;

(3)燃料与润滑油消耗量增加;

(4)制动迟缓、失灵;

(5)转向沉重;

(6)行驶中出现振抖、摇摆或异常声响;

(7)排黑烟或有异常气味;

(8)运行中因技术故障而停歇的时间增多。

2.汽车技术状况变化的原因

汽车技术状况的变化是汽车诸多内在原因综合作用的结果。主要原因有零件之间相互摩擦而产生的磨损,零件与有害物质接触而产生的腐蚀,零件在交变载荷作用下产生疲劳,零件在外载、温度和残余应力作用下发生变形,橡胶及塑料等非金属零件和电气元件因长时间使用而老化,由于偶然事件造成零件损伤等。这些原因使零件原有尺寸和几何形状及表面质量发生改变,破坏了零件原来的配合特性和正确位置关系,从而引起汽车(或总成)技术状况变坏。

磨损是零件的主要损坏形式,磨损现象只发生在零件表面,其磨损速度既与零件的材料、加工方法有关,又受汽车运用中装载、润滑、车速等条件的影响。引起汽车技术状况变化的主要磨损形式有磨料磨损、分子—机械磨损和腐蚀磨损。磨料磨损是零件相互摩擦表面间由坚硬、锐利的微粒的作用下产生的磨损。微粒有的来自外界,如尘埃、沙土等;而有的微粒是从零件工作表面上脱落下来的,如金属磨屑。在零件相互摩擦过程中,磨料的作用将加速零件的磨损过程。分子—机械磨损也称黏着磨损,当零件接触面承受大载荷、滑动速度高、润滑又不良时,零件表面在摩擦过程中会产生大量的热,使材料强度降低并形成局部热点,易使零件局部表面金属黏结在一起。而黏结点在零件表面的相对运动中又被撕开,使一部分金属从一个零件表面转移到另一个零件表面,从而造成零件表面的损伤。产生黏着磨损的典型实例是汽缸筒"拉缸"和曲轴"烧瓦"。腐蚀磨损是摩擦表面在酸、碱等腐蚀物质作用下而产生的磨损。腐蚀物质对零件表面的腐蚀可使表面形成薄而脆的氧化层,在摩擦力作用下,氧化层脱落,腐蚀作用进一步向零件深部发展,再形成氧化层。如此,氧化层不断生成、不断脱落,从而造成了零件表面的损伤。

疲劳损坏是由于零件承受超过材料的疲劳极限的循环应力时而产生的损坏。通常,易于产生疲劳损坏的零件是承受交变载荷较大的零件,如汽车的钢板弹簧等。在由交变载荷导致的内部循环应力作用下,零件表面产生疲劳裂纹,裂纹不断积累、加深、扩展而产生零件的疲劳损坏。

腐蚀损坏产生于与腐蚀性物质接触的零件表面。易于产生腐蚀损坏的主要部件有燃料供给系统和冷却系统管道、车身、车架等。在汽车运动中,车身外表要受到风沙的磨蚀。而汽车使用环境中的空气湿度、尘埃等,对车身及裸露的金属零件也有一定的腐蚀作用。

零件所受载荷在内部产生的应力超过零件材料的弹性极限,就会发生变形。零件在制造和加工过程中产生的残余应力和零件受热不匀而产生的热应力足够大时,也会导致零件变形或加剧变形过程。

老化是零件材料在物理、化学和温度变化的影响下逐渐变质或损坏的故障形式。汽车上的橡胶零部件(如轮胎、油封、膜片等)和电气元件(如晶体管、电容器等)长期受环境和温度变化的影响,会逐渐老化而失去原有性能。例如,温度的冷、热作用,油类及液体的化学作用,太阳光的辐射作用等。在汽车使用过程中,润滑油等液体的性能也会因氧化、污染而逐渐变坏。

因汽车零件和运行材料性能的变化而使汽车技术状况逐渐变坏的现象,不仅发生于汽车使用过程中,也发生于储存过程中。例如,橡胶、塑料等非金属零件因老化而失去弹性,强度下降;燃料、润滑油、制动液等氧化变质及产生沉淀;金属零件产生锈蚀;车身表面漆层剥落等。

3. 汽车技术状况变化的影响因素

汽车在使用过程中,技术状况的变化取决于汽车结构设计的合理性、制造工艺水平、零部件材料的物理化学性能、各种使用因素等。特别是各种使用因素对汽车技术状况的变化所起的作用尤为突出。

影响汽车技术状况变化的使用因素包括运行条件、燃料和润滑油的品质、汽车运用的合理性等。

1) 汽车运行条件

汽车运行条件主要包括道路条件、交通状况和气候条件。

(1) 道路条件。汽车运行的道路条件对汽车技术状况有重要影响。汽车运行速度范围、发动机转速控制范围、汽车承受的载荷、操纵(换挡、转向、制动等)次数和强度等汽车运行情况都取决于道路的质量,因此汽车总成、零件的磨损强度也取决于汽车运行的道路条件。汽车在良好道路上行驶时,行驶阻力小,承受的冲击和动载荷小,汽车的速度性能得以发挥,燃油经济性好,零件磨损速率小,汽车的使用寿命就长。汽车在坏路面上行驶时,行驶阻力大,低挡使用的时间比例大,因而汽车的平均技术速度低,但发动机转速和负荷却很大,汽缸内平均压力也很高,所以汽缸—活塞组件磨损严重;汽车在崎岖不平的道路上行驶时,汽车底盘各总成(如车轮、悬架、车桥等)受到的冲击载荷加大,有时甚至遭到直接破坏和损伤;汽车在不良道路上使用时,由于操作次数增加和使用时间增长,离合器、变速器、制动蹄和制动鼓等部件的磨损增大,这都使得汽车在坏路面上运用时的使用寿命大为缩短。

(2) 交通状况。交通状况对汽车技术状况的变化也有很大影响。在路面质量和交通状况良好的道路上行驶时,汽车能够经常采用高挡在经济工况下运行,操纵次数减少,因而汽车运行平稳,所承受的冲击载荷大为减轻;而在不良交通状况下运行时,如在城市混合交通状况下,常因车多路窄、交通流量大、交叉路口多而不能以最佳工况运行。据统计,在同样路面条件下,货车在市内的行驶速度较郊区降低50%左右,换挡次数增加2~2.5倍,制动消耗的能量增加7~7.5倍。显然,汽车在交通状况不良的道路上行驶时,汽车技术状况的恶化进程加剧。

(3)气候条件。气候条件包括环境温度、湿度、风力和阳光辐射强度等。气候条件通常影响汽车总成的工作温度,改变其技术性能和工作可靠性。

图 2-3 为环境湿度与汽车及总成故障率的关系曲线。在适宜的环境温度下,汽车及总成故障率最低,可靠性最高。汽车上的每个总成都对应于一个最佳工作温度,气候条件通过对汽车总成工作温度的影响而使汽车的技术状况发生变化。如发动机磨损最小时的冷却系统冷却液温度为 70~90℃(图 2-4)。气温过低时,发动机散热多,发动机工作温度偏低,使润滑油黏度大、流动性差,起动时到达润滑表面的时间长;同时燃油雾化不良,燃油以液滴状态进入汽缸后,会冲刷缸壁上的润滑油膜,使磨损加剧。试验表明,在 -15℃ 的条件下起动发动机时,润滑油经 2min 才能到达主轴承;在 5℃ 时起动并走热发动机一次,汽缸磨损程度相当于汽车行驶 30~40km 的汽缸磨损量;而在 18℃ 时起动并走热发动机一次,汽缸磨损程度相当于汽车行驶 200~250km 的汽缸磨损量。当气温过高时,发动机易过热,润滑油黏度降低,在摩擦表面不易形成油膜,磨损也将加剧。

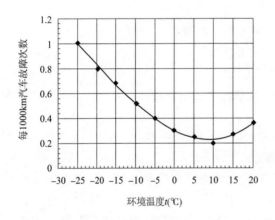 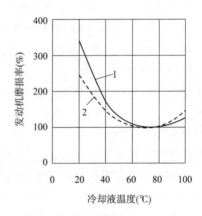

图 2-3 环境温度对汽车故障率的影响　　图 2-4 冷却液温度对发动机磨损的影响
　　　　　　　　　　　　　　　　　　　　1-汽油机;2-柴油机

另外,非金属材料制成的零部件在低温下易出现硬化、开裂、弹性下降或零件结构强度降低等现象;气温过高,则易使供油系统和液压制动管路产生气阻并易发生爆胎,而使汽车的工作可靠性下降。

季节交替使环境温度、湿度和道路情况发生相应变化,如夏季炎热、干燥,灰尘多;秋、冬季雨雪多,气候湿冷,道路泥泞。不同季节的气候条件通过对汽车工作过程的影响而影响着汽车零件的磨损强度和汽车技术状况的变化。

2)燃料和润滑油的品质

燃料、润滑油规格和品质对保证汽车正常工作和技术状况的变化速度具有重要影响。

汽油的蒸发性、馏分温度、辛烷值和含硫量是与汽车技术状况的变化有直接联系的指标。馏分温度高低表示汽油中所含重馏分的多少。馏分温度越高,说明汽油中不易挥发、雾化和燃烧的重馏分越多。重馏分易以液滴状态进入汽缸,冲刷缸壁润滑油膜,窜入曲轴箱稀释润滑油,从而使润滑条件变差,磨损加剧。若所用汽油的辛烷值与发动机的压缩比不相适应,则易于发生爆燃,使发动机承受的机械负荷和热负荷增大,同时破坏缸壁上的润滑油膜,使磨损加剧,同时还会引起气门烧蚀、连杆变形、火花塞绝缘部分损坏等故障。燃料中的含硫量决定了发动机腐蚀磨损的强弱。

柴油的蒸发性、十六烷值、黏度、含硫量对发动机工作过程有很大影响。柴油中重馏分过多,会使燃烧不完全而形成炭粒,排放烟度增大,汽缸磨损增加,还易堵塞喷油器喷孔。十六烷值对发动机工作的平稳性影响很大。柴油十六烷值选择不当,柴油机工作粗暴,所承受的载荷增大;或因其蒸发性差、低温流动性不良,发动机起动困难,从而加剧零件磨损。柴油的黏度应适宜。黏度大,则柴油的低温流动性和雾化性差,燃烧不完全,积炭和黑烟排放多;黏度小,则柴油对于喷油泵柱塞偶件的润滑作用下降,磨损加剧。柴油中含硫量从0.1%增加到0.5%时,柴油机汽缸和活塞环的磨损量将增加20%~25%。

润滑油的黏度和抗氧化安定性是对汽车技术状况影响较大的性能指标。润滑油的黏度应与发动机转速、磨损状况和气候条件相适应。黏度大,则润滑油流动性差,低温时润滑条件差,磨损加剧;黏度小,则润滑油流动性好,但油性差,润滑油吸附金属表面的能力差,易使工作表面出现边界摩擦或半干摩擦状态,也会使发动机的磨损增加。如果润滑油的氧化安定性不良,则易于在空气中的氧和热的作用下形成胶质沉淀物,使润滑油润滑性能下降;同时会因胶质物在油管、油道和机油滤清器中的沉积而影响润滑系统的正常工作,从而加剧零件的磨损。

3)汽车的合理运用

驾驶技术、装载情况和车速等因素对汽车技术状况的变化有很大影响。

(1)驾驶技术。驾驶技术对汽车的使用寿命有直接影响。实践证明,相同型号和结构强度的汽车在运行条件相同或类似时,若驾驶员素质和驾驶技术有差别,则在汽车行驶一定的里程后,其技术状况也会产生很大差别。驾驶技术好的驾驶员在驾驶操作过程中,一般均注意采用预热升温、平稳行驶、换挡及时、合理滑行、温度控制等一系列正确合理的操作方法,并注意根据道路情况合理选择行驶路线和车速,保证车辆经常处于最佳工作状态,从而使车辆技术状况变差的速度放慢,汽车使用寿命延长。同时,驾驶员还应有一定的技术素质,能根据汽车使用说明书中所规定的各项使用要求合理使用车辆。

(2)装载情况。汽车装载量应按额定装载量进行控制。在超载状态下,汽车各总成承受的负荷增加,发动机工作不稳定,低速挡使用时间比例增大,冷却系统和润滑系统的工作温度升高,从而导致发动机和其他总成的磨损增大,汽车的使用寿命缩短。

(3)车速。车速对汽车技术状况的影响十分明显。汽车载质量一定时,行驶速度对发动机磨损的影响如图2-5所示。汽车行驶速度过高,发动机经常处于高转速下运转,活塞在汽缸内平均移动速度增高,汽缸磨损相应增大。高速行驶时,汽车底盘特别是行驶机构受到的冲击载荷增大,易使前、后桥发生永久变形;同时,高速行驶时,制动使用更为频繁,汽车制动器磨损加剧。因此,汽车经常高速行驶对汽车使用寿命有一定影响。汽车行驶速度过低时,低挡使用的时间比例增

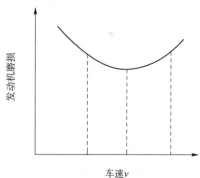

图2-5 行驶速度对发动机磨损的影响

多,汽车行驶相同里程发动机平均运转次数增多,同时由于润滑条件变差,其磨损强度较大。

4. 汽车性能劣化的规律

汽车的技术状况可用汽车的工作能力或运用性能来评价。汽车的运用性能包括动力性、经济性、使用方便性、行驶安全性、使用可靠性、载质量和容积等。

汽车的运用性能是由原设计与制造工艺所确定的,主要取决于汽车的设计制造质量,在汽车使用过程中,汽车的实际运用性能从汽车的初始性能开始,随着使用时间或行驶里程的增长而变化。汽车的初始性能取决于汽车的制造质量;而汽车的实际运用性能除取决于汽车的制造质量外,还取决于汽车的运用条件和运输工作情况等多方面的因素。在汽车制造方面,可以通过改进汽车的结构设计和完善汽车的制造工艺来提高汽车的运用性能;在汽车运用方面,可以通过合理运用来提高汽车的实际运用性能。

汽车在使用过程中受到外部环境和内部条件多种因素的作用,其结构强度和使用条件都有平稳变化的一面,同时又有不确定的一面,其反映在汽车运用性能的变化规律上,表现为渐发性和突发性两种变化规律。渐发性变化规律指汽车运用性能的变化随行驶时间或行驶里程单调变化,从而可用函数式表示的变化规律;突发性变化规律表示汽车或总成出现故障或达到极限状态的时间是随机的、偶发的,没有必然的变化规律,对其变化过程独立地进行观察所得结果呈现不确定性,但在大量重复观察中又具有一定的统计规律。渐发性变化规律又称为函授变化规律,突发性变化规律又称为随机变化规律。

如果汽车运用合理,则汽车主要运用性能的变化按使用时间或行驶里程而逐渐呈函数规律变化,而汽车在使用过程中出现的某些具体故障则是随机发生的。

汽车运用性能随使用时间或行驶里程的增加逐渐变差的过程也称为汽车技术性能"劣化"。汽车技术性能劣化规律如图 2-6 所示。

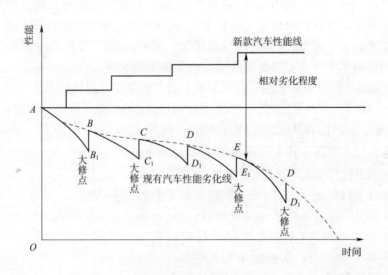

图 2-6 汽车技术性能劣化规律

汽车技术性能劣化可分为相对劣化和绝对劣化。相对劣化是指由于汽车工业发展,汽车新产品性能提高,而使原有产品的技术性能相对落后;绝对劣化是指随着使用时间推移,汽车技术性能逐渐下降。提高汽车技术性能的措施有三种:一种是对汽车进行大修。大修是对汽车原有技术性能的恢复性作业,其最好效果仅能达到汽车原有的技术性能,一般情况下,大修汽车与新车性能存在着不同程度的差异,存在着不可逆转的技术性能劣化趋势。第二种是技术改造。技术改造是利用当前新技术或新工艺,对原有汽车进行改造,改造后将会使汽车性能得到某种程度的提高。第三种是对汽车进行更新,即以性能更好的新型汽车替代当前性能相对落后的旧汽车。很显然,采用不同的措施,其投资和效果是不同的,应进行技术经济分析。

2.2.2 汽车的使用寿命

汽车的使用寿命是汽车从开始使用到不能使用的整个时期,指从技术上和经济上汽车的使用极限,用累计使用年数或者累计行驶里程数表示。

1. 汽车使用寿命分类

汽车使用寿命可分为:技术使用寿命、经济使用寿命、合理使用寿命。

它们之间的关系为:技术使用寿命＞合理使用寿命≥经济使用寿命。

1) 汽车技术使用寿命

汽车技术使用寿命是指从汽车开始使用,直至其主要机件到达技术极限状态而不能再继续修理时的总工作时间或总行驶里程。

汽车技术使用寿命,主要取决于各总成的设计水平、制造质量和使用维修情况。汽车到达技术寿命时,车辆应该予以报废,其零部件也不能再作备件使用。汽车维修做得越好,汽车技术寿命越会延长,但随着汽车使用时间的延长,汽车维修费也将日益增加。

2) 汽车经济使用寿命

汽车经济使用寿命是指汽车从全新状态投入使用开始,到年平均总费用最低的使用年限或行驶里程。年平均总费用是车辆在使用年限内,年平均折旧费用与该汽车发生的经营费用之和。汽车经济使用寿命是汽车经济效益最佳时期,即汽车在技术上仍可继续使用,但年平均总费用上升,在经济上不合算。在汽车更新政策允许的情况下,汽车用户在更新车辆时应以经济使用寿命为主要依据。

在车辆的整个使用期内,购车费用一般只占总支出的15%,使用、维护、修理和燃油费等则占总支出的85%。汽车使用至一定年限会出现年均总费用的最低值,如图2-7所示。年均总费用最低点的横坐标上标示的年限,就是汽车的经济寿命。因此,在汽车使用到相当里程和使用年限后,需要从汽车使用总成本出发,对其进行全面经济分析,包括车辆制造成本、使用与维修费用、使用者管理开支、车辆当前的折旧以及市场价格的变化等一系列因素,作出综合的经济评定,确定是否经济合理,能否继续使用。

3) 汽车合理使用寿命

汽车合理使用寿命是指从汽车初次注册登记日开始计算,在到达经济使用寿命后,因为更新资金和更新车型等因素的制约,将营运车辆又继续使用一段时间的总使用年数或总行驶里程。汽车合理使用寿命以汽车经济使用寿命为基础。

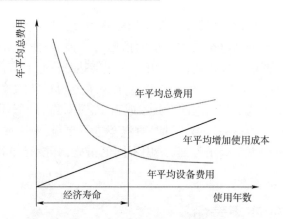

图 2-7　机动车年平均总费用曲线

我国《机动车强制报废标准规定》规定多种营运车辆在达到报废年限后,还可以延缓报废。在定期检验合格的情况下,允许延长车辆使用年限的原因之一就是出于机动车合理使用寿命的考虑。

2. 汽车经济使用寿命的评价指标

汽车经济使用寿命的主要指标有使用年限、行驶里程、折算年限和大修次数。

1) 使用年限

使用年限是指汽车从开始投入运行到报废的年数,作为使用寿命的量标。这种方法除考虑了运行时间外,还考虑了车辆停驶期间的自然损耗问题。这种方法的特点是计量比较简单,但是没有反映汽车的使用强度和使用条件,同样使用年限的车辆由于行驶里程、载质量、维护、驾驶技术和道路环境条件的不同而造成技术状况差异很大。

2) 行驶里程

行驶里程即汽车从开始投入运行到报废期间的行驶里程数作为使用期限的指标。这种方法反映了汽车的真实使用强度,但没有反映运行条件的差异,如道路环境条件、载质量和维护状况等,也没有包含停驶期间的自然损耗。

专业运输车辆,由于其运行条件差异较大,虽然使用年限大致相同,但累计行驶里程相差悬殊。汽车运输业中,大多数以行驶里程作为考核车辆各项指标的基数,但对于在用汽车评估,行驶里程一般作为参考依据。

3) 折算年限

折算年限是把汽车总的行驶里程与平均行驶里程之比所得年限,作为使用年限的量标,即

$$T_{折} = \frac{L_{总}}{L_{年}} \qquad (2-1)$$

式中:$T_{折}$——折算年限;

$L_{总}$——总的累计行驶里程,km;

$L_{年}$——年均行驶里程,km/年。

这种方法综合了行驶里程和使用年限的特点,但计算起来年均行驶里程需要统计量值的支持。而该值不易取得且差异性较大。

4) 大修次数

汽车在使用过程中,当动力性和经济性下降到一定程度,已无法用正常的维修和小修方法使其恢复正常技术状况时,就要进行大修。

运输技术部门除用里程作为指标外,也用大修次数作为指标。汽车报废之前,截止到第几次大修最为经济,需权衡买新车的费用加旧车未折完的损失和大修费用加经营费用的损失,来预测截止到某次大修最经济合算。

3. 汽车经济使用寿命的影响因素

汽车经济使用寿命的长短,主要受到汽车有形损耗和无形损耗的影响。而汽车有形磨损和无形磨损取决于汽车的使用强度和使用条件以及汽车使用地区的经济水平等。

1) 汽车的损耗

首先从汽车的有形损耗和无形损耗两个方面进行分析。

无形损耗是指由于技术进步,生产的发展,出现了性能好、生产效率高的新型车,或原车型价格下降等情况,促使在用汽车提前更新。实际上是旧车型相对新车型的贬值,这个问题将在后面的重置成本法进行车辆评估时详述。

有形损耗是指车辆在使用过程中本身的损耗。它包括磨损、锈蚀、腐蚀等自然损耗,以及燃料、润滑料和维护费用的增加。

有形损耗主要与运输成本有关。

汽车运输成本 C 一般为:

$$C = C_1 + C_2 + C_3 + C_4 + C_5 + C_6 + C_7 + C_8 + C_9 \tag{2-2}$$

式中:C_1——燃、润料费用;

C_2——维护、小修费用;

C_3——大修费用;

C_4——基本折旧费用;

C_5——轮胎费用;

C_6——驾驶员工资费用;

C_7——管理费用;

C_8——养路费用;

C_9——其他费用。

其中,$C_5 \sim C_9$ 是与汽车经济使用寿命无关的因素。当使用寿命确定后,C_4 是一个定值。而 C_1、C_2、C_3 随行驶里程(或使用年限)的增长、车况的下降而增加。由此可见燃、润料费用,维护、小修费用和大修费用是影响经济使用寿命的重要指标。为了延长汽车的经济使用寿命,要尽量降低以上费用,并延缓它们的增加速度。

2) 使用强度

前面说过,汽车的有形损耗与汽车的使用强度有关。而不同的汽车、不同的使用者、不同的用途,汽车的使用强度差异很大,汽车的经济使用寿命也不一样。

从行驶里程上来说,汽车的使用强度从1万~15万 km/年不等。显然,年平均行驶里程越长,汽车的使用强度越大,经济使用寿命也越短。表2-5列出了几种车辆年均行驶里程。从表中可看出,私家车强度最低,长途客车的强度最高。

各类车辆年均行驶里程(单位:万 km/年) 表 2-5

私 家 车	商 用 车	出 租 汽 车	公 交 车	长 途 客 车	大 型 货 车
1~3	2~5	10~15	8~12	10~20	8~12

从用途来看,出租汽车的使用强度显然大于私家车,经常超载的汽车使用强度要大于正常运载的汽车。

3)使用条件

(1)道路条件。道路对汽车使用寿命影响很大,直接影响车辆技术速度。道路条件差,车辆技术速度就慢,燃油消耗增大,车辆磨损增大。经济使用寿命则短。

(2)自然条件。我国幅员辽阔,各地自然、地理条件差异较大,温度、湿度、年降雨量、空气中的含氧量及沙尘含量差异较大,造成车辆经济使用寿命也有一定的差异。

4)经济水平

我国各地的经济发展水平差异很大,在发达地区的车辆淘汰更新快,经济使用寿命短,相反欠发达和落后地区的车辆淘汰更新慢,经济使用寿命相对较长。如出租汽车的使用年限从 3 年至 8 年不等,有的落后地方 8 年后还可以使用。

4.汽车强制报废标准简介

《机动车强制报废标准规定》经 2012 年 8 月 24 日商务部第 68 次部务会议审议通过,并经发展改革委、公安部、环境保护部同意,自 2013 年 5 月 1 日起施行。

1)机动车强制报废的条件

《机动车强制报废标准规定》提出,已注册机动车有下列情形之一的应当强制报废,其所有人应当将机动车交售给报废机动车回收拆解企业,由报废机动车回收拆解企业按规定进行登记、拆解、销毁等处理,并将报废机动车登记证书、号牌、行驶证交公安机关交通管理部门注销:

(1)达到使用年限的;

(2)经修理和调整仍不符合机动车安全技术国家标准对在用车有关要求的;

(3)经修理和调整或者采用控制技术后,向大气排放污染物或者噪声仍不符合国家标准

(4)对在用车有关要求的;

(5)在检验有效期届满后连续 3 个机动车检验周期内未取得机动车检验合格标志的;

(6)对小、微型出租客运汽车(纯电动汽车除外)和摩托车,省、自治区、直辖市人民政府有关部门可结合本地实际情况,制定严于上述使用年限的规定,但小、微型出租客运汽车不得低于 6 年,正三轮摩托车不得低于 10 年,其他摩托车不得低于 11 年;

(7)小、微型非营运载客汽车、大型非营运轿车、轮式专用机械车无使用年限限制;

(8)机动车使用年限起始日期按照注册登记日期计算,但自出厂之日起超过 2 年未办理注册登记手续的,按照出厂日期计算。

2)各类机动车的使用年限及行驶里程规定

《机动车强制报废标准规定》第五条、第七条规定机动车使用年限及行驶里程参考值,对达到一定使用年限及行驶里程的机动车引导报废。机动车使用年限及行驶里程参考值汇总见表 2-6。

机动车使用年限及行驶里程参考值汇总表 表2-6

车辆类型与用途				使用年限（年）	行驶里程参考值（万km）
汽车	载客	营运	出租客运 小、微型	8	60
			出租客运 中型	10	50
			出租客运 大型	12	60
			租赁	15	60
			教练 小型	10	50
			教练 中型	12	50
			教练 大型	15	60
			公交客运	13	40
			其他 小、微型	10	60
			其他 中型	15	50
			其他 大型	15	80
		专用校车		15	40
		非营运	小、微型客车、大型轿车*	无	60
			中型客车	20	50
			大型客车	20	60
	载货		微型	12	50
			中、轻型	15	60
			重型	15	70
			危险品运输	10	40
			三轮汽车、装用单缸发动机的低速货车	9	无
			装用多缸发动机的低速货车	12	30
	专项作业		有载货功能	15	50
			无载货功能	30	50
挂车	半挂车		集装箱	20	无
			危险品运输	10	无
			其他	15	无
	全挂车			10	无
摩托车			正三轮	12	10
			其他	13	12
轮式专用机械车				无	50

注：1. 表中机动车主要依据《机动车类型 术语和定义》（GA 802—2014）进行分类；标注 * 车辆为乘用车。

2. 对小、微型出租客运汽车（纯电动汽车除外）和摩托车，省、自治区、直辖市人民政府有关部门可结合本地实际情况，制定严于表中使用年限的规定，但小、微型出租客运汽车不得低于6年，正三轮摩托车不得低于10年，其他摩托车不得低于11年。

2.2.3 汽车品牌与保值

1. 汽车主流品牌特点

汽车被称为"改变世界的机器"。由于汽车工业具有很强的产业关联度,因而常常被视为一个国家经济发展水平的重要标志。汽车一百多年的发展历史经历了几个重要的里程碑,其中福特的流水线生产和丰田的全面质量管理就是时代产物的杰出代表。在汽车技术日益发达的今天,从纯粹的技术层面上已经没有太大的秘密可言。汽车厂家之间的竞争更多地表现在品牌、制作工艺和耐用性等细微之处。比如国外一些汽车生产线,它会在某道流程上针对汽车的一项功能进行上万次的实验,直到找到这项功能的不足之处,然后再加以改进,这也是世界名车之所以经典的原因。与新的轿车品牌相比,传统品牌由于在规模上的优势,使得在制作、配件上都能达到比较高的标准化生产。

生产一部汽车,尤似诞生一个生命,也讲究"血统""发育""出生率""生育期"。不同的身世,造就不同的风格和特点。

(1)汽车的血统是指某品牌、型号的汽车是出自以哪家制造商为首的汽车集团以及是否是该集团的主流、畅销车型。汽车是否有纯正的"贵族"血统,一般来说能够在很大程度上代表该品牌汽车的装配、制造质量和水平。

(2)汽车的发育是指汽车的开发、设计、制造、装配工艺水平的高低。如果某车在设计、制造过程中的每一道工序和流程都精益求精、精雕细琢,那么其发育肯定正常;相反,如果粗制滥造、东拼西凑,其发育肯定有缺陷。汽车是否有良好、正常的发育,将决定汽车购后的使用状况,影响汽车的各项技术使用性能的正常发挥。

(3)汽车的出生率是指年款相近、车系相近的在用车在当地的保有量是否足够多。如果同一款车的产品线很长、变型车很多,对车辆的使用是会有很大好处的。汽车是否有很高的出生率以及在当地的保有量是否够大,将决定车辆购后使用的方便程度,因为车辆的"同胞"越多,维修就越方便、越便宜。

(4)汽车的生育期是指生产厂家生产这款车的周期。如果一个厂家生产一款车的周期只有短暂的一两年,生育期就短;如果从投产到停产的周期较长,生育期就长。汽车生育期的长短,将影响汽车生产的连续性。如果某品牌或车型的生育期很长,就将成为车坛的"常青树",那么这款车就相对比较保值。比如捷达,已经连续生产了近20年,一直比较畅销,就属于生育期较长的车坛的"常青树"。

2. 影响汽车保值的因素

在目前日渐成熟的国内车市环境下,3~5年就升级换购新车的车主越来越多,车辆是否保值已成为广大理性车主购车时考虑的重要因素。加上近期国内通胀压力不断加剧,高保值车型更是凭借着过硬的产品品质、经济的养车成本、成熟的售后服务、良好的车主口碑及实实在在的省钱之道赢得了众多精明车主的青睐。

1)保值与汽车保值率

保值就是产品在使用一段时间后残留在产品里的剩余价值。车辆是否保值,一般用保值率来衡量。

汽车保值率是指一款车型在使用一段时期后的交易价格与目前购买该款新车或同等替代车型所需价格的比率,即(旧车平均收购价/新车市场平均报价)×100%。它反映了一款新车使用后的折价程度,在二手车交易过程中起到确定交易价格的基础作用。随着我国二手车交易市场的快速发展,保值率逐渐成为消费者选购汽车的重要因素。

2)保值率的影响因素

二手车保值率反映了某一车型在市场流通中所呈现的价格变动情况和价值折减程度,而非某一辆车。二手车的剩余价值率与车辆的实体成新率、新车市场发展水平、二手车市场发展水平、经济政策等紧密相关,二手车剩余价值率影响因素图如图2-8所示。

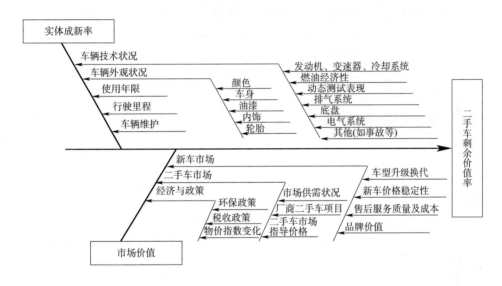

图2-8 二手车剩余价值率影响因素

(1)车辆的实体成新率。实体成新率是指二手车当前的技术经济性能与购买同样新车的技术经济性能的比值。二手车存在实体性贬值,由于使用及自然力的作用导致其技术经济性能的损耗或下降而引起的资产的价值损失。具体而言,指机动车在存放和使用过程中,因机件磨损和损耗等原因而导致的车辆实体发生的价值损耗以及由于自然力的作用而发生的损耗。投入交易的二手车一般都不是全新状态的,因此都存在实体性贬值,其实体成新率可由车辆技术状况、车辆外观状况、使用年限、行驶里程、车辆维护等方面体现。

(2)新车市场。新车市场影响着二手车的市场价值,产品的升级换代、新车的价格稳定性、新车售后服务及成本以及该车型的品牌价值,这些影响新车市场价格的因素,也同样影响着二手车的市场价值。

①新车价格稳定性。新车价格是衡量汽车保值率的重要基础要素,也是直接影响保值率变化的基本要素。新车价格的确定决定了具体品种的初始价格,确定了当期的价值表现形式,当价格确定为市场接受时,在其他影响因素不变的情况下,其保值率运行应该是逐步下降,并在经历相对平缓阶段后呈现加速下降的运动轨迹。事实上,新车价格的变化趋势受到多重因素的影响。一是同一品牌车型的相关替代产品的价格政策的直接影响,如果替代

产品(如车型升级换代)价格高于原产品价格,则对原产品保值率的具有稳定作用;如果替代产品价格偏低,则对原产品保值率就具有相反的作用。二是对于同质状态的其他品牌的价格政策影响,如果其他品牌的同质产品以低于本品牌产品价格出现,则保值率必然受到冲击;如果以较高的价格出现,则影响较小。此外,由于市场战略、技术变革等非常规因素影响导致产品价格策略出现重大调整时,新车价格政策对市场前期推出的产品保值率会产生重大的影响,而这种影响更多地体现在对已有产品保值率冲击。

②品牌价值。品牌价值体现在品牌的市场占有率及市场份额、品牌的知名度、品牌的销售网络、品牌的技术含量、品牌的质量和品质标准、品牌的市场活动、消费者对该品牌的忠诚度等方面。汽车品牌的市场占有率在汽车保值率的形成中占有不容忽视的地位,而且这种影响还将随着占有率的变化而变化。市场占有率的扩大,表明了市场需求的集中度提高,品牌认知度上升,对于在用车辆的保值率具有向上的拉动作用,而随着市场竞争的加剧,市场占有率下降,又将对在用车辆的保值率产生负面影响。

③售后服务质量及成本。售后的服务质量以及零部件成本、维修成本影响着二手车的剩余价值率。与其他众多商品消费不同,汽车在使用过程中需要有一系列服务保障,从而保持车辆技术状况的稳定,进而保持车辆价值和使用价值的合理折损。在成熟的汽车市场,汽车售后服务体系比较完善,车辆使用状况与使用环境也比较相同,维修保障服务业具有比较统一的标准,因此,车辆的保值率受到这方面的不利影响相对较少。我国汽车市场尚处于发展阶段,由于车辆使用环境的差异较大,维修服务标准参差不齐,技术保障的技术条件相对欠佳,车辆保值率的正常水平将难以保持。

(3)二手车市场。二手车市场是指由于当前的市场供需关系而导致的二手车价值的市场波动,表现在二手车市场的供需关系、OEM品牌二手车项目的开展、市场发布的二手车指导价格等。

①二手车市场供需状况。在市场经济条件下,供需状况对价格有很大影响,供应大于需求,价格就会下降;反之,需求大于供给,价格就会上升。对于二手车车价的影响主要体现在二手车供给表现、二手车需求表现、平均库存时间以及个性化配置4个方面。

②厂商二手车项目。厂商有无二手车项目,直接影响着二手车的剩余价值。有二手车项目的厂商,车源可以部分控制在自己手中,由于提供专业的服务、品质认证的二手车,其剩余价格会高于没有二手车项目的品牌。原则上,二手车项目对于二手车的剩余价值起着正相关作用。

③二手车市场指导价格。市场指导价格是指一些市场信息数据机构发布的二手车指导价格。如宝马中国的所有二手车参考价格,均来自Redbook所提供的参考数据,在美国,Kelly Book的数据对于价格具有基准的指导作用。历史成交价格的指导作用也在一定程度上影响着二手车的剩余价值。

(4)经济与政策。经济与政策是指由于宏观经济政策、通货膨胀、环境保护等外部环境因素的变化造成车辆市场价值的变化。这些外界因素在二手车的评估中不可忽视。比如2008年9月,针对大排量车型的附加购置税,在短期内将同类型的二手车价格提高了10%。2009年初发布的1.6L以下排量车型的购置税减免,则直接打压了当时二手车市场同类型的交易价格。另外,国家环保政策的要求越高,对车辆的性能要求就越高,直接影响二手车的交易价格。新环保标准的施行,使排放标准低的汽车,逐渐流向不发达地区,造成了地区性二手车的剩余价值差异。

3)我国乘用车保值率排名

我国二手车网乘用车保值率排名是在中国汽车流通协会、中国汽车维修行业协会的大力支持下,在国内20多个主要城市和373家重点二手车交易市场进行乘用车保值率数据采集工作,共汇集国内外主流车型5000余款、65万份二手车市场交易信息样本,按车型的级别、品牌美誉度、厂商售价稳定性、市场占有率、相关政策法规、区域性差异、消费者关注度、车主满意度、产品生命周期、宏观经济、二手车市场实际交易价格等方面进行价格模型分析,通过二手车价格模型进行价值评估,从而计算出每款车辆的保值率。

2017年我国二手车乘用车保值率综合排名见表2-7,排名榜单列出了微型车(简称A00)、小型车(简称A0)、紧凑型车(简称A)、中型车(简称B)、中大型车(简称C)、豪华型车(简称D)、SUV、MPV各个级别车型保值率综合排名(取第4年保值率,因为第4年是一辆车车况性能最为可靠稳定的时期,此时的保值率真实体现该车应有的价值)。

2017年我国二手车网乘用车保值率排名结果 表2-7

类别	排名	厂商	系列	类别	排名	厂商	系列
微型车	1	长安铃木	奥拓	中、大型车	1	华晨宝马	宝马5系
	2	上汽通用五菱	乐驰		2	一汽大众奥迪	奥迪A6L
	3	奇瑞汽车	奇瑞QQ		3	上海通用凯迪拉克	凯迪拉克XTS
小型车	1	广汽本田	飞度两厢	豪华车	1	英菲尼迪	英菲尼迪QX80
	2	上汽大众	POLO		2	奔驰	奔驰GLS级
	3	上汽通用雪佛兰	赛欧两厢		3	日产	途乐
紧凑型车	1	一汽大众	高尔夫	SUV	1	一汽大众奥迪	奥迪Q5
	2	上汽大众	朗逸		2	上海通用别克	昂科拉
	3	一汽大众	速腾		3	广汽丰田	汉兰达
中型车	1	大众	大众CC	MPV	1	上海通用别克	别克GL8
	2	大众	帕萨特		2	广汽丰田	奥德赛
	3	广汽丰田	凯美瑞		3	上汽大众	途安

注:数据来源——中国汽车流通协会。

国产各级别轿车1~5年保值率如图2-9所示。整体来看,各级细分市场的车龄保值率随着车龄的增长而逐步分化。车龄1~5年保值率表现最佳为中大型SUV,表现最差为微型轿车,其余各级别表现差异不大,相对稳定集中。

微型轿车细分市场综合保值率排名最低,车龄1年保值率均值62.88%,车龄5年保值率36.47%,1~5年保值率每年递减6~9个百分点。随着人民生活水平的逐步提高,加上全国多个如北京、上海、广州、深圳、杭州等地区出台汽车摇号或号牌拍卖政策,在拍卖价格居高不下或一号难求的市场环境下,消费者大多考虑一步到位,很少考虑选择微型轿车,加上市场竞争激烈,小型轿车的价格进一步下探,直逼微型轿车价格,微型轿车经销商为吸引消费者,往往降价促销,造成其保值率落后于其他细分市场。

汽车评估

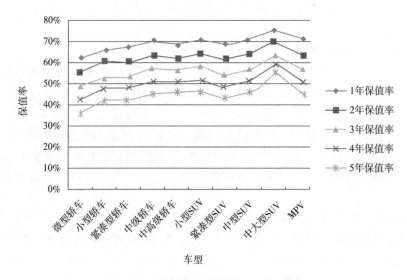

图 2-9　国产各级别车型车龄 1～5 年保值率
(数据来源:中国汽车流通协会)

在小型轿车和紧凑型轿车级别中,1～5 年车龄保值率表现十分接近,最大差距在第 2 年车龄上,为 1.03%,其余车龄差距不过 0.4%。整体来看,紧凑型轿车保值率略好于小型轿车保值率。

中级轿车和中高级轿车的细分市场中,越来越多的消费者的消费观念已经发生了转变,更加倾向于一步到位的选择,中级轿车或中高级轿车成了他们的首选。无论是新车,还是二手车,中级轿车市场都是各大厂商最重要的细分市场。随着二手车市场的健全和发展,多样化的汽车金融产品介入,进一步扩大了中级轿车的消费群体,其保值率稳定性进一步加强。

在 SUV 细分市场中,频频上市的新车型加剧了市场的竞争,小型、紧凑型和中型 SUV 保值率不分上下,首年保值率最高与最低保值率相差不到 2 个百分点,3 年保值率相差不过 4 个百分点,其中 5 年车龄保值率差距有所减小,在 3.5 个百分点附近。

中大型 SUV 部分情况相对特殊,车型较少。普拉多地位多年无可撼动,兰德酷路泽紧随其后,长城 H9 作为普拉多的"翻版车型",因其实用的配置、强悍的性能、相对较低的价位形成了高性价比车型,受到不少消费者的青睐,首年保值率达 75.81%,远高于其他细分级别市场保值率。因哈弗 H9 车型上市较晚,并无 5 年车龄车型,其 5 年车龄保值率由普拉多和兰德酷路泽构成,为 55.66%,和其他细分市场保值差距出现了进一步扩大。

在 MPV 细分市场,随着"二胎政策"的施行、公务车市场改革、各企业蓬勃发展使得 7 座 MPV 越来越受到追捧,从高端商务需求到普通百姓 7 座用车,MPV 都成了其首选车型,因此整体 MPV 市场定价形成了从几万到几十万的跨度空间,MPV 车型处于百花齐放发展模式,高级别主流 MPV 车型诸如别克 GL8 和本田奥德赛、低级别诸如五菱宏光和宝骏 730 等都有不错的市场表现,其细分市场 1～5 年车龄保值率整体表现优良。

对于许多消费者来说,保值率是买车时非常重要的参考因素之一。下面就以紧凑型轿车为例,来分析三年来哪些紧凑型轿车的保值率比较高,如表 2-8 所示。

最保值的紧凑型轿车 TOP10　　　　　　表 2-8

排　名	车　型	一年保值率	二年保值率	三年保值率
1	丰田卡罗拉	78.14%	72.26%	64.68%
2	大众高尔夫	75.90%	71.05%	64.40%
3	大众凌渡	74.17%	69.07%	63.40%
4	昂克赛拉	74.92%	68.44%	63.10%
5	本田杰德	76.20%	70.11%	62.68%
6	大众速腾	74.69%	69.01%	62.00%
7	本田凌派	73.40%	67.18%	61.89%
8	丰田雷凌	73.60%	69.18%	61.55%
9	大众宝来	70.25%	66.01%	60.55%
10	本田锋范	74.36%	69.96%	59.55%

注：数据来源：中国汽车流通协会。

2.3　资金的时间价值及车辆的经济评价

2.3.1　资金的时间价值

对于购买营运车辆而言,往往是一项较长时间的投资。而现在的购车投入资金和未来的若干年的赚得收益因为时间的不同没有可比性。也就是说,在对一项长期投资计划进行效益评价时,把不同时期的现金收入和支出简单地相加,来计算总收益和总成本,这是不符合实际情况的。举例如下：

[例 2-1]　设年初一项购买二手车投资为 10 万元,年末成为 15 万元。另外一项购车投资也是 10 万元,年末成为 12 万元。显而易见前者比后者赚取利润要大,更有吸引力。

[例 2-2]　两项购买二手车均为 10 万元的投资,一项在第一年末得 11 万元,另一项在两年后也得 11 万元。显然,第一项投资比第二项投资更有吸引力。也就是说,资金收回越早则效益越高。

[例 2-3]　现有两项购买二手车投资计划,一项投资为 10 万元,年末收入 12 万元。另一项投资 20 万元,两年后收入为 25 万元。仅从净收入来看,后一项比前一项更有利。然而,若考虑资金的时间价值,最好的方案则取决于利率,而不是绝对收入。

[例 2-4]　考虑两项均为 10 万元购买二手车投资的方案,第一项于年末可得 12 万元,而另一项于第二年末可得 13 万元。我们不能只凭两个计划的净收入的差别,就认定后一项比前一项好,因为利率、投资的时间及收益的大小都将影响其效益。

从以上例子可以看出,由于资金具有时间价值,所以现在的一笔资金比未来的一笔等额资金更富有价值。为了使发生在不同时点的资金具有可比性,必须把不同的时间发生的现金流量换算成某一相同时刻发生的资金量,然后才可以进行加减运算。

1. 相关概念

(1)收益。收益是指净收益流量,即现金流入量减去现金流出量。它尚未扣除投资的资本成本。表现收益大小的方式有两种：

① 收益的数额或金额。如一辆从事营运的汽车，一年内净收入 10 万元，那么 10 万元就是这辆汽车的收益数额。

② 收益率。收益率是指收益数额对投资数额的比率。它表明每元投资所得的收益。收益多少和投资大小有关。为了比较各项投资收益的大小，用收益率作标准。

$$收益率 = 收益 \div 资本$$

（2）现值。通常以字母 P 表示。它是指发生在（或折算为）某一特定时间序列起点的现金流量。

（3）终值。终值也称未来值或将来值，通常以字母 F 表示。它是指发生在（或折算为）某一特定时间序列终点的现金流量。

（4）等额序列值。等额序列值通常以字母 A 表示。它是指发生在（或折算为）某一特定时间序列各时间期末（不包括零期）并且金额大小相等的现金流量序列，也常称年金。

（5）不等额序列值。不等额序列值通常以字母 A_i 表示。它是指发生在某一特定时间序列各时间期末，并且金额大小不一定相等的现金流量序列。若现金流量从第二期起逐期等差递增（或减），则称为等差序列值。若现金流量从第二期起按某一固定比例递增（或减），则称为等比序列值（或几何序列值）。

（6）折现率。折现率通常用字母 i 表示。在经济分析中如果不作其他说明，一般指年利率或收益率。

（7）时间。这里的时间是指在等值计算中计算时间价值的期数，通常以年来计。

2. 资金时间价值的计算公式

1) 现值与终值的计算公式

已知现值 P、折现率 i、时间 n，求终值 F，即有 n 期末的终值 F 与现值 P 的关系为：

$$F = P(1+i)^n$$

简记为

$$F = P(F/P, i, n) \tag{2-3}$$

$(1+i)^n$ 称为终值系数，记为 $(F/P, i, n)$，其值可查表求得。这种系数符号内，括号中斜线上的符号表示所求的未知数，斜线下的符号表示已知数。系数符号 $(F/P, i, n)$，表示已知 P、i、n，求 F。

已知终值 F、折现率 i、时间 n，求现值 P，即有现值 P 与 n 期末的终值 F 的关系为：

$$P = F \cdot \frac{1}{(1+i)^n}$$

简记为

$$P = F(P/F, i, n) \tag{2-4}$$

$1/(1+i)^n$ 称为一次支付现值系数，简称贴现系数。系数符号 $(P/F, i, n)$，表示已知 F、i、n，求 P。

2) 年金与终值的变换公式

已知每年有一个现金流量 A（年金）、折现率为 i，求在 n 年内积累的资金总量 F。即年金 A 与终值 F 的关系为：

$$F = \frac{A[(1+i)^n - 1]}{i}$$

简记为

$$F = A\left(\frac{F}{A}, i, n\right) \tag{2-5}$$

$[(1+i)^n - 1]/i$ 称为等额序列终值系数。系数符号 $(F/A, i, n)$，表示已知 A、i、n 求 F。

为了在 n 年内累积资金 F，收益率为 i，求每年的积累资金 A。即已知终值 F、折现率 i、时间 n，求年金 A，则有：

$$A = \frac{F \cdot i}{[(1+i)^n - 1]}$$

简记为

$$A = F\left(\frac{A}{F}, i, n\right) \tag{2-6}$$

$i/[(1+i)^n - 1]$ 称为等额序列偿债基金系数。系数符号 $(A/F, i, n)$ 表示已知 F、i、n，求 A。

3) 年金与现值的变换公式

现在投资金额为 P、收益率为 i，要求在 n 年内全部收回投资，求每年收回的资金 A。即已知现值 P、折现率 i、时间 n，求年金 A，则有：

$$A = \frac{P[i(1+i)^n]}{[(1+i)^n - 1]}$$

简记为

$$A = P\left(\frac{A}{P}, i, n\right) \tag{2-7}$$

$[i(1+i)^n]/[(1+i)^n - 1]$ 称为资金回收系数。系数符号 $(A/P, i, n)$，表示已知 P、i、n，求 A。

已知收益率为 i，为 n 年内每年回收 A 元，求现在的投资 P。即已知年金 A、折现率 i、时间 n，求现值 P，则有：

$$P = \frac{A[(1+i)^n - 1]}{[i(1+i)^n]}$$

简记为

$$P = A\left(\frac{P}{A}, i, n\right) \tag{2-8}$$

$[(1+i)^n - 1]/[i(1+i)^n]$ 称为等额序列现值系数。系数符号 $(P/A, i, n)$，表示已知 A、i、n，求 P。

现将各公式及系数名称见表 2-9。各系数值在具体计算时可通过查表取得。

资金时间价值的计算公式　　　　表 2-9

系数名称	符　　号	用　途	公　　式
终值系数	$(F/P, i, n) = (1+i)^n$	由现值求终值	$F = P(F/P, i, n)$

续上表

系数名称	符号	用途	公式
一次支付现值系数（贴现系数）	$(P/F,i,n) = 1/(1+i)^n$	由终值求现值	$P = F(P/F,i,n)$
等额序列现值系数	$(P/A,i,n) = [(1+i)^n - 1]/[i(1+i)^n]$	由年金求现值	$P = A(P/A,i,n)$
资金回收系数	$(A/P,i,n) = [i(1+i)^n]/[(1+i)^n - 1]$	由现值求年金	$A = P(A/P,i,n)$
等额序列终值系数	$(F/A,i,n) = [(1+i)^n - 1]/i$	由年金求终值	$F = A(F/A,i,n)$
等额序列偿债基金系数	$(A/F,i,n) = i/[(1+i)^n - 1]$	由终值求年金	$A = F(A/F,i,n)$

3. 计算举例

[例2-5] 某单位欲购置一辆汽车从事营运业务。该车辆的剩余使用寿命为6年，购置全价为85000元。据预测，该车辆在使用过程中，每年的总费用支出为20000元，每年总收入为60000元。假定折现率为10%，试在将车辆的购置全价折算为剩余使用期限内的年金的前提下，估算该车每年的净年金收入。

根据分析可知，这是一个已知现值，求年金的问题。

据已知条件可知：折现率 $i = 10\%$，时间 $n = 6$ 年，现值 $P = 80000$ 元。

由现值折算成年金为：

$A = 85000 \times (A/P, 10\%, 6)$

$= 85000 \times 0.22961$

≈ 19517（元）

上式中 $(A/P, 10\%, 6)$ 的值可通过查表（见附录）取得，为 0.22961。

由于车辆的年收入为60000元，年费用支出为20000元，故该车的净年金收入为：

$60000 - 20000 - 19517 = 20483$（元）

[例2-6] 某单位欲购置一辆汽车从事营运业务。该车辆的剩余使用年限为6年，购置全价为80000元。据预测，该车辆在使用过程中年耗油费用为10000元左右、年维护费用为5000元左右、其他管理费用为10000元左右，假定折现率为10%，试估算该车辆的现值成本。

根据分析可知，这是一个已知年金，求现值的问题。

据已知条件可知：折现率 $i = 10\%$，时间 $n = 6$ 年。

车辆每年所需要用合计为：

$10000 + 5000 + 10000 = 25000$（元）

即年金 $A = 25000$ 元。

由年金折算成现值为：

$P = 25000 \times (P/A, 10\%, 6)$

$= 25000 \times 4.35526$

$= 108882$（元）

由于购置车辆时,一次性投资的资金为80000元,故车辆的现值成本为:
$80000+108882=188882(元)$

2.3.2 二手车投资方案选择

在现实生活中,二手车购买使用的方案往往有多个,如何通过数学分析的方法对用户选定的投资目标方案进行分析比较,以选择购买的最佳方案,是本节关注的主要问题。技术方案的分析方法很多,以下介绍三种简单易行的分析方法。

1. 净现值比较法

净现值是指方案在寿命周期内收入现值总额与支出现值总额的差额。它表示方案的纯经济效益,其实质可视为净收益的现值总额,若收入现值总额与支出现值总额的差额大于或等于0,则说明该方案能获得一定的投资收益,方案可行;若收入现值总额与支出现值总额的差额小于0,则表示达不到预期的目的,方案不可行。在多方案选优时,若各方案的寿命相同,且投资者所追求的目标是获得最大的纯经济效益,则净现值最大的方案为最优。

从净现值分析中,在寿命周期内有收入现值总额和支出现值总额两项。假设寿命周期内收入现值总额相同(或未知),这时我们只要计算出支出现值总额,通过比较方案中支出现值总额的大小,即可决定方案取舍的方法称现值成本分析法。即:现值成本分析法是把方案在寿命周期内所耗成本(包括投资和使用成本)的一切耗费都换算为与其等值的现值成本,然后据以决定方案取舍的方法。

运用现值成本分析法的前提条件是假设各方案收益是基本相同(或未知而假设相同)。

[例2-7] 某人选购同档次不同牌号的车辆作出租营运用车,在市场上有三种不同的车辆可供选择,其投资和费用见表2-10。假定标准收益率 i 为10%,剩余使用年限 n 均为5年,试问应选购哪一种牌号的车辆比较经济合理?

三种牌号的车辆有关资料(单位:元)　　　　表2-10

项　　目	A	B	C
车辆投资	80000	55000	48000
年耗油费用	10000	18000	21000
年维护费	5000	9000	12000
年管理等其他费用	10000	12000	16000

解:同档次的三种牌号车辆,所得收入相同(或未知而假设相同)时,只计算各车辆的现值成本,即车辆的投资与费用现值。通过比较三种牌号车辆的现值成本,具有最低现值成本的方案为最优方案。

运用等额序列现值公式,三种牌号的车辆现值成本分别为:
先求 A 车的总现值成本:
A 车的每年总花费 $=10000+5000+10000=25000(元)$
运用等额序列现值公式,将年总消费转化成现值成本:

$25000 \times (P/A, 10\%, 5) = 25000 \times 3.79079 = 94770(元)$

则 A 车的总现值成本 $= 80000 + 94770 = 174770(元)$

再求 B 车的总现值成本：

B 车的每年总花费 $= 18000 + 9000 + 12000 = 39000(元)$

运用等额序列现值公式,将年总消费转化成现值成本：

$39000 \times (P/A, 10\%, 5) = 39000 \times 3.79079 = 147840(元)$

则 B 车的总现值成本 $= 55000 + 147840 = 202840(元)$

最后求 C 车的总现值成本：

C 车的每年总花费 $= 21000 + 12000 + 16000 = 49000(元)$

运用等额序列现值公式,将年总消费转化成现值成本：

$49000 \times (P/A, 10\%, 5) = 49000 \times 3.79079 = 185749(元)$

则 C 车的总现值成本 $= 48000 + 185749 = 233749(元)$

通过计算比较,A 牌号车辆总现值最小,因此选购 A 牌号车辆。

从上例可以看出,买价低的车,不一定最省钱,只有通过收益和投入成本的全面认真的分析,才能作出正确的购买选择。

在使用该公式时,若方案中车辆剩余使用寿命不相等,则不满足时间的可比性。在这种情况下,一般不用净现值比较法,为了进行技术经济分析可用下述方法。

2. 年金比较法

年金比较法就是把所有现金流量化为与其等值的年金或年成本(不考虑收入时),用以评价方案经济效益的技术经济分析方法。

在实际应用时,如果已知现金收入和支出,可用净年金法;如果只知道支出时,则可用年成本比较。因而,年金比较法又分为净年金法和年成本法两种。

1)净年金法

当用净年金法进行方案比较时,若知道项目的收入和支出,则把它们均换算为与其等值的年金并求和。若净年金大于零,则说明经济上可取,其中年金最大的方案是最好的方案。

[**例 2-8**] 有两种可供选择的汽车,其有关资料见表 2-11。

汽车有关资料　　　　表 2-11

项　目		投资 (元)	寿命 (年)	残值 (元)	年总收入 (元)	年总支出 (元)	收益率 (%)
汽车	A	50000	5	0	60000	30000	10
	B	60000	7	2000	75000	40000	10

解：根据净年金的概念则有如下计算方法：

净年金 = 年总收入 − 年总支出 − 现值投资成本折算成年金 + 终值收益折算成年金

则对于 A 车净年金有：

A 车净年金 $= 60000 − 30000 − 50000 \times (A/P, 10\%, 5)$

$= 30000 − 50000 \times 0.26380$

$= 16810(元)$

则对于 B 车净年金有：

B 车净年金 $= 75000 - 40000 - 60000 \times (A/P, 10\%, 7) + 2000 \times (A/F, 10\%, 7)$

$\qquad\qquad\quad = 35000 - 60000 \times 0.20541 + 2000 \times 0.10541$

$\qquad\qquad\quad = 22885(元)$

计算表时：A、B 两方案均是可行方案，其中 B 方案更优。B 方案的净年金值为 22885 元，表示除满足收益率 10% 外，每年还有 22885 元的净收益。

2）年成本法

年成本法是用等值的平均年成本评价方案经济效益的技术经济分析方法。年成本最低的方案是经济上较优的方案。

[例 2-9] 可供选择的汽车方案 A、B 均能满足工作要求，其不同点见表 2-12。假设收益率均为 10%。

汽车有关资料　　　　　　　　表 2-12

项目	汽车	
	A	B
投资(元)	50000	60000
剩余寿命(年)	4	6
年维修费(元)	5000	8000

解：A 车年总成本 $= 50000 \times (A/P, 10\%, 4) + 5000$

$\qquad\qquad\quad\; = 50000 \times 0.31547 + 5000$

$\qquad\qquad\quad\; = 20774(元)$

B 车年总成本的 $= 60000 \times (A/P, 10\%, 6) + 8000$

$\qquad\qquad\quad\;\; = 60000 \times 0.22961 + 8000$

$\qquad\qquad\quad\;\; = 21777(元)$

通过计算比较，A 车的净未来成本更低，因而它是较好的方案。

上述计算中，各系数均在附录中查表可得，也可以用资金回收公式计算。

本章小结

本章主要内容包括汽车评估的基本要素、汽车技术状况、汽车的使用寿命、汽车的品牌与保值率等影响汽车价格的重要因素，资金的时间价值及车辆的经济评价等内容。

下列总体概要或框图覆盖了本章的主要学习内容，可以利用以下线索对所学内容进行做一次简要的回顾，以便归纳、总结和关联相应的知识点。

1. 汽车评估的基本要素

介绍了汽车评估八大基本要素，分别为评估的主体和客体、评估的依据和目的、评估的原则和程序、评估的假设和计价标准等。

2. 汽车价格的影响因素

介绍了汽车技术状况、汽车的使用寿命、汽车的品牌与保值率等重要影响因素，进一步了解汽车技术状况变化的原因及主要影响因素，还介绍了汽车经济使用寿命的评价指标、熟悉我国汽车的报废标准。

3. 资金的时间价值及车辆的经济评价

介绍了资金的时间价值相关概念,给出了资金时间价值的计算公式,论述了二手车投资方案选择。

自测题

一、单项选择题

1. 二手车鉴定评估的客体是( )。
   A. 评估师　　　B. 评估程序　　　C. 二手车　　　D. 评估方法和标准
2. 下列( )是机动车的产权证明。
   A. 机动车登记证　B. 机动车行驶证　C. 车辆号牌　　D. 车辆购置税完税凭证
3.《机动车强制报废标准规定》于( )年5月1日起实施。
   A. 2012　　　　B. 2013　　　　C. 2014　　　　D. 2015
4. 车辆的17位VIN代号编码经过排列组合,结果使车型生产在( )年之内不会发生重号现象。
   A. 40　　　　　B. 50　　　　　C. 20　　　　　D. 30
5. 评估报告中的评估原则应遵循( )的原则。
   A. 客观性、自立性、公正性、科学性、一般性
   B. 透明性、独立性、公正性、科学性、专业性
   C. 客观性、独立性、公正性、科学性、专业性
   D. 客观性、自立性、公正性、科学性、专业性

二、判断题(在括号内正确的打√、错误的打×)

1. 汽车的无形损耗是由于科学技术的进步和发展,从而导致车辆的损耗与贬值。( )
2. 汽车的使用寿命是指汽车从生产制造开始到报废的整个时间过程。( )
3. 车辆识别代码(VIN)编码的第十位表示的是年份代码。( )
4. 日常的汽车维护可以使汽车处于良好的行驶状态,可以延长汽车使用寿命。( )

三、简答题

1. 简述车辆识别代码(VIN)的含义和组成。
2. 汽车技术状况变化的影响因素有哪些?
3. 简述汽车性能劣化规律。
4. 汽车的寿命有哪几种,它们相互有什么关系?

四、计算题

1. 某单位欲购置一辆汽车从事营运业务。该车辆的剩余使用寿命为5年,购置全价为60000元。据预测,该车辆在使用过程中,每年的总费用支出为10000元,每年总收入为40000元。假定折现率12%,试在将车辆的购置全价折算为剩余使用期限内的年金的前提

下,估算该车每年的净年金收入。

2. 某单位欲购置一辆汽车从事营运业务。该车辆的剩余使用年限为6年,购置全价为60000元。据预测,该车辆在使用过程中年耗油费用为10000元左右,年维护费用为8000元左右,其他管理费用为5000元左右,假定折现率为12%,试估算该车辆的现值成本。

3. 现在有A、B两辆车,资料见表2-13,试进行经济性投资分析。

汽车有关资料　　　　　　　　　表2-13

方案	项目	投资(元)	寿命(年)	残值(元)	年总收入(元)	年总支出(元)	收益率(%)
汽车	A	80000	10	2000	60000	40000	10
	B	50000	5	2000	70000	48000	10

4. 现在有A、B两辆车,资料见表2-14,试进行经济性投资分析。

汽车有关资料　　　　　　　　　表2-14

项目	汽车	
	A	B
投资(元)	90000	80000
剩余寿命(年)	6	4
年维修费(元)	10000	8000
年耗油费用(元)	6500	8000
年管理等其他费用(元)	10000	12000

第3章 新汽车评估

导言

本章主要介绍了新汽车价值评估的基础知识,包括新汽车价格构成及影响因素、新汽车定价目标、新汽车的定价方法、新汽车的定价策略、新汽车安全性评估、新车价值评估的方法与步骤等内容。通过本章的学习,学生能够掌握进口汽车和国产汽车定价方法及定价策略,能够针对具体车型进行价值评估,根据汽车企业的实际情况选择不同的定价策略,运用合理的定价方法,实现企业的定价目标。

学习目标

1. 认知目标
(1)理解新汽车价格构成及影响因素。
(2)掌握进口汽车定价方法。
(3)掌握国产汽车定价方法。
(4)理解 NCAP,掌握 C-NCAP 星级评价的基本标准。
(5)理解新车价值评估的方法与步骤。
2. 技能目标
(1)能够针对具体车型进行价值评估。
(2)能够熟练使用各种新车定价方法。
(3)能够根据汽车企业的实际情况选择不同的定价策略。
(4)能够依据 C-NCAP 星级标准判断不同车型的安全性。
(5)能够正确对新汽车价值进行评估。
3. 情感目标
(1)自觉遵守学习国家法律法规。
(2)培养严肃认真、求真务实的工作作风。
(3)培养学生的创新精神与实践能力。
(4)促进学生个性发展,培养学生分析问题与解决问题的能力。
(5)培养学生的团队合作精神。

3.1 新汽车的价格构成及影响因素

3.1.1 新汽车的价格构成

1. 汽车价值与价格

汽车作为一种商品,既具有价值,也有价格。因此,在分析新汽车的价格构成时,需要对汽车价值与汽车价格予以区别。

1)汽车价值

汽车价值是指汽车企业设计、研制、生产该产品时所耗费的代价,同时也是指汽车企业的产品和服务带给消费者的利益,它是决定汽车价格高低和汽车品牌崇尚度的依据。

从经济学的角度来看,汽车产品的物质利益既包括汽车基本属性(如性能、质量等)的价值,也包括汽车的延伸功能(如舒适性、方便性和售后服务等)所带来的价值。汽车价值可分为以下5类:

(1)性价比:是指汽车的性能价值,它主要包括动力性、操纵稳定性(主动安全性)、安全性(被动安全性)、燃料经济性和舒适性等。

(2)故障率:是指汽车的品质价值,它主要包括零部件的可靠性、维修性和寿命等,关系到汽车使用者的使用便利程度和维修支出负担。

(3)使用成本:是指在汽车的使用过程中的经济耗费,它包括燃料的消耗、维修费用的支出、保险保养等费用的支出。

(4)残值(二手车价格):是指新汽车在使用一段时间以后,被作为二手车进行转让出售、置换,此时汽车能在市场上所卖出的价格。目前,我国的新车平均使用时间为4~5年,然后便会被卖旧换新。因此,二手车的残值大,那么转手价格就高,车辆的保值功能就强。

(5)售后服务:它与故障率相似,关系到汽车使用者的使用便利程度以及相关的维修保养支出。售后服务的质量主要体现在售后服务网点的布设密度、布局位置,网点的汽车维修服务能力的强弱,网点的汽车救援响应能力,售后服务价格高低等。汽车的售后服务质量水平越来越成为汽车市场竞争的重要内容。

新车价值评估不仅是汽车制造企业对汽车定价的主要依据,而且新车的价值评估还可为消费者购车提供参考和咨询服务支持。

2)汽车价格

汽车价格是指汽车价值的货币体现。汽车价格的确定不仅直接关系到汽车产品能够被市场所接受的程度,而且还决定着经营者、生产者和车主的切身利益。

2. 汽车价格的基本构成

汽车价格主要由汽车设计研制与生产成本、流通费用、政府税金和企业利润4个要素构成。

1) 汽车设计研制与生产成本

汽车设计研制与生产成本是汽车价格构成的主要部分,也是制订汽车价格的重要依据之一。研发与生产成本占汽车价格构成的比例越大,则该车的性价比就越高。一般而言,消费者都希望自己所购汽车的性价比越高越好。在选定车型范围内,可通过对于汽车的设计、结构、配置、零部件质量、工艺水平等因素进行间接比较,大致判断其研发与生产成本所占比重。

2) 汽车营销成本与流通费用

汽车的营销成本与流通费用是指汽车从生产企业向最终消费者的转移过程中所产生的费用总和。影响流通费用大小的因素主要有转移环节的多少、转移时间和距离的长短等。一般而言,汽车销量越小,销售距离越远,则营销成本越高。另外,如果汽车的销售规模较大,则分摊到每辆汽车上的营销成本与流通费用则相对固定。

3) 利润

企业利润和经销商利润体现了汽车生产者和汽车经销商通过劳动所创造的价值,同时也是企业扩大再生产的重要保证,是汽车价格的必要组成。在汽车价格组成中,不同车型的利润差异较大,利润通常与汽车的品牌美誉度、汽车品质、热销程度成正比。

4) 税金

税金是指政府向汽车产品征收的各种税费。它主要包括汽车生产环节的增值税、销售环节的消费税等。税率的高低对汽车价格的影响较大。例如,我国目前增值税的税率为17%,也就是说一辆售价10万元的汽车就包含了1.7万元的增值税。

目前,国内进口车的价格主要由五部分构成,即到岸价格、关税、消费税、增值税和经销商费用,一般的进口车价格计算公式为:

进口车价格 = 到岸价格 × (1 + 关税税率 + 消费税税率) × (1 + 增值税税率) + 其他费用

以一辆到岸价为10万元人民币、排量为1.0~2.2 L的进口中级轿车为例,按照我国加入世界贸易组织之前的关税征收状况,该进口车辆的销售价格 = 10万 × (1 + 80% + 5%) × (1 + 17%) + 其他费用。

3.1.2 新汽车价格的影响因素

汽车价格的影响因素主要包括经济社会发展水平、汽车消费市场的发展水平、汽车品质与品牌、汽车的制造成本与费用、企业的盈利目标和竞争力、企业的营销和售后服务水平等。

1. 经济社会发展水平

主要是指决定人们购买力的经济发展水平和整个社会的发展水平。轿车的私人购买力水平与人均GDP之间存在紧密的联系,这种联系可用恩氏系数 R 来表示:

$$R = \frac{轿车的价格}{人均 \text{GDP}} \tag{3-1}$$

一般认为,当 R 值在2~3时,轿车开始进入家庭。一个社会的经济水平越高,发展速度越快,其购买力就越强,汽车价格的敏感性就越弱,就更有利于汽车的自由定价。反之,就不利于汽车的自由定价。另外,在不同的社会经济发展阶段,汽车消费者的状况会各有不同,包括收入水平、消费能力、消费特点、消费习惯、消费心理以及消费偏好等。

其次,汽车作为道路交通工具,需要有发达的道路网络、停车场地、维修保养配套设施、科学高效的交通管理才能充分发挥其功能。因此,一个国家或地区的道路等级、道路里程、道路密度、路网的通达程度、停车的难易程度等对汽车的使用均有影响。随着我国汽车保有量的迅速增加,各大中城市的交通压力也变得越来越大,如北京市的汽车牌照摇号政策、上海市的汽车牌照拍卖政策、城市中心区域的停车收费、城市道路网络的常发性交通拥堵现象等,对汽车的消费有着明显的制约作用,这对汽车的价格也会产生一定的影响。

另外,与汽车使用相关的各种税费,如车辆购置税、使用税、过桥过路费、保险费、燃油价格水平以及停车费等,也都会影响汽车购买力和汽车价格。

2.汽车消费市场的发展水平

汽车消费市场的发展水平主要包括汽车市场发展所处的阶段、汽车市场竞争状况等。

1)汽车市场发展所处的阶段

(1)充分竞争市场:是指由市场供求关系决定汽车价格的比较公平、公开的汽车市场。

(2)完全垄断市场:是指整个汽车市场完全被少数几个品牌所垄断。如我国20世纪八九十年代的汽车市场就是此种情况。此种环境下的汽车价格肯定会很高。

(3)垄断竞争市场:是指既有独占倾向又有竞争成分的市场。例如,现阶段我国中、低档轿车市场就是这种情况。其主要特点是:同类汽车有较多的生产者,从而形成了激烈的市场竞争;不同企业生产的同类车型也存在着差异性,另外还包括消费者对某种品牌的偏好。

(4)寡头垄断市场:是指某类汽车的绝大部分被少数几家企业所垄断的市场。它是介于上述第二、第三种情况之间的一种汽车市场形式。例如,我国目前的货车市场就属于此种情况。此种市场上的汽车价格不是由市场供求关系决定的。而是由几家大汽车厂通过协议或默契形成的。

2)汽车市场竞争状况

汽车市场的竞争激烈程度对汽车价格的影响非常大。一款新车的定价策略必须考虑它处于一个什么市场,市场中存在哪些竞争者,竞争的激烈程度,竞争对手的生产技术、产品的品质和种类、产品的市场占有率以及同类产品的供求关系、价格、价格策略和销售策略等。

在完全竞争的市场中,通过价格可以调节市场的供求,使得供需达到均衡。当供求达到均衡时,价格会趋于稳定,此为价格机制的基本原理。汽车市场的供需与价格的关系如图3-1所示。

2017年国内汽车厂商销量排名(广义乘用车)如表3-1所示,其中上汽大众以绝对的优势夺得了2017

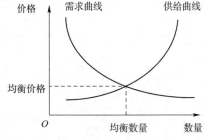

图3-1 供需与价格的关系

年的汽车销量冠军,上汽通用位于第二,一汽大众在2017年的最后一个月马失前蹄,旗下的主力车型捷达销量出现了严重的下滑,使得一汽大众仅获得2017年的汽车销量季军,上汽通用五菱位居第四。

2017年国内汽车厂商销量排名(广义乘用车)(单位:辆)　　　　表3-1

排　名	厂　商	累计销量	排　名	厂　商	累计销量
1	上汽大众	2081729	16	广汽丰田	442855
2	上汽通用	1999482	17	奇瑞汽车	436298
3	一汽大众	1941025	18	北京奔驰	425296
4	上汽通用五菱	1553701	19	比亚迪	403119
5	吉利汽车	1239855	20	华晨宝马	384849
6	东风日产	1209554	21	神龙汽车	381479
7	长安汽车	1056022	22	东风悦达起亚	364020
8	长城汽车	947633	23	众泰汽车	314925
9	长安福特	829847	24	东风小康	266540
10	北京现代	790863	25	北汽银翔	255510
11	东风本田	724808	26	东风风行	225108
12	广汽本田	692989	27	江淮汽车	217600
13	一汽丰田	691042	28	北京汽车	206307
14	上海汽车	517535	29	广汽菲克	204976
15	广汽乘用车	507198	30	长安马自达	192053

注:广义乘用车是指轿车、SUV、MPV,不含微型车。

除了不同的汽车厂商之间的激烈竞争,汽车产品之间的竞争也较为激烈,2018年6月的轿车、SUV、MPV的销量排行情况如表3-2~表3-4所示。

2018年6月轿车销量排行榜(单位:万辆)　　　　表3-2

排　名	品　牌	6月销量	排　名	品　牌	6月销量
1	轩逸	4.36	6	速腾	2.35
2	朗逸	4.17	7	宝来	2.06
3	卡罗拉	3.22	8	领动	2.01
4	桑塔纳	2.97	9	科沃兹	1.99
5	捷达	2.70	10	帝豪	1.96

2018年6月SUV销量排行榜(单位:万辆)　　　　表3-3

排　名	品　牌	6月销量	排　名	品　牌	6月销量
1	哈弗H6	2.63	6	昂科威	1.77
2	博越	2.22	7	宝骏530	1.50
3	宝骏510	2.05	8	传祺GS4	1.43
4	奇骏	1.90	9	帝豪GS	1.40
5	途观	1.89	10	本田XR-V	1.37

2018 年 6 月 MPV 销量排行榜（单位：万辆）　　　　表 3-4

排　名	品　牌	6 月销量	排　名	品　牌	6 月销量
1	五菱宏光	2.60	6	宝骏 730	0.45
2	别克 GL8	1.23	7	途安	0.44
3	比亚迪宋 MAX	1.22	8	菱智	0.44
4	宝骏 360	1.10	9	欧诺	0.40
5	欧尚	0.57	10	传祺 GM8	0.40

3. 汽车品质与品牌

汽车品质是指汽车的内在质量、性能、造型和外观质量等，它是影响汽车价格的首要因素。油耗指标也是汽车品质的重要内容之一。因为随着油价的不断上涨，汽车的消费成本也相应增加，故油耗低的车型更受到青睐。

据有关调查显示，品牌是消费者购车第一选择的次重要因素，这也就说明了品牌在汽车定价中的作用。例如，人们往往将奔驰、宝马、奥迪等高档汽车与车辆使用者的身份与社会地位进行某种联系。

4. 汽车的制造成本与费用

汽车的制造成本与费用是指汽车的生产成本、技术转让成本、管理费用和销售费用等，它是汽车产品价格构成的主体，汽车售价的绝大部分都要用来补偿其生产成本和经营费用。

5. 企业的盈利目标和竞争力

企业的经营目标就是使企业实现利润的最大化。因此，在制订销售价格时，必须考虑其盈利目标和营销策略，同时也要考虑产品本身的竞争能力。

6. 企业的营销和售后服务水平

企业的营销水平包括其管理过程、营销战略规划、营销调研与信息系统和售后服务等，该水平不仅影响市场的购买行为，而且也会对汽车价格产生重大影响。售后服务是决定消费者购买汽车的重要考虑因素，该项成本必然也会反映到汽车的价格之中。

3.2　新汽车安全性评估

全世界每年由于汽车事故造成的人员伤亡、财物损失极大，因此，各发达国家部对汽车的碰撞安全制定了严格的要求，并且制定了相应的法规。NCAP 是英文 New Car Assessment Program 的缩写，即新车安全评价规程，考验汽车安全性能的一系列碰撞测试。1979 年，NCAP 最早在美国开展，此后在欧洲国家、日本等运行多年，其一般由政府或具有权威性的组织机构，按照比国家法规更严格的方法对在市场上销售的车型进行碰撞安全性能测试、评分和划分星级，向社会公开评价结果。由于这样的测试公开、严格、客观，为消费者所关心，也成为汽车企业产品开发的重要规范，对提高汽车安全性能作用显著。

目前，更多国家（如澳大利亚、韩国、印度等）开始重视和建立本国的 NCAP。在充分研究并借鉴其他国家 NCAP 发展经验的基础上，结合我国汽车标准、技术和车辆实际使用特征,中国汽车技术研究中心于 2006 年正式建立了 C-NCAP。试验形态主要包括正面碰撞、40% 偏置碰撞、侧面碰撞以及颈部挥鞭伤害等试验(图 3-2 ~ 图 3-5)。

图 3-2　汽车偏置碰撞

图 3-3　汽车侧碰

图 3-4　侧面柱碰撞

图 3-5　汽车翻滚测试

近年来,随着道路交通环境以及安全技术水平的提升,原有的 NCAP 评价体系已不能很好地区分汽车安全性能的优劣,因此,各个国家纷纷根据各自的国情,对原有的评价体系进行技术升级,Euro NCAP 与 US-NCAP 分别于 2009 年和 2010 年较大幅度更新了各自的评价规程,C-NCAP 也于 2018 年更新了评价规程。C-NCAP 2018 版与最新 US-NCAP 和 Euro NCAP 在试验形态、碰撞速度、假人安放、评价指标等方面的比较如表 3-5、表 3-6 所示。

C-NCAP 与 Euro NCAP、US-NCAP 正面碰撞对比   表 3-5

正面碰撞	Euro NCAP	US-NCAP	C-NCAP	
试验形态	正面 40% 偏置碰撞	正面 100% 刚性壁障	正面 40% 偏置碰撞	正面 100% 刚性壁障
碰撞速度(km/h)	64	56	64	50
假人安放	前排两个 Hybrid III 50th,后排 P3、P1.5 儿童假人	驾驶员 Hybrid III 50th,乘员侧 Hybrid III 5th 后排无假人	前排两个 Hybrid III 50th,后排左侧 Hybrid III 5th	前排两个 Hybrid III 50th,后排左侧 Hybrid III 5th,右侧 Q3 儿童假人
假人测点	头、颈、胸、大腿、小腿	头、颈、胸、大腿	头、颈、胸、大腿、小腿	
伤害评价	取驾驶员和乘员伤害更严重的指标进行评价	驾驶员、乘员单独评价,取二者平均值做评价结果	取驾驶员和乘员伤害更严重的指标进行评价	

注:P1.5 和 P3 分别表示 P 系列的 1 岁半和 3 岁儿童假人;Q3 表示 Q 系列的 3 岁儿童假人;Hybrid III 50th 表示混合 III 型第 50 百分位男性假人;Hybrid III 5th 表示混合 III 型第 5 百分位女性假人。

从表 3-5 可以看出,Euro NCAP 仅考核正面 40% 偏置碰撞性能;US-NCAP 仅考核正面 100% 刚性壁障碰撞性能;而 C-NCAP 考核更全面,涵盖上述两种试验,但 100% 刚性壁障碰撞速度不及 US-NCAP,此外碰撞假人选取略有差异。

C-NCAP 与 Euro NCAP、US-NCAP 侧面碰撞对比   表 3-6

侧面碰撞	Euro NCAP	US-NCAP	C-NCAP
试验形态	①可移动变形壁障侧碰撞;②侧面柱碰撞	①可移动变形壁障侧碰撞;②侧面柱碰撞	①可移动变形壁障侧碰撞;②无侧面柱碰撞
碰撞速度与角度	①90°侧面碰撞 50 km/h;②90°侧面柱碰撞 29 km/h	①27°斜角侧碰撞 50 km/h;②75°斜角侧柱撞 32 km/h	90°侧面碰撞 50 km/h
假人安放	①驾驶员 ES-2,后排 P1.5、P3;②仅驾驶员侧 ES-2 假人	①驾驶员 ES-2re,驾后 SID-IIs;②仅驾驶员侧 SID-IIs	驾驶员 WorldSID 50th,驾后 SID-IIs
台车质量	950kg	1368kg	950kg

续上表

侧面碰撞	Euro NCAP	US-NCAP	C-NCAP
假人测点	ES-2：头、胸、腹、骨盆； P1.5、P3：头、胸	ES-2re：头、胸、腹、骨盆； SID-IIs：头、骨盆	ES-2：头、胸、腹、骨盆； SID-IIs：头、胸、腹、骨盆
伤害评价	成人保护评价中，两种侧碰形式各占总分的2/9	前排评价：柱碰撞和MDB碰撞，权重1:4；后排根据MDB结果，平均前后排结果得到总体侧碰评价结果	前后排乘员假人单独计分

注：ES-2、WorldSID 50th 表示用于侧面碰撞试验的碰撞假人；SID-IIs 表示侧碰假人；MDB 表示移动可变形壁障（Movable Deformable Barrier）。

从表3-6可以看出，C-NCAP侧面碰撞测试项目仅有MDB侧面碰撞，较Euro NCAP和US-NCAP少了侧面柱碰撞测试，并且欧洲和美国在柱碰撞测试的碰撞速度与碰撞角度都有不同。

从表3-7可以看出，Euro NCAP与C-NCAP均有行人保护测试且试验项目大致相同；Euro NCAP与C-NCAP均有颈部挥鞭伤害台车试验，但在碰撞脉冲、评价指标方面均有差异；只有US-NCAP有翻滚试验；Euro NCAP与C-NCAP针对主动安全辅助装置进行了加分；在总体星级评价方面，3个NCAP评价体系也不尽相同。

C-NCAP 与 Euro NCAP、US-NCAP 其他试验与总体星级评价方法对比　　表3-7

试验项目	Euro NCAP	US-NCAP	C-NCAP
行人保护	成人、儿童头部冲击、大腿冲击小腿冲击试验	无	成人、儿童头部冲击、腿部冲击试验
挥鞭伤害台车试验	动态+静态评价，低、中、高3种强度碰撞脉冲动态评价指标：NIC、Nkm、回弹速度、上颈部F_x、上颈部F_z、T_1加速度、头枕接触时间	无	仅动态评价，中强度碰撞脉冲动态评价指标：NIC、上颈部F_x、上颈部F_z、上颈部M_y、下颈部F_x、下颈部F_z、下颈部M_y
翻滚试验	无	根据静态稳定系数和动态试验评价	无
主动安全	电子稳定控制（ESC）、安全带提醒装置、限速装置	无	ESC、自动紧急制动（AEB）、安全带提醒装置
总体星级评价	成人保护、儿童保护、行人保护与主动安全装置得分以5:2:2:1权重得出总分数对应不同星级	根据正碰、侧碰以及滚翻试验的星级按照5:4:3的权重计算得出总体星级	根据成员保护、行人保护、主动安全三个部分得分以7:1.5:1.5权重得到综合得分率，对应不同的星级

注：F-力；M-弯矩；NIC-颈部伤害指数（Neck Injury Criterion）；NKm-颈部伤害预测指标（Neck Injury Predictor）；T_1-自上往下第1个胸椎（Thorax）。

根据2015版新车安全评价规程,C-NCAP公布了2018年某些车型的碰撞测试结果,碰撞测试结果中既有5星安全等级,也有3星安全等级,分别如表3-8、表3-9所示。

某车型5星安全等级碰撞结果　　　　　　　　　　　　　　　　　表3-8

项　目		得　分
正面100%重叠刚性壁障碰撞试验得分		17.15分(满分18分)
正面40%重叠可变形壁障碰撞试验得分		14.81分(满分18分)
可变形移动壁障侧面碰撞试验得分		18.00分(满分18分)
座椅鞭打试验得分		3.62分(满分4分)
加分项	前排乘员安全带提醒	1.00分
	侧面安全气囊及气帘	1.00分
	ESC(电子稳定控制系统)	1.00分
总分		56.6分(满分61分)
星级		★★★★★(≥52分且<60分)

某车型3星安全等级碰撞结果　　　　　　　　　　　　　　　　　表3-9

项　目		得　分
正面100%重叠刚性壁障碰撞试验得分		12.37分(满分18分)
正面40%重叠可变形壁障碰撞试验得分		12.26分(满分18分)
可变形移动壁障侧面碰撞试验得分		17.88分(满分18分)
座椅鞭打试验得分		2.85分(满分4分)
加分项	前排乘员安全带提醒	1.00分
	侧面安全气囊及气帘	0.00分
	ESC(电子稳定控制系统)	1.00分
总分		47.4分(满分61分)
星级		★★★

3.3　新车价值评估的方法与实例

1. 新车产品价值评估的基本方法与步骤

新车产品价值评估基本采用市场价格法。其主要步骤如下:

(1)采集与被评估汽车同类型汽车的技术参数、性能指标、配置情况以及价格水平。

(2)收集被评估汽车与参照车的市场价格走向,分析被评估汽车的定价目标、定价方法与定价策略。

(3)进行量化分析被评估汽车与参照车的差异性,给出评估结论。

2. 新汽车产品价值评估实例

试对2018年7月首发上市的一汽大众T-ROC探歌(2018款280TSI两驱DSG舒适版)进行价值评估。

解:按照上述评估步骤,进行评估如下:

（1）采集与被评估汽车同类型汽车的技术参数、性能指标、配置情况以及价格水平。通过调研分析，2018年7月份市场上与一汽大众T-ROC探歌（2018款280TSI两驱DSG舒适版）相近的车型包括领克02、斯柯达柯珞克等。不同车型的技术参数、性能指标、配置情况以及价格水平比较如表3-10所示。

车型比较信息表　　　　　　　　　　　　　　　　　　　表3-10

车型＼参数	探歌2018款280TSI两驱舒适型	领克02 2018款1.5T DCT两驱劲Pro	柯珞克2018款280TSI舒适版
长×宽×高（mm×mm×mm）	4318×1819×1582	4448×1890×1528	4432×1841×1614
工信部综合油耗（L/100km）	5.7	6.2	6.0
轴距（mm）	2680	2702	2688
整备质量（kg）	1375	1520	1380
车身结构	SUV	SUV	SUV
油箱容积（L）	50	50	50
行李舱容积（L）	401	585	455
发动机型号	1395mL涡轮增压直列4缸16气门直喷汽油机	1500mL涡轮增压3缸12气门直喷汽油机	1395mL涡轮增压直列4缸16气门直喷汽油机
最大功率（kW）	110	132	110
最大功率转速（r/min）	6000	5500	5000
最大扭矩（N·m）	250	265	250
最大扭矩转速（r/min）	3000	4000	3000
变速器	7挡双离合变速器	7挡双离合变速器	7挡双离合变速器
驱动方式	前置前驱	前置前驱	前置前驱
前悬架类型	麦弗逊式独立悬架	麦弗逊式独立悬架	麦弗逊式独立悬架
后悬架类型	多连杆式独立悬架	多连杆独立悬架	扭力梁式非独立悬架
助力类型	电动助力	电动助力	电动助力
前/后制动器类型	通风盘式/盘式	通风盘式/盘式	通风盘式/盘式
后制动器类型	盘式	盘式	盘式
驻车制动类型	电子驻车	电子驻车	手刹
轮胎规格	215/55 R17	235/50 R18	215/55 R17
主/副驾驶座安全气囊	有	有	有
前/后排侧气囊	前排有	前排有	无
ABS防抱死	有	有	有
制动力分配（EBD/CBC等）	有	有	有

续上表

车型 参数	探歌 2018 款 280TSI 两驱舒适型	领克 02 2018 款 1.5T DCT 两驱劲 Pro	柯珞克 2018 款 280TSI 舒适版
牵引力控制 （ASR/TCS/TRC 等）	有	有	有
真皮/仿皮座椅	有	有	无
GPS 导航系统	无	有	有
多媒体系统	中控台彩色大屏	中控台彩色大屏	中控台彩色大屏
价格（万元）	17.58	15.28	15.69

（2）收集被评估汽车与参照车的市场价格走向，分析被评估汽车的定价目标、定价方法与定价策略。参照车辆的市场价格走向如表 3-11 所示。

参照车辆的市场价格走势　　　　　　　　　　　　表 3-11

车型	探歌 2018 款 280TSI 两驱舒适型	领克 02 2018 款 1.5T DCT 两驱劲 Pro	柯珞克 2018 款 280TSI 舒适版
最初上市时间	2018 年	2018 年	2018 年
最初上市指导价格 （万元）	17.58	15.28	15.69
评估基准日指导价格 （万元）	16.50	15.28	13.19
现价占最初上市价格 百分比(%)	93.86	100.00	84.07

从表 3-11 可以看出，探歌的现价占 2018 年上市指导价格的 93.86%，领克 02 的现价占 2018 年上市指导价格的 100.00%，柯珞克的现价占 2018 年上市指导价格的 84.07%，这 3 个车型由于上市时间距评估基准日较短，车型较新，降价幅度不大，车辆品牌具备一定的竞争力。因此，可以大致判断，这 3 个车型在上市之初采取的是"撇油定价策略"，凭借良好的车辆性能、过硬的质量，获取了较大的市场需求，采取汽车需求导向定价法，以实现利润或预期利润最大化的定价目标。

探歌是一汽大众的首款 SUV 车型，在海外市场也不过是大众品牌的第四款全球战略 SUV 产品——前三款是途锐、途昂和途观。也就是说 SUV 产品在整个大众品牌体系内都是全新的序列，因此在设计风格上也有更多新的开创设计。

被评估车辆与参照车辆的市场定位各有不同，探歌定位于年轻的消费群体，竞争对手直接锁定同年发布的领克 02 以及同平台的斯柯达柯珞克等面向年轻人的 SUV。探歌所属的大众品牌在市场占有率上要高于领克所属的吉利等品牌，更具有消费者的认可度。探歌为德系车，主打产品质量与生产工艺，在针对中国消费者的审美设计方面略逊一筹，且探歌所处的售价 15 万～16 万元的汽车产品丰富、竞争激烈，因此，探歌应以竞争导向为主的定价目标和方法,采取"满意定价"的策略,在汽车细分市场上获取相应的占有率。

(3)进行量化分析被评估汽车与参照车的差异性,给出评估结论。探歌与参照车型性比,其优势体现在综合油耗小(5.7L/100km)、后悬为独立悬架、有前排侧气囊,劣势体现在最大功率相比领克02低(110kW)、无GPS导航系统,对比情况如表3-12所示。

探歌与参照车辆的差异性比较 表3-12

车　型	探歌2018款 280TSI两驱舒适型	领克02 2018款 1.5T DCT两驱 劲Pro	柯珞克2018款 280TSI舒适版
轴距(mm)	2680	2702	2688
最大功率(kW)	110	132	110
工信部综合油耗 (L/100km)	5.7	6.2	6.0
后悬架类型	多连杆独立悬架	多连杆独立悬架	扭力梁式非独立悬架
前/后排侧气囊	前排有	前排有	无
驻车制动类型	电子驻车	电子驻车	手刹
GPS导航系统	无	有	有
指导价格(万元)	17.58	15.28	15.69

从被评估车型与参照车辆的试驾反映来看,主要有以下几点:

①外观。

探歌前脸虽然还有大众家族传统设计的影子,但是像环形LED日间行车灯、蜂窝状格栅、上下格栅形成的"X形前脸",都是新鲜的设计元素。宽大的C柱、轻翘的尾翼、多种可选的配色,使整车造型时尚个性。

②内饰。

探歌的内饰继承了大众的经典风格,中控的烤漆面板可以选装黑色、橙色、金色和红色,三幅式平底转向盘握感顺手,转向盘后侧配备了换挡拨片,10.3英寸的全液晶仪表在画面分辨率和反应速度上都令人满意,还具有投射导航功能,科技感很强。

③空间。

探歌的行李舱空间不大,不过整体很规整,座椅舒适且有包裹感,前排座椅具有加热功能,座椅支持4/6比例放倒,可以拓展更多的空间。

④不足之处。

部分意见认为相对同等价位车辆配置较低、后排中央乘坐空间太小、后备厢可用面积小等。

参照车辆在评估基准日期的平均价格为:(17.58 + 15.28 + 15.69)/3 = 16.18(万元)。

探歌与参照车辆的平均价格差值为:17.58 − 16.18 = 1.4(万元)。

评估结论:

①探歌外观时尚动感、内饰配色丰富,能够吸引一部分的年轻消费者。

②探歌后悬为独立悬架、前排具备侧气囊、有牵引力控制,车辆的操控性、安全性、舒适性相对参照车辆具有一定优势。

③探歌所属的大众品牌定位要高于斯柯达品牌,其价格相对较高,性价比相对参照车辆而言表现一般,因此,从其"以竞争导向为主"的定价目标、方法和"满意定价"的策略来看,该车还有降价的空间。

本章小结

本章主要内容包括新汽车价格构成及影响因素,新汽车定价目标,新汽车的定价方法,新汽车的定价策略,新汽车安全性评估,新车价值评估的方法与步骤等内容。

下列的总体概要或框图覆盖了本章的主要学习内容,可以利用以下线索对所学内容进行做一次简要的回顾,以便归纳、总结和关联相应的知识点。

1. 新汽车价格构成及影响因素

介绍了进口汽车和国产汽车的价格基本构成,论述了新汽车价格的主要影响因素等。

2. 新汽车的定价目标

介绍了新汽车的定价目标分类。

3. 新汽车的主要定价方法。

介绍了新汽车的主要定价方法。

4. 新汽车的定价策略

介绍了新汽车的基本定价策略。

5. 新汽车安全性评估

介绍了 NCAP、C-NCAP 概念,并与 Euro NCAP、US-NCAP 进行对比分析。

6. 新车价值评估的方法与实例

介绍了新车产品价值评估的基本方法与步骤。

自测题

一、单项选择题

1. 各国家制定了相应的法规,用(　　)来考验汽车性能的一系列碰撞测试。
   A. NCPA　　　　　B. NPAC　　　　　C. NCAP　　　　　D. NACP
2. 汽车价格的基本组成中不包括下列哪一项(　　)。
   A. 流通费用　　　B. 企业利润　　　C. 保养费用　　　D. 政府税金
3. 汽车的制造成本与费用是指汽车的生产成本、(　　)、管理费用和销售费用等,它是汽车产品价格构成的主体,汽车售价的绝大部分都要用来补偿其生产成本和经营费用。
   A. 设计成本　　　B. 技术转让成本　　C. 流通费用　　　D. 其他费用

二、判断题（在括号内正确的打√、错误的打×）

1. 汽车价格主要由汽车设计研制与生产成本、流通费用、政府税金和企业利润等构成。
（　　）

2. 汽车消费者的状况会各有不同，因此轿车的私人购买力水平与人均 GDP 之间没有紧密的联系。（　　）

3. 二手车的残值大，那么转手价格就高，车辆的保值功能就强。（　　）

三、简答题

1. 新汽车的价格构成和影响因素有哪些？

2. 何为新汽车的安全性评估？

3. 新汽车的价值评估的方法基本流程是什么？

第4章　二手车技术状况鉴定

导言

本章主要介绍了二手车技术状况鉴定,可分为静态检查、动态检查及仪器检查三种鉴定方法。静态检查包括识伪检查和外观检查;动态检查包括发动机工况检查、汽车路试检查、路试后的检查;仪器检查包括发动机功率检测、发动机汽缸密封性检测、曲轴箱窜气量检测、制动性能检测、汽车排放物检测等。通过本章的学习,学生能够掌握二手车技术状况鉴定的方法,会对被评估车辆的各项技术性能及各总成部件技术状况进行定量、客观的评价,会对汽车技术状况进行等级划分。

学习目标

1. 认知目标
(1)理解汽车技术状况鉴定内容与步骤。
(2)掌握汽车静态检查内容和基本方法。
(3)掌握汽车动态检查内容和基本方法。
(4)掌握汽车仪器检查内容和基本方法。
(5)掌握汽车技术状况等级划分。
2. 技能目标
(1)会根据二手车性质正确选择评估方法。
(2)会根据前修课程的知识鉴定车辆技术状态。
(3)会阅读车辆检测报告书。
(4)会检测车辆性能。
(5)会根据评估要求完成评估项目。
3. 情感目标
(1)遵守学习国家法律法规。
(2)培养严肃认真,求真务实的工作作风。
(3)培养团队精神和与人合作的能力。
(4)具有组织工作能力。
(5)培养学生的团队合作精神。

二手车技术状况鉴定是二手车鉴定评估的基础与关键,其鉴定方法一般包括静态检查、动态检查和仪器检查三个方面。静态检查是指二手车在静态状态下,根据检查人员的技能和经验,辅以简单的测量器具,对二手车技术状况进行检查。动态检查是指二手车在工作状态(发动机运转、二手车在运动或静止状态)下,根据检测人员的技能和经验,辅以简单的测量器具,对二手车的技术状况进行检查。仪器检查是指使用仪器、设备对二手车的技术性能和故障进行检测和诊断,既定性又定量地对二手车进行技术检查。

其中静态检查和动态检查是依据评估人员的技能和经验对被评估车辆进行直观、定性的判断,即初步判断评估车辆的运行情况是否基本正常、车辆各部分有无故障及故障的可能原因、车辆各总成及部件的新旧程度等,是评价过程不可缺少的。而仪器检查是对评估车辆的各项技术性能及各总成部件技术状况进行定量、客观的评价,是进行二手车技术等级划分的依据,在实际中往往视评估目的和实际情况而定。

4.1 静态检查

二手车的静态检查主要包括识伪检查和外观检查两大部分。其中识伪检查主要包括鉴别走私车辆、拼装车辆和盗抢车辆等工作;外观检查包括鉴别事故车辆、检查发动机舱、检查客舱、检查行李舱和检查车底等内容。

二手车静态检查是指在静态情况下,根据评估人员依靠目测、触摸、自身专业技能和工作经验,辅之以简单的量具,对二手车的技术状况进行静态直观检查。所需工具及用品如下:

①一个笔记本和一支钢笔或铅笔。用来记录看到、听到和闻到的异常情况,以及需要让机械师进一步检测和考虑的事情。

②一个手电筒。用来照亮发动机舱和汽车下面又暗又脏的地方。

③一些棉丝头或纸巾。用于擦手或用于擦干净将要检查的零件。

④一块大的旧毛毯或帆布。用于仰面检查汽车下面是否有漏油、磨损或损坏的零件等。

⑤一截 300~400mm 的清洁橡胶管或塑料管。可以当做"听诊器",用来倾听发动机或其他不可见地方是否有不正常的噪声。

⑥一个卷尺或小金属直尺。用于测量车辆和车轮罩之间的距离。

⑦一盒盒式录音带和一个光盘。用来测试磁带收放机和 CD 唱机。

⑧一个小型工具箱,里面装有:成套套筒棘轮扳手、一个火花塞筒扳手、各种旋具、一把尖嘴钳子和一个轮胎撬棒。

⑨一个小磁铁,用于检查塑料车身腻子的车身镶板。

⑩一块万用表,用来进行辅助电气测试。

静态检查的目的是快速、全面地了解二手车的大概技术状况。通过全面检查,发现一些较大的缺陷,如严重碰撞、车身或车架锈蚀或有结构性损坏、发动机或传动系严重磨损、车厢内部设施不良、损坏维修费用较大等,为价值评估提供依据。

4.1.1 识伪检查

所谓识伪检查主要是指对通过走私或非官方正规渠道进口的汽车和配件,进行识别和判断。这些汽车和配件有的是整车，有的是散件和境内组装成整车，甚至有些是国外旧车拼装成的整车。

一般正品汽车的风窗玻璃上贴有黄色商检标志。按我国产品质量法，正品汽车都带有中文的使用手册或维修手册各一份，而走私车、拼装车则一般没有。

目前在我国汽车市场上使用假冒伪劣的汽车配件的情况还比较严重。据调查统计，有70%的车辆故障是由于汽车的配件质量和装配技术问题引起的。只有30%为不良驾驶习惯造成的。例如，汽车灯具产品若使用了假冒伪劣配件会造成亮度不足、聚焦不集中、照射位置差、辐射面积小等问题。严重的伪劣灯具由于本身密封不严，在雨天会发生雨水进入灯具内，从而产生短路引发着火燃烧现象。在二手车交易市场不可避免会有一些走私车辆、拼装车辆、盗抢车辆以及事故车辆。如何鉴别这部分车辆，在二手车鉴定评估过程中是一项十分重要而又艰难的工作。它必须凭借技术人员所掌握的专业知识和丰富经验，结合有关部门的信息材料，对评估车辆进行全面细致的鉴别，从而使二手车交易规范、合法、有序进行。

1. 鉴别走私车和拼装车

走私车辆是指没有通过国家正常进口渠道进口的，并未完税的车辆。拼装车辆是指一些不法厂商和不法商人为了牟取暴利，非法组织生产、拼装，无产品合格证的假冒、低劣汽车。这些汽车有些是境外整车切割、境内焊接拼装车辆；有些是进口汽车散件，国内拼装的国外品牌汽车；有些是国内零配件拼装的国内品牌汽车；有些是旧车拼装车辆，即用多台车拼装成一台汽车；甚至有的是国产或进口零配件拼装的杂牌汽车。

对走私车辆、拼装车辆，在二手车交易鉴定评估中，首先确定这些车辆的合法性。因为有些走私、拼装车辆技术状况较好，从性能上符合国家有关机动车行驶标准和要求，已经国家有关执法部门处理，通过拍卖等方式，在公安车管部门注册登记上牌，取得了合法资格。

走私车辆、拼装车辆的一般鉴别方法如下：

(1) 运用公安车辆管理部门的车辆档案资料，查找车辆的来源信息，确定车辆的合法性。这是一种最直接、有效的判别方法。

(2) 查验二手车的汽车产品合格证、维护保养手册。对进口车必须查验进口产品商验证明书和商验标志。

(3) 检查二手车外观。查看车身全部是否有重新做油漆的痕迹，特别是顶部下沿部位。车身的曲线部位线条是否流畅，尤其是小曲线部位根据目前技术条件没有专门的设备不可能处理得十分完美，留下再加工痕迹特别明显。检查门柱和车架部分是否有焊接的痕迹，很多走私车辆是在境外把车顶切割后，运入国内再进行焊接拼装起来的，即所谓的割顶车。

(4) 查看车门、发动机盖、行李舱盖与车身的接合缝隙是否整齐、均匀。

(5) 查看二手车内饰。检查内装饰是否平整，内装饰压条边沿部分是否有明显的手指印或有其他工具碾压后留下的痕迹，车顶饰板是否更换过。

(6) 打开发动机盖，检查发动机和其他零部件是否有拆卸后重新安装的痕迹，是否缺少零部件。查看电线、管路布置是否整洁、有序。核对发动机号码和车辆识别代码（车架号）

字体和部位,是否有凿痕或重新焊接过。

2. 鉴别盗抢车辆

盗抢车辆一般是指公安车管部门已登记上牌的,在使用期内丢失的或被不法分子盗窃的,并在公安部门已报案的车辆。由于这类车辆被盗窃方式多种多样,它们被盗窃后所遗留下来的痕迹会不同。例如,撬开门锁、砸车窗玻璃等,它们都会留下痕迹。同时,这些被盗车辆大部分经过一定涂装修饰后再卖出。这些车辆更容易流入二手车市场交易。

盗抢车辆的鉴别方法一般有以下几种:

(1)根据公安车辆管理部门的档案资料,及时掌握车辆情况,防止盗抢车辆进入市场交易。这些车辆从车辆主人报案起到找到为止这段时期内,公安车管部门将这部分车辆档案材料锁定,不允许进行车辆过户、转籍等一切交易活动。

(2)根据盗窃一般手段,主要检查汽车门锁芯有无被更换过的痕迹,门窗玻璃是否更换过,窗框四周的密封胶是否有插入玻璃升降器开门的痕迹,转向盘锁或点火开关是否有破坏或更换过的痕迹。

(3)有些盗抢车辆销赃时,会对车辆有关证件进行篡改和伪造,使被盗赃车证方面有很多疑点。检查的重点是核对行驶证与车身或机舱内发动机号码和车辆识别代码。看车身或机舱内代码周围是否有变形或凿削的痕迹,是否有重新焊接的痕迹。

(4)查看车辆外观是否全身重新做过油漆,或者改变原车辆颜色。

4.1.2 外观检查

1. 外观检查的目的和方法

二手车静态检查中外观检查的目的为:

(1)查看车辆的成新率是否与年份相符合。

(2)查看车辆的使用强度,保养情况。

(3)查看车辆车身外观技术状况,判断是否有过修复、是否重新喷漆。

外观检查一般采用目测法,检查步骤如下(图4-1):

(1)围绕车身转一圈。

(2)车辆前后方45°角位置查看车身线条及漆面。

(3)近距离查看车身个接缝是否均匀对称。

(4)前后风窗玻璃是否原装。

(5)轮胎磨损程度磨损状况。

2. 外观检查的内容

车辆在进行外观检查之前,一般都要进行外部清洗,以确保检查的可靠性。外观检查项目中,须在底盘下面进行的项目,最好在设有检测地沟及千斤顶或汽车举升器的工位上进行。

图4-1 外观检查步骤

1)车身检查

(1)检查车身的周正情况。汽车制造时,汽车车身及各部件的装配是由生产线上经过严格调试的装、夹具保证的,装配出的车辆车身对称、周正(图4-2)。而维修企业对车身的修复则是靠维修人员目测和手工操作,装配难以精确保证。因此,检查车身是否发生过碰撞,可通过对车的前部来观察车身各部的周正、对称状况。车身各接缝的焊接情况。如出现不直、缝隙大小不一、线条弯曲、装饰条有脱落或新旧不一,说明该车可能出现事故或修理过(图4-3)。

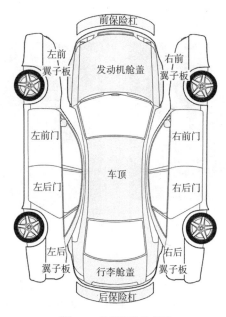

图4-2 车身展开示意图

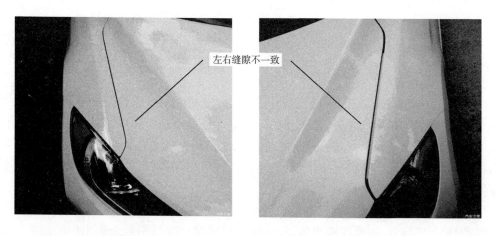

图4-3 左右车缝不一致

(2)检查车门是否关闭严密,合缝;车门窗框。是否变形、翘曲;门缝是否均匀整齐,密封胶条是否硬化、脱落,以防车门漏水、透气。检查开关车门是否有不正常的响声;车窗玻璃升降是否灵活,门锁是否开关灵活有效。

(3)检查油漆脱落情况。首先应检查风窗玻璃四周边缘的油漆是否平整、有无皱褶。如不平整、有皱褶,则说明该车已做过油漆或翻新过。其次,要注意车身和车门等表面局部补灰的情况。局部补灰的地方,其表面光洁度有差别,反光不一样,甚至出现凹凸不平,或有明显的橘皮状,这说明该处车身有过补灰做漆。查看排气管、镶条、窗户四周和轮胎等处是否有多余油漆。如果有,说明该车已做过油漆或翻新(图4-4)。用一块磁铁,在车身周围移动,如遇到突然减少磁力的地方,说明该局部补了灰,做了油漆。当用手敲击车身时,若敲击声发脆,说明车身没有补灰做漆;若敲击声沉闷,则说明车身曾补灰做漆。

图4-4 油漆脱落的细节

(4)检查车体歪斜错位。在目测检查时,如发现有较严重的横向或纵向歪斜,可用高度尺、水平尺检查车体歪斜是否超过规定值。此时,还应考虑到车架、车身是否变形,悬架刚度是否下降,轮胎气压是否正常。若有异常,应及时排除。否则,车体歪斜会越来越严重,最终引起汽车行驶跑偏,重心转移,操纵失灵不稳,轮胎磨损加剧等种种不良后果。

《机动车运行安全技术条件》(GB 7258—2017)规定,车体应周正,左右对称部位高度差不得大于40 mm。

2)检查发动机舱

(1)检查发动机清洁情况。打开发动机罩,观察发动机表面是否清洁,是否有油污,是否锈蚀,是否有零部件损坏或遗失,导线、电缆、真空管是否松动。如果发动机上灰尘多,说明该车的日常维护不够;如果发动机表面特别干净,也可能是车主在此前对发动机进行了特别的清洗,不能由此断定车辆状况一定很好。为了使汽车能更快售出,且卖个好价钱,有的车主将发动机舱进行了专业清洁。

(2)检查发动机铭牌和标牌。查看发动机上有无发动机铭牌。如果有,检查上面是否有发动机型号、出厂编号、主要性能指标等,这可以判别发动机是不是正规出厂。排放信息标牌应该在发动机罩下的适当位置或在风扇罩上。检查车架号或17位编码,一般位于风窗玻璃下或发动机隔墙上。查看是否正确或被更改。

(3)检查发动机机油。发动机润滑系统对发动机各个运动部件进行润滑。若发动机润滑系统不良,将严重影响发动机的使用寿命和价值。主要是检查机油质量、机油泄漏、机油滤清器等项目。例如,用棘轮扳手拆下机油滤清器,观察机油滤清器有无裂纹,密封圈是否完好。机油泄漏的地方主要有:气门室盖;汽缸垫;油底壳垫;曲轴前、后油封;油底壳放油螺塞松动或密封垫损坏;机油滤清器;机油散热器的机油管;机油散热器;机油压力感应塞。

(4) 检查发动机冷却系统。发动机冷却系统对发动机有很大影响,应仔细检查发动机冷却系统相关零部件,主要检查冷却液、散热器、水管、冷却风扇、风扇皮带等。检查冷却系是否有渗漏现象。检查散热器的散热效果。用手挤压散热器和暖风器软管,看是否有裂纹或发脆情况。对于皮带驱动的冷却风扇,应检查散热器风扇皮带的磨损情况。

(5) 检查点火系统。点火系统工作性能的好坏直接影响发动机的动力性和经济性。对点火系统的外观检查主要是检查蓄电池、点火线圈、高压线、分电器、火花塞等零件的外观性能。检查标牌,确定蓄电池的寿命。检查蓄电池的表面情况。检查蓄电池表面清洁亦可以看出车主对汽车的保养情况。对于有分电器的点火系统,应仔细检查分电器的工作情况,观察分电器盖有无裂纹、炭痕、破损等现象。这些现象均使分电器漏电、点火能量不足,引起发动机动力不足。用火花塞套筒扳手拆下任意一个火花塞,观看火花塞的燃烧情况。

(6) 检查发动机的供油系统。发动机供油系统有进油管路和回油管路,检查油管是否老化。燃油滤清器一般在汽车行驶 50000km 时需更换,如燃油滤清器看起来和底盘的其他部件一样脏,可能燃油滤清器还没有更换过。电喷发动机,如发动机动力性差,还要检查系统压力和油泵压力。

(7) 检查发动机进气系统。发动机进气系统性能的好坏,对发动机工作性能尤其是混合气浓度的控制有很大影响,因此应仔细检查发动机进气系统。检查进气软管是否老化变形,是否变硬,是否有损坏或烧坏处。检查空气滤芯,观察其清洁情况。检查节气门拉线是否阻滞、是否有毛刺等现象。

(8) 检查发动机附件。检查发动机支架减振垫是否有裂纹,如有损坏,则发动机振动大,使用寿命会下降。拆下正时罩,仔细检查齿形带内、外两侧有无裂纹、缺齿、磨损等现象。若有,则表明此车行驶了相当的里程。对于V形发动机,更换齿形带的费用高。检查制动主缸是否锈蚀或变色,制动主缸锈蚀和变色表明有制动液泄露问题。打开继电器的塑料盖,查看内部。查看发动机舱中导线是否擦破或是裸线;导线是否露在保护层外;导线是否固定在导线夹中;导线是否用非标准的胶带包裹;是否有旁通原有线束的外加导线。

3) 检查客舱

(1) 检查转向盘。将汽车处于直线行驶的位置,左右转动转向盘,最大游动间隙由中间位置向左或向右应不超过15°。如果间隙超过标准,说明转向系统的各部分间隙过大,转向系统需要保养维修。两手握住转向盘,将转向盘向上下、前后、左右方向摇动推拉,应无松旷的感觉。如果有松旷的感觉,说明转向机内轴承松旷,需要调整。

(2) 检查加速踏板。观察加速踏板是否磨损过度发亮。若磨损严重,说明此车行驶里程已很长。踩下加速踏板,测试踏板有无弹性,如图4-5所示。若踩下加速踏板很轻松,说明节气门拉线松弛,需要检修。若踩下加速踏板较费劲,说明节气门拉线有阻滞、破损,可能需要更换。

汽车评估

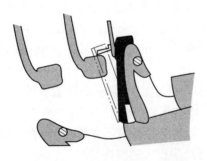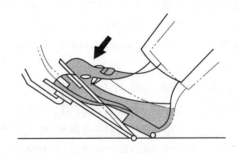

图 4-5　检查加速踏板运动情况

（3）检查制动踏板。检查制动踏板的踏板胶皮是否磨损过度，通常制动踏板胶皮寿命是 3 万 km 左右。如果换了新的，说明此车已经行驶了 3 万 km 以上。

用手轻压制动踏板，自由行程应在规定范围内如图 4-6 所示。如超过标准，则应调整踏板自由行程；将制动踏板踩到底，检查制动踏板与地板之间应有一定的距离。踩下液压制动系统的制动踏板时，踏板反应要适当，过软说明制动系统有故障；过硬则可能是真空助力有问题。

图 4-6　检查制动踏板自由行程

（4）检查离合器踏板。检查离合器踏板的踏板胶皮是否磨损过度，如果已更换了新的踏板胶皮，说明此车已行驶 1.3 万 km 以上。

轻轻踩下或用手推下离合器踏板，试一试踏板有没有自由行程，如图 4-7 所示，离合器踏板的自由行程一般在 30～45mm。如果没有自由行程或自由行程小，会引起离合器打滑；如果自由行程过大，会引起分离不彻底。可能离合器摩擦片或分离轴承磨损严重，需要检修离合器及其操纵机构。

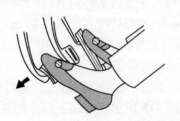

图 4-7　检查离合器踏板自由行程

(5)检查驻车制动操纵杆。放松驻车制动,再拉紧驻车制动,检查驻车制动操纵杆是否灵活、有没有失效如图4-8所示,锁止机构是否正常。

图4-8　检查驻车制动操纵杆

大多数驻车制动拉杆拉起时应在发出3~5声"咔嗒"声后使后轮制动。多次"咔嗒"声后不能拉起制动杆,可能是因为太紧的缘故。脚踏板操纵的驻车制动器释放机构踏下时后轮制动也应发出3~5声"咔嗒"声。如果用踏板操纵的驻车制动器系统施加制动时,需要发出更多或更少"咔嗒"声,说明驻车制动器需要检修和调整。

(6)检查变速器操纵杆。用手握住变速器操纵杆球头,根据挡位位置,逐一将变速器换至各个挡位,检查变速器换挡操纵机构是否灵活。观察变速器操纵机构防护罩是否破损,若有破损,必须更换。

(7)检查座椅。检查座椅罩是否撕破或裂开、是否有油迹等情况。检查座椅前后是否灵活,能否固定。检查座椅高低能否调节,检查座椅后倾调节角度。

(8)检查地毯和地板。抬起车内的地板垫或地毯,检查是否有霉味,是否有水危害或修饰污染的痕迹。地板或板胶是否有残损,若有生锈则说明该车可能漏水。

如果发现地板上有被水浸泡的迹象,则汽车的价格要大打折扣。

(9)检查杂物箱和托架。一般汽车设有杂物箱和托架,用以放置汽车维修手册、汽车维护记录等物件。手册里面有许多关于汽车上各项操作、油液容量和一般规范的信息,如果找到了手册,查阅工厂推荐的维护时间表。如果工厂推荐了主要维护项目,并要求多少里程时检查和调整,将它与汽车里程表读数比较。如果汽车接近它们中的一项维护里程,而没有维护记录,则要维护该车将需要一定的费用。

4)检查行李舱

(1)检查行李舱锁。行李舱的锁只能用钥匙才能打开,观察行李舱锁有无损坏。

(2)检查行李舱开关拉索或电动开关。有些汽车在乘客舱内部有行李舱开启拉索或电动开关,确保其能够工作,并能不费劲地打开行李舱。

(3)检查行李舱地板。

拉起行李舱中的橡胶地板垫或地毯,观察地板是否有铁锈、修理和焊接痕迹,或行李舱密封条不严引起的发霉的迹象。

(4)查备胎。如果是一辆行驶里程较短的汽车,其备胎应该是新标记,与原车上的标记相同,而不是花纹几乎磨光的轮胎。

(5)检查随车工具。检查千斤顶、灭火器、警示牌及随车工具是否齐全。

5）检查车身底部

将汽车用举升机举起后，就可对底下各部件进行检查（图4-9）。而车主在卖车之前，一般不会对车底下各部件进行保养。所以，车底下各部件的技术状况更能真实地反映出汽车整体的技术状况。

图4-9 车身底部检查

（1）检查泄漏。

在汽车底下很容易检查出泄漏源，从车底下可以检查出的泄漏有冷却液泄漏、机油泄漏、制动液泄漏、变速器油泄漏、转向助力油泄漏、主减速器油泄漏、电控悬架油泄漏、减振器油泄漏、排气泄漏等。

（2）检查冷却液泄漏。

冷却液泄漏通常从上部最容易看见，但是如果暖风器芯或软管泄漏，液滴可能只出现在汽车下方，所以应在离合器壳或发动机舱壁周围区域寻找那些冷却液污迹。注意不要把水滴和冷却液泄漏混淆。来自空调的水是蒸汽凝结成的，无色无味，不像冷却液呈绿色（防冻剂的颜色）并有一点甜味。

（3）检查机油泄漏。

检查油底壳和油底壳放油塞区域是否有泄漏的迹象。行程超过80000km的汽车有少量污迹是常见的。当泄漏持续很长时间时，行车气流抽吸型通风装置和发动机风扇将把油滴抛到发动机、变速器或发动机舱壁下部区域各处，所以严重的泄漏不难发现，除非汽车的下侧最近用蒸汽清洁过。

（4）检查动力转向油泄漏。

动力转向液可能看起来像变速器油液泄漏，因为两种油液相似，但是动力转向泵泄漏通常造成的污迹集中在动力转向泵或转向器（或齿条齿轮）本体附近。

（5）检查变速器油泄漏。

对于自动变速器，一般有自动变速器冷却装置，其管道较长，容易出现泄漏。其检查方法如下：在冷却管路连接到散热器底部的地方查看是否有变速器液泄漏，沿着冷却管路本身和变速器油盘和变速器后油封周围的区域查看。返回变速器的金属冷却管应该成对布置，有几个金属夹子沿着管路将它们固定。管路不应该悬下来。还应该检查是否有人在某些地方不切断金属管而用螺丝夹安装橡胶软管进行修理。只有几种具有足够强度和足够耐油耐热的橡胶软管才可以用在变速器上。像燃油软管那样的常规软管，在这种应用中，短期使用后可能失效，会引起变速器故障。

（6）检查制动液泄漏。

诊断前、后制动器是否有制动油液的痕迹。查找制动钳、鼓式制动器后板和轮胎上是否有污迹。从汽车的前部到后部，循着制动钢管，寻找管路中是否有扭结或凹陷或是否有泄漏的痕迹。

（7）检查排气泄漏。

排气泄漏通常呈现为白色、浅灰或者黑色条纹。它们可能来自排气管、催化转化器或消声器上的针孔、裂缝。特别注意查看消声器和转化器接缝,以及两个管或排气零件的接合处。有排气垫的地方,就有排气泄漏的可能性。

当检查排气系统时,寻找明显的排气泄漏痕迹,如焊接不当的排气管连接处周围的黑色污迹。在浅色排放管上,由于泄漏通常容易造成棕色或黑色污迹。这些小孔周围的污迹是排气管需要更换的迹象。如果装有橡胶环形圈,检查橡胶环形圈排气管吊架的情况。检查排气管支座是否损坏,支座损坏容易引起排气系统泄漏或产生噪声。

(8)检查底盘线束及其连接情况。

未发生事故的车辆正常情况下,其连接部件应配合良好,车身没有多余焊缝,线束、管路、部件等应安装整齐。因此,在检查车辆底盘时,应认真观察车底锈蚀程度与车体上部的情况检查的是否相符,是否有焊接痕迹,车辆转向节臂转向横直拉杆及球销有无裂纹和损伤,球销是否松旷,连接是否牢固可靠,车辆车架是否有弯、扭、裂、断、锈蚀等损伤,螺栓、铆钉是否齐全、是否有变形、裂纹,固定在车身上的线束是否整齐。这些都可以判断车辆是否发生过事故。

6)检查前、后悬架

(1)检查减振弹簧。

汽车减振弹簧主要有钢板弹簧和螺旋弹簧两种。对于钢板弹簧,应检查车辆钢板弹簧是否有裂纹、断片和碎片现象;两侧钢板弹簧的厚度、长度、片数、弧度、新旧程度是否相同;钢板弹簧U形螺栓和中心螺栓是否松动;钢板弹簧销与衬套的配合是否松旷。

对于螺旋弹簧,应检查有无裂纹、折断和疲劳失效等现象。螺旋弹簧上、下支座有无变形损坏。

(2)检查减振器。

观察四个减振器是否有漏油现象如果有漏油,说明减振器已失效,需要更换。而更换减振器需要全部更换,而不是只更换一个,所以成本较高。观察前、后减振器的生产厂家是否一致。减振器上下连接处有无松动、磨损等现象。

(3)检查稳定杆。

稳定杆主要用于前轮,有时也用于后轮,两端固定于悬架控制臂上。其功用是保持汽车转弯时车身平衡,防止汽车侧倾。

检查稳定杆有无裂纹,与车身连接处的橡胶衬有无损坏,与左、右悬架控制臂的连接处有无松旷现象。

(4)检查转向机构。

汽车转向机构性能的好坏对汽车行驶稳定性和安全性影响很大,因此,应仔细检查转向系统,尤其是转向传动机构。

7)检查车轮

(1)检查车轮轮毂轴承是否松旷。

用举升机举起车轮,或用千斤顶支起车轮,用手晃动车轮,感觉有旷动,说明轮毂轴承松旷,车轴轴承磨损严重,需要更换车轮轴承,而需更换车轮轴承费用较高。

(2)检查轮胎磨损情况。

检查时,应从汽车的外侧检查轮胎,而后检查轮胎的内侧。检查是否有对胎侧的修理、是否有割痕或磨损、是否有严重的风雨侵蚀。后轮胎内侧胎面过度磨损是很难从外侧发现的,除非将汽车顶起来。通常,后轮胎上内侧胎面磨损暗示着已将汽车前轮胎更换到后轮胎位置,或通过在后面不易看到来掩饰它们的过度磨损。

(3)检查轮胎花纹磨损深度。

轿车轮胎胎冠上的花纹深度不得小于1.6mm,其他车辆转向轮的胎冠花纹深度不得小于3.2mm,其余轮胎胎冠花纹深度不得小于1.6mm(图4-10)。

轮毂边缘的啃噬痕迹,如果这样的痕迹特别重,一定要仔细看看这条轮胎表面。看有没有因为挤压而掀起的局部

观察轮胎着地面的磨损情况。像这样的轮胎表面就属于磨损严重的了。基本看不到花纹了。而且出现了轻微的皲裂现象

图4-10 轮胎磨损严重情况

(4)检查车轮横向摆动量和径向跳动量。

将汽车前桥顶起,用百分表触点触及轮胎前端胎冠外侧,然后用手前后扳动轮胎,测量其横向摆动量。再将百分表移至轮胎的上方,使表的触点触及胎冠中部,然后用撬杠往上撬动轮胎,测量轮胎的径向跳动量。车轮横向摆动量和径向跳动量如超过规定值,在汽车行驶时,会引起转向盘抖动,行驶不稳定。

《机动车运行安全技术条件》(GB 7258—2017)规定,车轮横向摆动量和径向跳动量,小型汽车不大于5mm,其他汽车不大于8mm。

4.2 动态检查

机动车的动态检查是指车辆路试检查。路试的主要目的在于在一定条件下,通过机动车各种工况,如发动机起动、怠速、起步、加速、匀速、滑行、强制减速、紧急制动,从低速挡到高速挡,从高速挡到低速挡的行驶,检查汽车的操纵性能、制动性能、滑行性能、加速性能、噪声和废气排放情况,以鉴定二手车的动态技术状况。

4.2.1 发动机无负荷工况检查

检查发动机工作性能主要检查发动机的起动、怠速、异响、急加速性、曲轴箱窜气量、排气颜色等项目。

1. 检查发动机起动性能

正常情况下,用起动机起动发动机时,应在三次内起动成功。起动时,每次时间不超过10s,再次起动时间要间隔15s以上。若发动机不能正常起动,说明发动机的起动性能不好。

影响发动机起动性能的原因有很多,主要有油路、电路、机械三个方面。如供油不畅、电动汽油泵没有保压功能、点火系统漏电、蓄电池接线柱锈蚀、空气滤清器堵塞、汽缸磨损致使汽缸压力过低、气门关闭不严等。发动机起动困难应综合分析各种原因,引起发动机起动困难的原因很多,对车价影响相差很大。

2. 检查发动机怠速运转情况

发动机起动后使其怠速运转,打开发动机盖,观察怠速运转情况,怠速应平稳,发动机振动很小。观察仪表盘上的发动机转速表,此时,发动机的怠速应在750r/min±50r/min,不同发动机的怠速转速可能有一定的差别。若开空调或打转向盘时,发动机转速应上升,其转速应在1000 r/min左右。

发动机怠速时,若出现转速过高、过低、发动机抖动严重等现象,均表明发动机怠速不良,面临对发动机进行检修。

3. 检查发动机异响

让发动机怠速运转,听发动机有无异响、响声大小。然后,用手拨动节气门,适当增加发动机转速,倾听发动机的异响是否加大,或是否有新的异响出现。

正常情况下,发动机各部件配合间隙适当、润滑良好、工作温度正常、燃油供给充分、点火正时准确等条件下运转,无论转速和负荷怎样变化,都是一种平稳而有节奏、协调而又平滑的轰鸣声。

在额定转速内,除正时齿轮、机油泵齿轮、喷油泵齿轮、喷油泵传动齿轮及气门有轻微均匀的响声以外,若发动机发出敲击声、咔嗒声、咯咯声、尖叫声等均是不正常的响声。如果有来自发动机底部的低频隆隆声或爆燃声,则说明发动机严重损坏,需要对发动机进行大修。

发动机异响的排除,一般需要较高的费用,尤其是发生在发动机内部,鉴定评估人员应引起高度重视。

4. 检查发动机急加速性

待发动机运转正常后,发动机温度达到80℃以上,用手拨动节气门,从怠速到急加速,观察发动机的急加速性能,然后迅速松开节气门,注意发动机怠速是否熄火或工作不稳。通常急加速时,发动机发出强劲且有节奏的轰鸣声。

5. 检查发动机曲轴箱窜气量

打开发动机曲轴箱通风口,用手拨动节气门,逐渐加大发动机转速,观察曲轴箱的窜气量。正常发动机曲轴箱的窜气较少,无明显油气味,四缸发动机一般在10~20L/min。若曲轴箱窜气量较高,油气味重,说明汽缸与活塞磨损严重,汽车行驶里程长,发动机将大修,而发动机大修的费用是很高的。若曲轴箱窜气量大于600L/min,则曲轴箱通风系统不能保证曲轴箱的气体完全被排出,通风系统可能胶结堵塞,曲轴箱气体压力将增大,曲轴箱前后油封可能漏油,表明此发动机需要大修。

6. 检查排气颜色

正常的汽油发动机排出气体是无色的,在严寒的冬季可见白色的水汽;柴油发动机带负荷运转时,发动机排出气体一般是灰色的,负荷加重时,排气颜色会深一些。汽车排气常有3种不正常的烟雾。

1)冒黑烟

黑烟意味着混合气太浓,发动机不能将它们完全燃烧。混合气过浓情况是由于个别缸工作不良或不工作引起的,有个别喷油器漏油引起,也有个别火花塞不工作引起的。

2)冒蓝烟

蓝烟意味着发动机烧机油,机油窜入燃烧室。若机油油面不高,最常见的原因是汽缸与活塞密封出现问题,即活塞、活塞环因磨损与汽缸的间隙过大,这表明此发动机需要大修。也可能是气门密封圈失效引起的,要更换密封圈。

3)冒白烟

白烟意味着发动机烧自身冷却系统中的冷却液(防冻液和水)。这可能是汽缸垫烧坏,使冷却液从冷却液通道渗漏到燃烧室中。也可能是缸体有裂纹,冷却液进入汽缸内或缸盖排气道有裂纹,使冷却液进入排气道。这种故障维修成本高。

7. 检查排气气流

将手放在距排气管排气口10cm左右处,感觉发动机怠速时排气气流的冲击。正常排气气流有很小的脉冲感。若排气气流有周期性的"打嗝"或不平稳的喷溅,表明气门、点火或燃油系统有问题引起间断性失火。

将一张白纸悬挂在靠近排气口10cm左右的地方,如果纸不断地被排气气流吹开,则表明发动机运转正常。如果纸偶尔地被吸向排气口,则发动机配气机构可能有很大问题。

4.2.2 汽车路试检查

静态检查后,就可以说已完成了路试前的准备工作,即检查了冷却水、机油、离合器踏板、制动器踏板、转向盘、轮胎气压等。路试工作准备就绪,就可进行路试。但路试现场,必须确保人员安全。

机动车路试一般进行15~20 min。通过一定里程的路试检查汽车的工况。

1. 检查汽车的动力性

由原地起步后,作加速行驶。如果猛踩加速踏板后,提速快,说明加速性能好。高速行驶时,看其能否达到额定的最高时速。此外,看汽车行驶时是否平稳,是否有异响。作爬坡试验,看汽车爬坡行驶是否有劲。若出现提速慢,最高时速与厂定额定最高时速差距较大,上坡无力,则说明汽车的动力性能较差。

2. 检查离合器

按正常汽车起步方法操纵汽车,使汽车挂挡平稳起步,检查离合工作情况。正常情况下,离合器应该是接合平稳,分离彻底,工作时无异响、抖动和不正常打滑等现象。踏板自由行程符合汽车技术条件的有关规定,一般为 30~45mm。自由行程太小,说明离合器摩擦片磨损严重。离合器踏板力应与该型号汽车的踏板力相适应,各种汽车的离合器踏板力不应大于 300N。如果离合器发抖或有异响,说明离合器内部有零件损坏现象,应立即结束路试。

3. 检查变速器

从起步加速到高速挡,再由高速挡减至低速挡,检查变速器换挡是否轻便灵活;是否有异响,互锁自锁装置是否有效、是否有乱挡现象,加速时是否有掉挡现象;换挡时变速杆不得与其他部件干涉。

在换挡时,变速器齿轮发响表明变速器换挡困难,这是变速器常见的故障现象。一般是由于换挡连动机构失调,或换挡叉轨变形或锈蚀,或同步器损坏所致。对于变速传动机构不当或锈蚀,尤其是远距离换挡机构,只需重新调整即可。对于同步器损坏,则需要更换同步器,费用较高。

在汽车行驶过程中,急速踩下加速踏板或汽车受到冲击时,变速杆自行回到空挡,即为掉挡。当变速器出现掉挡时,说明变速器内部磨损严重,需要更换磨损的零件,才能恢复正常的性能。

在路试中,在换挡后出现变速杆发抖现象,表明汽车变速器使用时间很长,变速器的操纵机构的各个铰链处磨损松旷,使变速杆处的间隙过大。

4. 检查汽车制动性能

汽车起步后,先点一下制动,检查是否有制动;将车加速至 20km/h 作一次紧急制动,检查制动是否可靠,有无跑偏、甩尾现象;再将车加速至 50km/h,先用点刹的方法检查汽车是否立即减速、是否跑偏,再用紧急制动的方法检查制动距离和跑偏量。当踩下制动踏板时,若制动踏板或制动鼓发出冲击或尖叫声,说明制动摩擦片可能磨损,路试结束后应检查制动摩擦片的厚度。若踩下制动踏板有海绵感,说明制动管路有空气,或制动系统某处有泄漏,应停止路试。

5. 检查汽车行驶稳定性

车辆以 50km/h 左右的中速直线行驶,双手松开转向盘,观察汽车行驶状况。此时,汽车应该仍然直线行驶并且不明显的转到另一边。无论汽车转向哪一边,都说明汽车的转向轮定位不准,或车身、悬架变形。车辆以 90km/h 以上高速行驶,观察转向盘有无摆振现象,即所谓的"汽车摆头"。若汽车有高速摆头现象通常意味着存在着严重的车轮不平衡问题。汽车摆头时,前轮左右摇摆沿波浪状前进,严重地破坏了汽车的平顺性,直接影响汽车的行驶安全,增大了轮胎的磨损,使汽车只能以较低的速度前进。

选择宽敞的路面,左右转动转向盘,检查转向是否灵活、轻便。若转向沉重,说明汽车转向机构各球头缺润滑油或轮胎气压过低。对于带助力转向的汽车,转向沉重可能是助力转向泵和齿轮齿条磨损严重,要修理或更换转向齿条的费用较高。动力转向问题有时还靠转向盘转动时的"嘎吱"声识别,发出这种声音可能仅仅是转向油液面过低。

转向盘最大自由转动量不允许大于规定值,若转向盘的自由转动量过大,意味着转向机构磨损严重,使转向盘的游动间隙过大,以致转向不灵。

6. 检查汽车行驶平顺性

将汽车开到粗糙、有凸起的路面行驶,或通过铁轨,或通过公路有伸缩接缝,感觉汽车的平顺性和乘坐舒适性。通常排量大、档次高的汽车,基本配置高,行驶越平顺,但燃油消耗也越多。

当汽车转弯或通过不平的路面时,倾听是否有从汽车前端发出忽大忽小的"嘎吱"声或低沉噪声,可能是滑柱或减振器紧固装置松了,或轴承磨损严重。汽车转弯时,若车身侧倾过大,则可能横向稳定杆衬套或减振器磨损严重。

在前轮驱动汽车上,前面发出"咯哒"声、沉闷金属声、"滴哒"声可能是等速万向节已磨损,需要维修。等速万向节维修费用高。

7. 检查汽车传动效率

在平坦的路面上,作汽车滑行试验。将汽车加速至 30km/h 左右,踏下离合器踏板,将变速器挂入空挡滑行,其滑行距离应不小于 220m。否则汽车传动系的传动阻力大,传动效率低,油耗增大,动力不足。

8. 检查驻车制动

选一坡路,将车停在坡中,实施驻车制动,观察汽车是否停稳,有无滑溜现象。通常驻车制动力不应小于整车重力的 20%。

4.2.3 路试后的检查

1. 检查各部件的温度

路试后应检查一下油、水温度。正常的机油温度为 95℃。正常的水温度为 80~90℃。齿轮油的温度不应高于 85℃。齿轮油温主要是变速器和主减速器的温度。最好检查一下轮毂的温度,其温度过高,说明轮毂轴承安装过紧,应调整好轮毂轴承的间隙。

此外,还应用手或测温器检查其他有关运动件的过热情况,制动鼓、传动轴、中间支承的轴承等,都不应有过热现象。

2. 检查"四漏"情况

检查汽车的漏气、漏电、漏水、漏油情况。在发动机运行及停车以后,水箱、水泵、缸体、缸盖、暖风装置及所有的连接部位,均不得有明显的渗、漏水现象。检查漏油的情况,应在汽车连续行驶距离不少于 10km 后,停车 5min 观察,不得有明显的渗漏油现象。

对气制动的汽车,若有漏气,则在制动时有所反应;若有漏气现象,就需仔细检查管路系统和气罐、气泵、阀等。

漏电一般在行车中会出现明显故障,电路出现故障,也需要仔细查找。

4.3 仪器检查

用仪器设备来对汽车进行检测,可为分析、判断汽车的技术状况提供定量的分析依据,其检测结果准确度高。但需要有专用的检测设备、专用的场地,操作人员要经过专门的培训,投资大、成本高、费时、费力。为此,在目前二手车的评估中,一般不对被评估的汽车进行上线检测,仅由评估人员进行前述的静态和动态检查。然后,再按一定的评估方法和程序,评估出二手车的现时价值。

但是,对于一些价格很高的二手车,买方要求对其技术状况进行准确全面的检测鉴定时,应进行仪器设备的全面检测,以便对被评估汽车作出准确的判断和切合实际的评估。有时,二手车经营公司或汽车销售公司也需要对收购或置换的高档二手车的技术状况进行全面深入的了解,以便有针对性地进行维修保养后再出售。但其检测、维修保养的费用,会列入成本,包含在再出售的二手车价中。

一般来说,二手车通过仪器设备检测的主要项目有:发动机功率、汽缸密封性、排放污染物、制动性能、四轮定位、前照灯等。

由于这样的检测是用专门的仪器设备,在专设的场地、专业的检测线上,由专业人员进行操作,通常不要求评估师都同时具备此种检测的专业技能,但要求评估师能够对检测提供的报告、检测结果进行分析判断。对上述有关性能检测的设备结构原理、技术要求以及检测操作方法、步骤和程序等问题,在此就不作介绍,只介绍如何对检测结果进行简要的分析判断。

4.3.1 发动机功率检测

在进行发动机技术状况检测时,首先要检测发动机功率、油耗和磨损情况,因为发动机功率和油耗直接表征其动力性和经济性,发动机运动件的磨损除了影响功率和油耗外,还对机油消耗、废气排放等有影响。

发动机的有效功率是指发动机飞轮输出的功率,是发动机的一个综合性评价指标。通过测量发动机的输出转矩和转速,就可计算发动机功率。

检测发动机的有效功率的方法,通常分为无负荷测功和有负荷测功两类。

1. 无负荷测功

无负荷测功是指发动机在节气门开度和转速均为变动的状况下,测定其功率的一种方法,故又称动态测功。由于测功时无需对发动机施加外部负荷,因而又称为无外载测功。其具体方法是:当发动机在低速运转时,突然全开节气门或置油门齿杆位置为最大(柴油机),使发动机克服惯性和内部各种阻力加速运转,用其加速性能直接反映最大功率。

这种方法不加负荷,不需大型测功设备,既可在实验台上进行,也可就车进行,因而提高了检测方便性和检测速度,特别适用于在用汽车发动机的功率检测。

无负荷测功结果,可根据国家有关标准,如《机动车运行安全技术条件》《汽车发动机大修竣工技术条件》等有关规定,对其检测结果进行分析判断。

在用汽车发动机功率不得低于额定功率的75%;大修后发动机功率不得低于额定功率的90%。此外,还应根据检测结果对发动机技术状况作出进一步的判断。

若发动机功率偏低,系燃料供给系或点火系统的技术状况调整不佳所致,则应对油、电路系统进行检查调整。如果调整后仍然较低,则应检查汽缸压力和进气管真空度,判断是否是机械部分的故障。如对个别汽缸的技术状况有怀疑,可对其断火后再测功,从功率下降的大小,诊断该缸的工作情况。

也可利用在单缸断火情况下测得的发动机转速下降值来评价各缸的工作情况。工作正常的发动机,在某一转速下稳定空转时,发动机的指示功率与摩擦功率是平衡的。此时,若取消任一汽缸的工作,发动机转速就会有相同的下降值。当发动机在 750r/min 的怠速转速下稳定工作时,使某一缸断火,致使发动机转速正常平均下降值见表4-1。要求最高和最低转速下降之差,不大于平均值的30%。如果下降值低于表中所示值,说明断火的汽缸工作不良。转速下降值越小,则单缸功率越小。当下降值为零时,单缸功率也等于零,即该缸不工作了。

转速正常平均下降值   表4-1

发动机汽缸数	转速正常平均下降值(r/min)	发动机汽缸数	转速正常平均下降值(r/min)
4缸	150	8缸	50
6缸	100		

发动机单缸功率偏低,一般是由于该缸高压分火线或火花塞技术状况不佳,燃料供给系统工作不良,汽缸磨损或密封性不良所致。

发动机功率与海拔高度有密切关系。而无负荷测功仪所测结果是实际大气压力下的发动机功率,若要校正到标准大气压力下的功率,应乘以校正系数。

2. 有负荷测功

有负荷测功要对发动机施加外部负荷,也叫有外载测功。此种测功方法是一种稳态测功方法。稳态测功是在试验台上通过测功器测试功率的方法。它是在发动机节气门开度一定、转速一定和其他参数保持不变的稳定状态下进行测功的。常用的测功器有水力测功器、电力测功器和电涡流测功器等。

稳态测功的结果比较准确可靠,比无负荷测功(动态测功)的精度要高。

二手车车在进行有负荷测功,即稳态测功时,通常不会把发动机从汽车上拆卸下来,再安装到发动机台架上去进行测功。这样费时、费力且非常不方便。一般均采用底盘测功机来检测汽车的功率。底盘测功的目的,有时是为了获得驱动轮上的输出功率或驱动力,以便评价汽车的动力性;有时则是用获得的驱动轮上的输出功率与发动机飞轮输出功率进行比较,并求出传动系的效率,以便判断汽车传动系的技术状况。底盘测功是在滚筒式试验台上进行的。滚筒式试验台是以滚筒表面来代替路面,试验时通过加载装置给滚筒施加负荷,以模拟行驶时的阻力,使汽车在行驶时尽可能接近实际的行驶工况。所以,汽车的动力性、经济性、滑行距离、制动性和车速表指示误差等,均可在滚筒式试验台上测定。

现仅就传动系效率及其检测结果进行分析。

根据底盘测功机上测得的驱动轮输出功率与发动机飞轮输出功率,就可计算出传动系的效率。汽车传动系的机械传动效率正常值见表4-2,检测结果与之比较,就可以评估出传动系的技术状况。

汽车传动系机械传动效率　　　　　　　表4-2

汽车类型		传动效率	汽车类型	传动效率
轿车		0.90~0.92	4×4越野汽车	0.85
载货汽车和公共汽车	单级主传动器	0.90	6×4载货汽车	0.80
	双级主传动器	0.84		

当被测汽车传动系效率低于表4-2中的值时,则说明消耗于传动系中的离合器、变速器、万向传动装置、主减速器、差速器及轮毂轴承中的功率较多。若要提高传动系效率,必须正确调整和合理润滑传动系各运动件。随着汽车使用时间的增长,行驶里程的增加,磨损也逐渐加大,摩擦损失也会逐渐提高,从而使传动效率逐渐降低。因此,传动效率能为评价汽车底盘技术状况提供重要依据。

4.3.2　发动机汽缸密封性检测

汽缸密封性是表征汽缸组件技术状况的重要参数。其技术状况的好坏,将严重影响发动机的动力性和经济性。在汽车的使用过程中,汽缸、活塞、活塞环和进、排气门等有磨损、烧蚀、结胶、积炭、汽缸垫损坏等现象,都将引起汽缸密封性下降。

检测汽缸密封性的仪器设备主要有汽缸压力表和汽缸压力电子测试仪等。

汽缸密封性的诊断参数主要有汽缸压缩压力、曲轴箱漏气量、汽缸漏气量、进气管真空度等。

汽缸压力检测结果,应符合原设计规定,各缸压力差,汽油机应不超过各缸平均压力的8%,柴油机应不超过10%。

在用汽车发动机的汽缸压力不得低于原设计的25%,此数据可作为诊断标准用。有关汽车原设计的规定值,查阅有关车型资料即可获得。

检测结果如若超过原规定值,不一定就是汽缸密封性好,要结合使用情况进行分析。这种情况有可能是汽缸垫过薄;缸体与缸盖结合平面经多次修理加工过度,使燃烧室容积变小,压缩比有所升高所致。此外,也有可能是燃烧室积炭过多所致。

若测得结果低于原设计规定值,可向汽缸火花塞或喷油器孔内(柴油机)注入适量机油,再用汽缸压力表重测其压力。若第二次测的压力比第一次高,且接近标准压力,则表明汽缸套、活塞、活塞环磨损过甚,或者是活塞环卡死、断裂,缸壁拉伤,也可能是活塞环切口失去弹性造成汽缸不能密封。若第二次测的压力与第一次接近,但仍比标准压力低,则可能是进、排气门或缸垫不密封造成的。如若两次检测结果均表明某相邻两缸压力都相当低,则说明相邻处的汽缸垫烧损窜气。

用汽缸压力表检测汽缸压力,尽管应用极为广泛,但仍存在测量误差大的缺点。特别是在低转速范围内,即使发动机转速差较小,也能引起汽缸压力测量值较大变化。即使是同一型号的发动机,由于蓄电池电压、起动机和发动机技术状况不一,其起动转速也不可能完全一致,这就产生了测量转速是否符合规定的问题。这些都是用汽缸压力表检测汽缸压力误差大的主要原因。所以,在检测汽缸压力时,如能监控曲轴转速,将是发现问题,减小测量误差,获得正确分析结果的重要保证。

用汽缸压力表检测汽缸压力还需要把火花塞或喷油器卸下,一缸一缸地进行,费时、费力,极不方便。

除用汽缸压力表检测汽缸压力外,还可使用压力传感器和起动电流、电压测量仪器来检测。

若用上述两种压力检测仪,有的可以显示出各缸压力的具体数值,并能与规定的标准值对照。有的只能定性的显示出"合格"与"不合格"。也有的只能显示出波形。对于只能显示出压力波形的,如果显示的波形振幅一致,峰值又在规定范围内,说明各缸压力符合要求。若各缸压力波形振幅不一致,某缸峰值低于规定范围,则表明该缸压力不足。应借助其他手段测出具体的压力值,以便分析判断。

4.3.3 曲轴箱窜气量检测

在汽车的使用过程中,随着汽缸套与活塞配合副的磨损,间隙会逐渐增大,因而窜入曲轴箱的可燃混合气与燃烧废气的量也会增加。有资料介绍,新的发动机曲轴窜气量为15～20L/min,而磨损后的发动机则有时高达80～130L/min。所以,发动机工作时,单位时间内窜入曲轴箱的气体量,可作为衡量汽缸套与活塞、活塞环配合副密封性的诊断尺度。

曲轴箱窜气量的检测通常采用专用的气体流量计进行。

曲轴箱窜气量,除了与汽缸套活塞摩擦副的技术状况有关外,还与发动机转速和负荷有关。检测时,发动机应加载,节气门应处于全开状态,柴油机则将供油拉杆推到底,使发动机处于最大转矩转速下进行。其他工况下也可以测试,但所测值不如全负荷最大转矩转速下测得的值大。

对于检测结果的分析,国外有些国家以单缸平均窜气量(检测值除以缸数)作为诊断参数。根据国内外的情况,表4-3列出了单缸平均窜气量值,以供比较分析。

曲轴箱单缸平均窜气量值 表4-3

发动机技术状况	单缸平均窜气量(L/min)	
	汽 油 机	柴 油 机
新发动机	2～4	3～8
需大修发动机	16～22	18～28

4.3.4 制动性能检测

汽车制动性能的好坏,直接影响汽车的行驶安全。评价制动性能的指标主要有制动距离、制动时间、制动减速度和制动力等。而制动距离与行车安全有直接关系。因此,交通管理部门通常按制动距离制定安全法规。

制动性能的检测方法有路试检验和台试检验两种。台架检测方法具有迅速、准确、经济、安全、不受外界气候条件影响、重复性好、能定量检测出各轮制动力和制动距离等优点。

1. 路试检验制动性能

汽车行车制动性能和应急制动性能检验,应在平坦、硬实、清洁、干燥且轮胎与地面间的附着系数大于或等于0.7的混凝土或沥青路面上进行。

检验时发动机应与传动系统脱开,但对于采用自动变速器的机动车,其变速器换挡装置应位于驱动挡("D"挡)。

汽车在规定的初速度下的制动距离和制动稳定性要求应符合表4-4的规定。对空载检验的制动距离有质疑时,可用表4-4规定的满载检验制动距离要求进行。

制动距离和制动稳定性要求 表4-4

机动车类型	制动初速度（km/h）	空载检验制动距离要求(m)	满载检验制动距离要求(m)	试验通道宽度(m)
三轮汽车	20	≤5.0		2.5
乘用车	50	≤19.0	≤20.0	2.5
总质量小于或等于3500kg的低速货车	30	≤8.0	≤9.0	2.5
其他总质量小于等于3500kg的汽车	50	≤21.0	≤22.0	2.5
铰接客车、铰接式无轨电车、汽车列车（乘用车列车除外）	30	≤9.5	≤10.5	3.0[①]
其他汽车、乘用车列车	30	≤9.5	≤10.0	3.0[①]
两轮普通摩托车	30	≤7.0		—
边三轮摩托车	30	≤8.0		2.5
正三轮摩托车	30	≤7.5		2.3
轻便摩托车	20	≤4.0		—
轮式拖拉机运输机组	20	≤6.0	≤6.5	3.0
手扶变型运输机	20	≤6.5		2.3

注:数据来源——《机动车安全运行技术条件》(GB 7258—2017)。
[①]对车宽大于2.55m的汽车和汽车列车,其试验通道宽度(单位:m)为"车宽(m)+0.5m"。

2. 台试检验制动性能

台式检验中对汽车制动力百分比和制动力平衡作出具体要求。汽车、汽车列车在制动检验台上测出的制动力应符合表4-5的要求。对空载检验制动力有质疑时,可用表4-5规定的满载检验制动力要求进行检验。使用转鼓试验台检测时,可通过测得制动减速度值计算得到最大制动力。摩托车的前、后轴制动力应符合表4-5的要求,测试时只准许乘坐一名驾驶员。

台试检验制动力要求 表4-5

机动车类型	制动力总和与整车重量的百分比(%)		轴制动力与轴荷[①]的百分比(%)	
	空载	满载	前轴[②]	后轴[②]
三轮汽车	—	—	—	≥60[③]
乘用车、其他总质量小于或等于3500kg的汽车	≥60	≥50	≥60[③]	≥20[③]

续上表

机动车类型	制动力总和与整车重量的百分比		轴制动力与轴荷[1]的百分比	
	空载	满载	前轴[2]	后轴[2]
铰接客车、铰接式无轨电车、汽车列车	≥55	≥45	—	—
其他汽车	≥60[4]	≥50	≥60[3]	≥50[5]
挂车	—	—	—	≥55[6]
普通摩托车	—	—	≥60	≥55
轻便摩托车	—	—	≥60	≥50

注：[1]用平板制动检验台检验乘用车、其他总质量小于或等于3500kg的汽车时应按左右轮制动力最大时刻所分别对应的左右轮动态轮荷之和计算。

[2]机动车(单车)纵向中心线中心位置以前的轴为前轴，其他轴为后轴；挂车的所有车轴均按后轴计算；用平板制动试验台测试并装轴制动力时，并装轴可视为一轴。

[3]空载和满载状态下测试均应满足此要求。

[4]对总质量小于等于整备质量的1.2倍的专项作业车应大于或等于50%。

[5]满载测试时后轴制动力百分比不做要求；空载用平板制动检验台检验时应大于或等于35%；总质量大于3500kg的客车，空载用反力滚筒式制动试验台测试时应大于等于40%，用平板制动检验台检验时应大于或等于30%。

[6]满载状态下测试时应大于或等于45%。

在制动力增长全过程中同时测得的左右轮制动力差的最大值，与全过程中测得的该轴左右轮最大制动力中大者(当后轴制动力小于该轴轴荷的60%时为与该轴轴荷)之比，对新注册车和在用车应分别符合表4-6的要求。

台试检验制动力平衡要求　　　　　　　　　表4-6

项目	前轴	后轴	
		轴制动力大于或等于该轴轴荷60%时	制动力小于该轴轴荷60%时
新注册车	≤20%	≤24%	≤8%
在用车	≤24%	≤30%	≤10%

4.3.5　侧滑量检测

汽车转向轮(前轮)定位参数包括主销后倾角、主销内倾角、前轮外倾角和前轮前束四个参数。后轮主要有外倾角和前束两个参数。前轮定位的作用是使汽车能稳定地直线行驶，车轮偏转后有自动回正的能力，此外还可使汽车转向轻便，减轻驾驶员的劳动强度。因此，应对前轮定位参数进行检测，以保证汽车正常行驶。转向轮定位参数不正确，会引起车轮承受侧向力而侧滑，尤以前轮外倾和前轮前束两参数对车轮侧滑量的影响最大。

目前，检测车轮定位参数多采用四轮定位仪进行。检测结果应与各车型出厂技术参数相吻合。侧滑检验台是使汽车在滑动板上驶过时，用测量滑动板左右移动量的方法来测量前轮侧滑量的大小和方向，并判断是否合格的一种检测设备。目前，在国内侧滑检验台有单板侧滑检验台和双板联动式侧滑检验台，我们这里以双板联动式侧滑检验台为例，介绍其测量原理及侧滑量检测标准。

1. 侧滑板仅受到车轮外倾角的作用

这里以右前轮为例,先讨论只存在车轮外倾角(前束角为零)的情况。具有外倾角的车轮,其中心线的延长线必定与地面在一定距离处有一个交点 O,此时的车轮相当于一圆锥体的一部分如图 4-11 所示,在车轮向前或向后运动时,其运动形式均类似于滚锥。

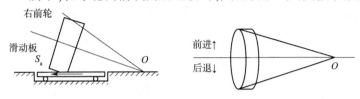

图 4-11 具有外倾角的车轮在滑板上滚动的情况(右轮)

从图 4-11 可以看出,具有外倾角的车轮在滑动板上滚动时,车轮有向外侧滚动的趋势,由于受到车桥的约束,车轮不可能向外移动,从而通过车轮与滑动板间的附着作用带动滑动板向内运动,运动方向如图 4-11 所示。此时滑动板向内移动的位移量记为 S_a(由外倾角所引起的侧滑分量)。按照约定,具有外倾角的车轮,由于其类似于滚锥的运动情况,因而无论其前进还是后退时所引起的侧滑分量均为负。反之,内倾车轮引起的侧滑分量均为正。

2. 滑动板仅受到车轮前束的作用

这里仅讨论车轮只存在前束角,而外倾角为零时的情况。前束是为了消除具有外倾角的车轮类似于滚锥运动所带来的不良后果而设计的。

具有前束的车轮在前进时,由于车轮有向内滚动的趋势,但因受到车桥的约束作用,在实际前进驶过侧滑台时,车轮不可能向内侧滚动,从而会通过车轮与滑动板间的附着作用带动滑动板向外侧运动。此时,车轮在滑动板上做纯滚动,滑动板相对于地面有侧向移动,其运动方向如图 4-12 所示,此时测得的滑动板的横向位移量记为 S_t(由前束所引起的侧滑分量)。遵照约定,前进时,由车轮前束引起的侧滑分量 S_t 大于或等于零。反之,仅具有前张角的车轮在前进时,由车轮前张(负前束)引起的侧滑分量 S_t 小于或等于零。

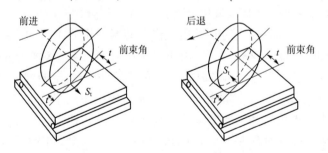

图 4-12 具有前束的车轮在滑板上滚动的情况(右轮)

当具有前束的车轮后退时,若在无任何约束的情况下,车轮必定向外侧滚动,但因受到车桥的约束作用,虽然其存在着向外滚动的趋势,但不可能向外侧滚动,从而会通过其与滑动板间的附着作用带动滑动板向内侧移动,其运动方向如图 4-12 所示。此时测得滑动板向内的位移记为 S_t,遵照约定,仅具有前束角的车轮在后退时,通过侧滑台所引起的侧滑分量 S_t 小于或等于零。反之,仅具有前张角的车轮在后退时,通过侧滑台所引起的侧滑分量 S_t 大于或等于零。

综上可知,仅具有前束的车轮,在前进时驶过侧滑台时所引起的侧滑量为正值,在后退时驶过侧滑台所引起侧滑量分量为负值。反之,仅具有前张的车轮,在前进时驶过侧滑台时所引起的侧滑分量为负值,在后退时驶过侧滑台所引起的侧滑分量为正值。

3. 滑动板受到车轮外倾角和前束角的同时作用

汽车转向轮同时具有外倾角和前束角,在前进时由外倾所引起的侧滑分量 S_a 与由前束所引起的侧滑分量 S_t 的方向相反,因而两者相互抵消。在后退时两者方向相同,两分量相互叠加。

4. 侧滑量检测标准

《机动车运行安全技术条件》(GB 7258—2017)规定,汽车(三轮汽车除外)的车轮定位应与该车型的技术要求一致。对前轴采用非独立悬架的汽车(前轴采用双转向轴时除外),其转向轮的横向侧滑量,用侧滑台检验时侧滑量值应小于或等于 5m/km。

4.3.6 汽车排放物检测

我国对机动车的排放污染物控制起步较晚,从 1981 年才开始制定汽车排放限制标准,1988 年开始实施四冲程汽油车急速排放污染物、柴油机全负荷烟度和柴油车自由加速烟度的排放标准。随着我国汽车保有量的不断增长,对环境的污染日趋严重。为进一步贯彻《中华人民共和国环境保护法》《中华人民共和国大气污染防治法》,严格控制机动车排放物,改善空气质量,国家环保总局 2005 年第 30 号公告宣布,将全面实施轻型车国家第二阶段排放标准。从 2005 年 7 月 1 日起,终止实施《轻型汽车污染物排放限值标准及测量方法》(GB 18352.1—2001)(简称国 I 标准)。与此同时,开始实施国Ⅲ、Ⅳ即实施《轻型汽车污染物排放限值及测量方法》(GB 18352.2—2005),该标准于 2007 年和 2010 年分别实施国家第三、四阶段机动车排放标准。之后,《轻型汽车污染物排放限值及测量方法》(GB 18352.5—2013)(中国Ⅴ阶段),于 2018 年 1 月 1 日起实施。

中国汽车排放物主要有 HC(碳氢化合物)、NO_x(氮氧合物)、CO(一氧化碳)、PM(微粒)等,它们主要都是在汽车汽油燃烧的时候通过汽车的尾气排放出来的。由于生活水平提高基本每家每户都有拥有自己的小汽车了,由于汽车排放的污染物对空气的危害变得更加严重了,所以现在的世界各国都对汽车排放做出了限制,而我国制定的国1、国2、国3、国4,包括最新出台的国5基本都是按照欧洲排放标准来限制中国小汽车的排放。

为贯彻落实《中华人民共和国环境保护法》《中华人民共和国大气污染防治法》,规范汽油车污染物排放,保证排放检测工作的质量,改善环境空气质量,制定标准《点燃式发动机汽车排气污染物排放限值及测量方法(双急速法及简易工况法)》(GB 18285—2005)。同时,规范在用柴油车环境监督管理,依据环境保护部《国家环境保护标准制修订工作管理办法》(国环规科〔2017〕1 号),制定《在用柴油车排气污染物测量方法及技术要求(遥感检测法)》(HJ 845—2017)标准,并予发布。

其中汽油车简易瞬态工况法排气污染物测量的主要设备有底盘测功机、五气分析仪、流量计和污染物排放检测计算机控制软件。《点燃式发动机汽车排气污染物排放限值及测量方法(双急速法及简易工况法)》(GB 18285—2005)规定了检测站日常检验、检测站现场安装检验和型式核准检验的项目要求和测试方法。在型式核准检验项目方面,规定了必须核准检验的项目,也规定了根据具体情况可选择的核准检验项目。

遥感监测是一种不影响道路正常通行的排放测试方法,适用于在用车排放监督抽测。《在用柴油车排气污染物测量方法及技术要求(遥感检测法)》(HJ 845—2017)规定了利用遥感监测法实施检测在实际道路上行驶柴油车排放污染物测量方法、仪器安装要求、结果判定原则和排放限值。

4.3.7　用故障诊断仪读取故障代码

对于汽车的电子控制系统,都有故障自行诊断功能,可采用故障诊断仪来读取故障代码。

现代汽车电子控制系统的控制电路上都设置有一个专用的故障检测插座,通过线路与ECU连接。只要将汽车制造厂提供的该车型的专用微机故障检测仪或通用型故障检测仪的检测插头与汽车上的故障检测插座连接,然后打开点火开关(ON),就可以很方便地从微机故障检测仪的显示屏上读出所有储存在ECU中的故障代码。查阅该车型的维修手册,就可以知道这些故障代码所表示的故障内容和可能的故障原因。在二手车检测中,对于电子控制系统技术状况的好坏的判定,利用解码器能快速、准确地给予判定。

本章小结

本章主要内容包括二手车静态检查、动态检查及仪器检查三种鉴定方法。下列的总体概要或框图覆盖了本章的主要学习内容,可以利用以下线索对所学内容进行做一次简要的回顾,以便归纳、总结和关联相应的知识点。

1. 静态检查

介绍了外观检查及识伪检查概念,讲述了车辆合法性鉴定的方法,还介绍了车身的静态检查方法、发动机的静态检查方法。

2. 动态检查

介绍了机动车的动态检查定义及内容,分别包括发动机无负荷工况检查、汽车路试检查方法、路试后的检查方法。

3. 仪器检查

介绍了二手车仪器设备检测的主要项目,分别包括发动机功率检测、发动机汽缸密封性检测、曲轴箱窜气量检测、制动性能检测、侧滑量检测、汽车排放物检测、用故障诊断仪读取故障代码。

自测题

一、单项选择题

1. 走私车是指(　　)。

　　A. 没有通过国家正常进口渠道进口

B. 未完税的车辆

C. 没有通过国家正常进口渠道进口并未完税的车辆

D. 无产品合格证的车辆

2. 路试后,正常的机油温度为( )。

 A. 85℃   B. 125℃   C. 65℃   D. 95℃

3. 汽油车排气污染物可采用( )进行检测。

 A. 不分光红外线分析仪   B. 滤纸式烟度计检测

 C. 灯光测试仪   D. 汽缸压力表

4. 车辆在( )内能够顺利起动,说明起动性良好。

 A. 1次   B. 2次   C. 3次   D. 4次

二、判断题(在括号内正确的打√、错误的打×)

1. 路试检测的主要检测项目是汽车的制动性能、转向性能和行驶轨迹等。( )
2. 路试后,正常的机油温度为95℃,正常的水温为60~80℃。( )
3. 静态检查包括对汽车的识伪检查和外观检查。( )
4. 检查车身锈蚀的情况,主要检查水槽、水箱、窗框、玻璃等。( )

三、简答题

1. 对二手车进行评估时,如何对汽车进行识伪检查?
2. 在进行二手车静态检查时,外观检查的方法和步骤是什么?
3. 在进行二手车静态检查时,如何检查轿车车身?
4. 在进行二手车动态检查时,路试检查的内容有几大项?各有何要点?
5. 动态试验后的检查有哪几项?

第5章 二手车价格评估方法

导言

本章主要介绍二手车价格评估方法,包括现行市价法、重置成本法、收益现值法、清算价格法,掌握二手车成新率的确定方法,理解二手车价格评估方法的优点、缺点、适用范围。通过本章的学习,掌握二手车评估的四种方法以及应用范围,会根据二手车性质正确选择评估方法,会根据前修课程的知识鉴定车辆技术状态,进行二手车价值评估。

学习目标

1. 认知目标
(1)掌握二手车评估的四种方法以及应用范围。
(2)掌握现行市价法的评估方法。
(3)掌握重置成本法和成新率的确定方法。
(4)掌握收益现值法的评估方法。
(5)掌握清算价格法的评估方法。
2. 技能目标
(1)会根据二手车性质正确选择评估方法。
(2)会正确使用二手车价格评估方法进行价值评估。
(3)能够讲述二手车价格评估方法的优点、缺点。
(4)能够理解二手车价格评估的适用范围。
3. 情感目标
(1)遵守学习国家法律法规。
(2)培养严谨的工作作风。
(3)培养团队精神和与人合作的能力。
(4)培养学生工作积极主动,责任心强。
(5)培养学生独立处理问题的能力,可持续发展的学习与适应能力。

5.1 二手车价格评估基本方法

二手车的价格评估方法是确定二手车评估值的具体手段与途径。从评估对象的角度来看,二手车属于固定资产机器设备的一类产品,如同其他资产评估一样,也应遵循资产评估的一般理论，总体而言分为重置成本法、收益现值法、现行市价法和清算价格法等方法。

1. 重置成本法

重置成本是指在现时条件下，按功能重置车辆成本，并使其处于在用状态所耗费的成本。重置成本的构成与历史成本不一样，也是反映车辆的购建、运输、注册登记等建设过程中全部费用的价格，只不过它是按现有技术条件和价格水平计算的。重置成本标准适用的前提是车辆处于在用状态，一方面反映车辆已经投入使用，另一方面反映车辆能够继续使用，对所有者具有使用价值。决定重置成本的两个因素是重置完全成本及其损耗（或称贬值）。其基本计算公式可表述为：

$$被评估车辆的评估值 = 重置成本 - 实体性贬值 - 功能性贬值 - 经济型贬值 \quad (5-1)$$

或

$$被评估车辆的评估值 = 重置成本 \times 成新率 \quad (5-2)$$

1) 车辆的实体性贬值

机动车辆的实体性贬值是指由于车辆有形损耗引起的车辆贬值。车辆的有形损耗即便是能够通过修理予以消除，但因此而导致的车辆实体性贬值则是不会消失的。如果是更换零件，那么为此而支出的费用，相当于车辆的不得不更换零件的有形损耗的部分贬值额。车辆的有形损耗无法避免，因此车辆的实体性贬值会随着车辆使用时间的延长而不断积累。

由于车辆的有形损耗不易量化，只能主观地估算或根据行业的约定俗成来确定。估算车辆的实体性贬值额的方法也类似，常用的是观察法。观察法的基本思想是由具有专业知识和丰富经验的工程技术人员对评估车辆的各主要总成、部件进行技术鉴定，并综合分析车辆的设计、制造、使用、磨损、维护、修理、大修理、改装情况和剩余经济使用寿命等因素，将评估车辆与其全新状态相比较，考察由于有形的使用损耗和自然损耗对车辆的实物状态、性能、技术状况带来的影响，判断被评估对象的有形损耗率，从而估算出车辆的实体性贬值。

2) 车辆的功能性贬值

机动车辆的功能性贬值是指由于科学技术的发展和生产力水平的提高使车辆发生无形损耗而导致的车辆贬值。导致车辆无形损耗的外部原因较多，而车辆的功能性贬值是特指由于科学技术和汽车制造技术的进步而引起的车辆贬值。由于车辆制造技术的进步和劳动生产力的提高，现在制造与被评估车辆相同或基本相同的全新车辆的社会必要劳动时间一般来说都会有明显的缩短，制造成本也相应地降低，而且随着同一车型产量和销售量的增加，车辆因制造成本的进一步降低而产生相应的降价空间。这也是市场上同一车型的价格能够不断降低的主要原因，另一个重要原因则是市场的供需情况发生了变化。市场供需变化也可以看做生产力水平的提高的结果。在这种情况下，被评估车辆的原始购车价格中有一个超额投资成本将不被市场所承认，无形中连成了贬值。同型号全新车辆的价格越低，旧车的功能性贬值越大。车辆的功能性贬值是由于车辆的外部因素，而不是内部因素引起的车辆现时市场价值的降低。

3) 车辆的经济性贬值

机动车辆的经济性贬值是指由于外部环境的变化引起的车辆贬值。所谓的外部经济环境，包括国家宏观经济政策、市场需求、通货膨胀和不断增强的环境保护要求等。例如，商业银行收紧车贷政策，提高车贷门槛，将车贷首付从20%提高到30%，将贷款年限从最长8年缩短为现在的3年,这些都会对汽车的销售产生很大的负面影响,因为车贷门槛提高,使得相当一部分依靠贷款买车的客户不得不延迟购车。得不到贷款的消费者买车难,经销商卖车也难,经销商不得不通过降价的方式进行汽车的销售。

另外,排放标准、燃油价格的提高也会导致旧车型价格的显著下跌。与车辆的功能性贬值一样,车辆的经济性贬值是由车辆的外部因素,而不是内部因素引起的车辆现时市场价值的降低。例如,以2005年的状况为例,2005年10月以后,油价上涨明显,卖车人明显增加,大量的大排量车型、越野车型进入二手车交易市场,一些车型5年的折旧率达到75%。天津市二手车交易市场上一些原本热销的越野车型出现了滞销。使用一年的6缸大切诺基售价不到30万元,但是问津者还很少,很多人都对这些"油老虎"失去了兴趣。各家经营公司的小排量车型受到欢迎,而且销路不错,奥拓、夏利甚至还脱销。

重置成本法的理论依据是:任何一个精明的投资者在购买某项资产时,它所愿意支付的价钱,绝对不会超过具有同等效用的全新资产的最低成本。如果该项资产的价格比重新建造,或购置全新状态的同等效用的资产的最低成本高,投资者肯定不会购买这项资产,而会去新建或购置全新的资产。这就是说,待评估资产的重置成本是其价格的最大可能值。

重置成本是购买一项全新的与被评估车辆相同的车辆所支付的最低金额。按重新购置车辆所用的材料、技术的不同,可把重置成本区分为复原重置成本(简称复原成本)和更新重置成本(简称更新成本)。复原成本指用与被评估车辆相同的材料,制造标准、设计结构和技术条件等,以现时价格复原购置相同的全新车辆所需的全部成本。更新成本指利用新型材料,新技术标准、新设计等,以现时价格购置相同或相似功能的全新车辆所支付的全部成本。一般情况下,在进行重置成本计算时,如果同时可以取得复原成本和更新成本,应选用更新成本;如果不存在更新成本,则再考虑用复原成本。重置成本的计算过程如图5-1所示,其中成新率的具体介绍见5.2节。

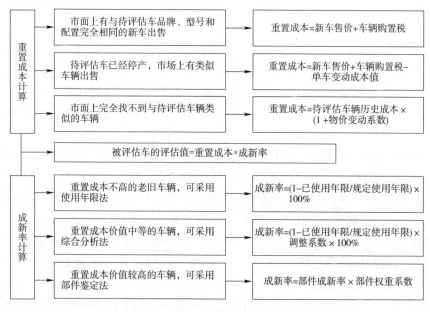

图5-1 重置成本计算流程图

2. 收益现值法

收益现值是指根据机动车辆未来预期获利能力的大小，按照"将本求利"的逆向思维"以利索本"，以适当的折现率或资本化率将未来收益折成现值。可见，收益现值是指为获得二手车辆以取得预期收益的权利支付的货币总额。收益现值标准适用的前提条件是车辆投入使用，同时，投资者投资的直接目的是为了获得预期的收益。

收益现值法的评估值的计算，实际上就是对被评估车辆未来预期收益进行折现的过程。被评估车辆的评估值等于剩余寿命期内各期的收益现值之和，其基本计算公式为：

$$P = \sum_{t=1}^{n} \frac{A_t}{(1+i)^t} = \frac{A_1}{(1+i)^1} + \frac{A_2}{(1+i)^2} + \cdots + \frac{A_n}{(1+i)^n} \tag{5-3}$$

式中：P——评估值；

A_t——未来第 t 个收益期的预期收益额，收益期有限时（机动车的收益期是有限的），A_t 中还包括期末车辆的残值，一般估算时残值忽略不计；

n——收益年期（剩余经济寿命的年限）；

i——折现率；

t——收益期，一般以年计。

采用收益法必须具备三个条件：被评估的二手车必须是营运车辆，且具有继续营运的能力，并不断获得收益；被评估的二手车在继续经营中的收益能够而且必须用货币金额来表示；影响被评估未来经营风险的各种因素能够转化为数据加以计算。

采用收益法能与投资相结合，并且能真实和准确地反映车辆本金化的价格，容易被交易双方接受。但预期收益金额预测难度大，受较强的主观判断和未来不可预见因素的影响，具有一定的局限性。

3. 清算价格法

清算价格是指在非正常市场上限制拍卖的价格。清算价格标准适用的前提条件，与现行市价标准的区别在于市场条件。现行市价是公平市场价格，而清算价格则是一种拍售价格，受到买主的数量、买主的出价情况限制。同时，也受到拍售期限的限制，其价格一般低于现行市面上价格。在二手车交易的实践中，二手车的拍卖，均是这种性质的价格出售。

清算价格法适用于企业破产、抵押、停业清理时要售出的车辆，由于企业急于将车辆拍卖、出售，清算价格往往大大低于现行市场价格。清算价格的主要方法有：

（1）现行市价折扣法。指对清理车辆，首先在二手车市场上寻找一个相适应的参照物，然后根据快速变现原则估定一个折扣率并据以确定其清算价格。

（2）模拟拍卖法。这种方法是根据向被评估车辆的潜在购买者询价的办法取得市场信息，最后经评估人员分析确定其清算价格的一种方法。用这种方法确定的清算价格受供需关系影响很大，要充分考虑其影响的程度。

（3）竞价法。由法院按照法定程序或由卖方根据评估结果提出一个拍卖的底价，在公开市场上由买方竞争出价，谁出的价格高就卖给谁。

4. 现行市价法

现行市价是车辆在公平市场上的售卖价格。现行市价标准源产生于公平市场,市场上买者和卖者地位平等,交易双方都有获取足够市场信息的机会和时间,买卖双方的交易行为都是自愿、理智的,买卖双方都能对资产的功能、用途及其交易价格等作出理智的判断。

现行市价法又称市场法、市场价格比较法和销售对比法,是指根据替代原则,通过比较被评估车辆与最近售出类似车辆的异同,并针对这些异同经过必要的价格调整,从而确定被评估车辆价值的一种评估方法。这种方法的基本思路是通过市场调查,选择与评估车辆相同或类似的车辆作为参照物,分析参照物的结构、配置、性能、新旧程度、交易条件及成交价格,并与待评估车辆比较、对照,按照两者的差别及现实市场行情对评估价格进行适当调整,计算出二手车辆的评估价格。因为任何一个正常的购买者在购置二手车时,他所愿意支付的价格不会高于市场上具有相同用途的替代品的现行市价。运用现行市价法要求充分利用类似二手车成交价格信息,并以此为基础判断和估测被评估资产的价值。运用已被市场检验了的结论来评估被评估对象,容易被资产业务各当事人接受的。

运用现行市价法对二手车进行价格评估必须具备以下两个前提条件。

1) 要有一个充分发育、活跃的二手车交易市场,即二手车交易公开市场

公开市场是指在这个市场上有众多的卖者和买者,他们之间进行平等交易,参照物可取,这样可以排除交易的偶然性。市场成交的二手车价格可以准确反映市场行情,评估结果更加公平公正,易于为双方接受。

2) 市场上要有可比的二手车及其交易活动

这里所说的可比性是指选择作为参照物的二手车及其交易活动在近期已经发生过,且与被评估二手车业务相同或相似。评估中参照的二手车与被评估车辆有可比较指标并且这些可比较的指标、技术参数的资料是可收集到的,并且价值明确,可以量化。

在运用现行市价法对二手车进行价格评估时选择参照物十分关键,参照物的交易时间与车辆评估基准日必须相近,此外参照车辆与评估车辆还应具有可比性,包括车辆的规格、型号、功能、性能、配置、新旧程度、市场条件、交易条件都要有可比性。按照通常做法,参照物一般要在三个以上。因为运用现行市价法进行二手车价格评估,二手车的价位高低在很大程度上取决于参照物成交价格水平。而参照物的成交价不仅仅是自身市场价值的体现,还受买卖双方交易地位、交易动机、交易时限等一系列外界干扰因素的影响。因此,在评估中除了要求参照物与评估对象在功能、交易条件和成交时间方面有可比性,还要选择足够数量的参照物以排除偶然因素的影响。

运用现行市价法进行二手车价格评估,能够比较客观地反映二手车目前的市场情况,其评估的参数、指标直接从市场获得,评估值能反映市场现实价格,评估结果易于被各方面接受。其不足是必须要有成熟、公开和活跃的市场作为基础。另外由于二手车的可比因素多而且复杂,即使是同一个生产厂家生产的同一型号的产品,同一天登记,也可能由于使用强度、使用条件、维护水平的不同而带来车辆技术状况不同和评估价值的差异。现行市价法计算流程如图5-2所示。

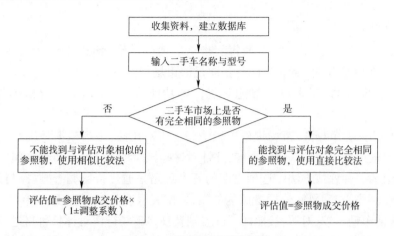

图 5-2 现行市价法计算流程图

5. 折旧法

所谓的机动车折旧,是指机动车随着时间的推移或在使用过程中,由于损耗而转移到产品中去的那部分价值。当这部分价值随着车辆产生收益的回收、积累,则形成机动车的折旧基金。折旧基金是为了补偿机动车的磨损而逐年提取的专用基金,其主要目的是在二手车不能使用或不再使用时,用折旧基金购置新车辆,实现机动车更新。

车辆的折旧根据车辆的价值、使用年限,用所规定的折旧方法计算,折旧方法包括平均折旧法和快速折旧法。

1)平均折旧法

平均折旧法又称使用年限法或直线折旧法,是指用车辆的原值除以车辆使用年限,以求得每年平均计提折旧额的方法。计算公式为:

$$D_t = \frac{S_1 - S_2}{N} \tag{5-4}$$

式中:D_t——机动车年折旧额;
S_1——机动车原值;
S_2——机动车残值;
N——机动车规定的折旧年限。

2)快速折旧法

在汽车的实际买卖交易过程中,往往头几年贬值快,后几年相对缓慢,这就是所谓的快速折旧。快速折旧法常用的有以下两种。

(1)年份数求和折旧法。

年份数求和折旧法是指每年的折旧额可用车辆原值减去残值的差额乘一个逐年变化的递减系数来确定的一种方法。

$$D_t = (S_1 - S_2) \cdot \frac{N + 1 - t}{N(N + 1)/2} \tag{5-5}$$

式中:D_t——机动车年折旧额;
S_1——机动车原值;
S_2——机动车残值;

N ——机动车规定的折旧年限;

t ——机动车到评估基准日止已使用的年度数,不足年的已使用的月份换算成年度数计算。

(2)余额递减折旧法。

余额递减折旧法是指任何年的折旧额用现有车辆原值乘以在车辆整个寿命期内恒定的折旧率,接着用车辆原值减去该年折旧额作新的原值,下一年重复这一做法,直到折旧总额分摊完毕在余额递减中使用的折旧率,通常大于直线折旧率。当使用的折旧率为直线折旧率的二倍时,称为双倍余额递减法,计算公式为:

$$D_t = S_1 \cdot a \cdot (1-a)^{t-1} \tag{5-6}$$

式中:S_1 ——机动车原值;

a ——折旧率,直线法的折旧率为 $a = 1/N \times 100\%$,N 为预计使用年限;

t ——机动车到评估基准日止已使用的年度数,不足年的已使用的月份换算成年度数计算。

应用该公式计算时,在使用期终仍有余额,为了使折旧总额到使用期终分摊完毕,到一定年度后,要改用直线折旧法。

6. 各评估方法的比较

重置成本法具有收集资料信息便捷,操作简单易行,评估理论贴近二手车的实际等特点,而被最常采用。比较充分地考虑了车辆的损耗,评估结果更趋于公平合理,在不易计算车辆未来收益或难以取得市场(二手车交易市场)参照物条件下可广泛应用。但是,运用重置成本法工作量较大,且经济性贬值也不易准确计算,对市场行情的反映较难。

收益现值法与投资决策相结合,容易被交易双方接受,能真实和较准确地反映车辆价格,但是投资者对预期收益额预测难度较大,且受较强的主观判断和未来不可预见因素的影响。

清算价格法受其适用条件的局限,主要适用于破产、抵押、停业清理的车辆。

现行市价法能够客观反映二手车目前的市场情况,其评估的参数、指标,直接从市场获得,评估值能反映市场现实价格,评估结果易于被各方面接受。但是,由于我国二手车交易市场发育尚不健全,较难寻找与被评估车辆相同的车辆类型、相同的使用时间、相同的使用强度和相同的使用条件的参照物。

折旧法按现行财务制度规定计提固定资产折旧,考虑车辆在日常当中的磨损和损耗,用折旧基金购置新车辆,实现机动车更新。该方法运用等速或加速方式进行折旧,计算容易,相对客观,但是仅从财务管理角度进行评估,未考虑车辆的实际技术状况等因素。

上述五种二手车价格评估方法的优点、缺点、适用范围如表5-1所示。

各评估方法的比较 表5-1

项 目	重置成本法	收益现值法	清算价格法	现行市价法	折 旧 法
优点	实用性强、应用广泛,考虑因素比较全面	与投资收益相结合,反映市场价值	简单、工作量小	结果较准确,反映资产的现实价值,计算简单	计算有据可依,结果相对客观

续上表

项　目	重置成本法	收益现值法	清算价格法	现行市价法	折　旧　法
缺点	工作量大,成新率不是很准确,市场状况考虑较少	收益率、贴现率和资本化率较难确定,受主观判断和未来不可预见因素影响	准确性难以把握	参照物难寻找	未考虑车辆的实际技术状况等因素
适用范围	贴近二手车的实际,最常用的二手车评估方法	有收益或潜在收益的评估	主要适用于破产、抵押、停业清理的车辆	各类车辆信息丰富、齐全	将机动车作为固定资产进行财务管理

5.2 二手车成新率的确定方法

成新率是反映二手车新旧程度的指标。二手车成新率是表示二手车的功能或使用价值占全新机动车的功能或使用价值的比率,也可以理解为二手车的现时状态与机动车全新状态的比率。成新率与贬值率之间的关系为:

$$成新率 = 1 - 贬值率 \tag{5-7}$$

成新率作为重置成本法的一项重要指标,如何科学、准确地确定该项指标,是二手车评估中的重点和难点。成新率的计算方法主要有使用年限法、部件鉴定法、整车观测分析法、综合分析法以及其他方法。

5.2.1 使用年限法

使用年限法是建立在以下两个假设之上的:一是二手车在整个使用寿命期间,实体性损耗是随时间的递增呈线性递增的;二是二手车价值的降低与其损耗的大小成正比。在评估实务操作中,一般以已使用年限法和行里程法计算的成新率中较小者作为评估车辆的成新率。用使用年限法计算的成新率公式可以表示为:

$$成新率 = (1 - 已使用年限/规定使用年限) \times 100\% \tag{5-8}$$

式(5-8)中已使用年限是指从被评估车辆开始使用的登记日,到评估基准日所经历的年限(进口车辆的登记日为其出厂日)。规定使用年限是指国家有关部门根据我国国民经济发展的实际情况,结合有关能源和环境政策等因素而制定的各种车辆的强制报废时间。按照车型和用途的差异,具体规定使用年限(即报废标准)和延长使用规定也存在不同。

由于车辆的折旧不仅与车辆投入使用后所经历的日历天数有关,而且还与车辆使用期间的使用强度有关。同时应该注意,计算已使用年限时,应考虑到车辆的实际使用情况,而不是简单的日历天数,应该考虑到车辆的具体使用频率。例如,对于实行双班的运输车辆,对其计算的已使用日期,应该是一般车辆的两倍。综合考虑上述两方面的因素,在实际应用中通常用折算年限来代替已使用年限。折算年限的计算公式如下:

$$折算年限 = 车辆的累计行驶里程(km)/车辆的年平均行驶里程(km/年) \tag{5-9}$$

式中:车辆的累计行驶里程——该车辆自投入使用至评估当日行驶里程的总和;

车辆的年平均行驶里程——按车辆的用途特点由统计得到的平均行驶里程。

运用使用年限法确定二手车成新率,方法简单、容易操作,对于相同类型车辆计算结果离散性小,一般用于二手车的价格粗估或价值不高的二手车价格的评估。但是,该方法按车辆的用途特点定义不同的年平均行驶里程,对于具有同样使用特征,而用途不同的车辆,计算出的折旧率将会产生较大的差异。所以,使用时要注意使用年限是代表工作累计强度的一种计量,这种计量是以车辆的正常使用为前提的。在实际评估过程中,应充分注意车辆的实际已使用的时间,而不是简单的日历天数,同时也要适当考虑实际使用强度。

此外,对于二手车成新率的计算方法还有行驶里程法。车辆规定行驶里程是按照《机动车强制报废标准规定》中规定的行驶里程。该方法与使用年限法近似,在按照行驶里程法计算成新率时,要结合二手车本身的车况,判断里程表的记录与实际二手车的物理耗损是否相符,防止由于人为变更里程表所造成的误差。但是由于里程表容易被人为变更,因此,在实际应用中,该方法较少被采用。

5.2.2 部件鉴定法

部件鉴定法,又称技术鉴定法。该法是在确定二手车各组成部分技术状况的基础上,按其组成部分对整车的重要性和价值大小来加权评分,最后确定成新率的一种方法。某二手车总成、部件价值加权评分表如表5-2所示。

二手车总成、部件价值加权评分表　　　　表5-2

总成部件	车辆类别的权重(%)		
	轿车	客车	货车
发动机及离合器总成	25	28	25
变速器及传动轴总成	12	10	15
前桥及转向器前悬总成	9	10	15
后桥及后悬架总成	9	10	15
制动系统	6	5	5
车架总成	0	5	6
车身总成	28	22	9
电器仪表系统	7	6	5
轮胎	4	4	3

部件鉴定法主要分为4步,其基本步骤为:

(1)将车辆按总成分成发动机及离合器总成、变速及传动轴总成、前桥及转向器前悬总成、后桥及后悬架总成和制动系统等若干个主要部分,根据各部分的制造费用占车辆制造成本的比重,按一定百分比确定权重。

(2)以全新车辆各部分的功能为标准,若某部分功能与全新车辆对应部分的功能相同,则该部分的成新率为100%;若某部分的功能完全丧失,则该部分的成新率为0。

(3)根据若干部分的技术状况给出各部分的成新率,分别与各部分的权重相乘,即得某部分的加权成新率。

(4)对各部分的加权成新率求和即得出二手车的成新率。

这种方法既考虑了二手车实体性损耗,也考虑了维修或换件可能会增大车辆的价值,更接近实际,可信度高。但其操作过程费时费力,各组成部分权重关系复杂,加之各组成部分的权重难以掌握,一定程度上限制了它的使用,该方法多用于价值较高的机动车辆评估。需要注意的是,除了有总成部件进行了大修或换件等追加投入,在采用部件鉴定法进行实际评估时,应根据车辆各部分价值量占整车价值的比重,调整各部分的权重。

5.2.3 整车观测分析法

整车观测分析法是指评估人员采用人工观察的方法,辅之以简单的仪器检测,对被评估车辆的技术状况进行鉴定、分级,以确定成新率的一种方法。二手车的技术状况分级及其对应的成新率如表5-3所示。

二手车成新率评估参考表   表5-3

车况等级	新旧情况	有形损耗率（%）	技 术 状 况 描 述	成新率（%）
1	使用不久	0～10	用不久,行驶里程一般在3万~5万km,在用状态良好,能按设计要求正常使用	100～90
2	较新车使用	11～35	1年以上,行驶15万km左右,一般没有经过大修,在用状态良好,故障率低,可随时出车使用	89～70
3	二手车	36～60	使用4～5年,发动机或整车经过一次大修,大修较好地恢复原设计性能,在用状态良好,外观遭受破损,恢复情况良好	69～40
4	老二手车	61～85	使用5～8年,发动机或整车经过2次大修,动力性能、经济性能、功能可靠性都有所下降,外观油漆脱落受损、金属件锈蚀程度明显。故障率上升,维修费用、使用费用明显上升。但车辆符合《机动车安全技术条件》(GB 7258—2017),在用状态一般或较差	39～15
5	待报废处理车	86～100	基本到达或到达使用年限,通过《机动车安全技术条件》(GB 7258—2017)检查,能使用但不能正常使用,动力性、经济性、可靠性下降,燃油费、维修费、大修费用增长速度快,车辆收益与支出基本持平,排放污染和噪声污染到达极限	15以下

运用整车观测法应观察、检测或搜集的技术指标主要包括:车辆的现时技术状态、车辆的使用时间及行驶里程、车辆的主要故障经历及大修情况、车辆的外观和完整性等。

运用整车观察法估测确定的二手车成新率简单易行,由于采用人工观测法,要求评估人员必须具有一定的专业水平和相当的评估经验,这是运用整车观测法准确判断车辆成新率的基本前提。但整车观测法的判断结果没有部件鉴定法准确,一般用于中、低等价值的二手车的初步估算,或作为综合分析法鉴定估价考虑的主要因素之一。在实际操作中,评估人员的经验和技术水平对评估结果影响较大。

5.2.4 综合分析法

使用年限法、部件鉴定法、整车观测分析法对成新率的计算分为使用年限成新率和现场人工观测的成新率。这两种方法对成新率的计算只考虑了二手车的一个因素，不能完整地反映二手车的新旧程度或状态。综合分析法则融合了使用年限法和技术鉴定法的长处，并就存在的问题进行了改进。具体来讲，综合分析法以使用年限法为基础算出被评估车辆的基本折旧率，从而得到基本成新率，再综合考虑对二手车价值影响的多种因素，以系数调整来确定成新率。其计算公式为：

$$成新率 = (1 - 已使用年限/规定使用年限) \times 综合调整系数 \times 100\% \quad (5\text{-}10)$$

对于式(5-10)中的综合调整系数可采用下述两种方式确定。

（1）车辆无须进行修理或换件的，可采用表5-4所推荐的综合调整系数的各项调整系数，加权计算得出综合调整系数。

综合调整系数的确定　　　　表5-4

影响因素	因素分级	调整系数	权重(%)
技术状况	好	1.2	30
	较好	1.1	
	一般	1.0	
	较差	0.9	
	差	0.8	
使用维护	好	1.1	25
	一般	1.0	
	较差	0.9	
制造质量	进口车辆	1.1	20
	国产名牌车辆	1.0	
	国产非名牌车辆	0.9	
工作性质	私用	1.2	15
	公务	1.0	
	交通营运	0.7	
工作条件	好	1.0	10
	中等	0.9	
	差	0.8	
综合调整系数(取值) = ①×30% + ②×25% + ③×20% + ④×15% + ⑤×10%			

此外，对综合调整系数影响因素说明如下：

① 车辆技术状况系数。车辆技术状况系数是在对车辆技术状况鉴定的基础上对车辆进行的分级，然后取调整系数来修正车辆的成新率，技术状况系数取值范围为0.8~1.2。

② 车辆使用和维护状态系数。它是反映使用者对汽车使用、维护的水平。不同的使用者，对汽车的使用、维护的情况有一定的差别，因而影响到车辆的使用寿命和成新率，使用

和维护状态系数取值范围为 0.9~1.1。

③车辆制造质量系数。确定该系数时，应了解车辆是否为进口车以及进口的国别，是国产的应了解是名牌产品还是一般产品。一般来说，国家正规手续进口的车辆质量优于国产车辆，国产车辆中名牌产品优于一般产品。但也有许多例外，故在确定此系数时应较慎重。对依法没收所领取牌证的走私汽车，其制造质量系数建议采用 1.0。制造质量系数取值范围为 0.9~1.1。

④车辆工作性质系数，汽车工作性质不同，其繁忙程度不同，使用强度亦不同。把汽车工作性质分为私人工作和生活用车，机关企事业单位的公务用车，从事旅客运送、货运、城市出租的用车。以普通小轿车为例，一般来说，私人工作和生活用车每年最多行驶约 2.5 万 km，公务用车每年不超过 4 万 km，而营运的出租车每年行驶有些高达 12 万 km。可见工作性质不同，其使用强度差异很大，车辆工作性质系数取值范围为 0.7~1.2。

⑤车辆工作条件系数，我国地域辽阔，各地自然条件差别很大，汽车的工作条件对其成新率影响也很大。工作条件又分为道路条件和特殊使用条件。道路条件的好坏可分为好路、中等路和差路三类。好路指国家道路等级中的高速公路，一、二、三级道路，合格路面率在 50% 以上；中等路指符合国家道路等级四级的道路，合格路面率在 30%~59%；差路指国家等级以外的路，合格路面在 30% 以下。特殊使用条件主要指使用的地理条件，包括寒冷地区、沿海地区、多风沙地区、山区等。根据上述工作条件调整系数可适当取值。汽车长期在道路条件为好路和中等路行驶时，工作条件系数分别取 1 和 0.9，汽车长期在差路或特殊使用条件下工作，其系数取 0.8。

从上述影响因素中可以看出，各影响因素关联性较大。一般来说，其中某一影响因素加强时，其他影响因素也随之加强；反之则随之减弱。需要注意的是，影响因素作用加强时，对其综合调整系数不要无限加大，一般综合调整系数取值不超过 1。

(2) 车辆需要进行修理或换件的，或需进行大修的，可采用"一揽子"估计的方法即将需要换件或大修的部分权重相应扣减，然后再确定综合调整系数。

运用修正系数对基本成新率进行修正，对于提高评估结果与实际有形贬值的接近程度具有积极作用。综合分析法较为详细地考虑了影响二手车价值的各种因素，并用一个综合调整系数指标来调整车辆成新率，评估值准确度较高，因而适用于具有中等价值的二手车评估。这是二手车鉴定评估最常用的方法之一。但由于该方法来源于使用年限法，因此也存在一些使用年限法的不足，独立性较差。

5.2.5　成新率确定方法的比较

在实际评估操作中，评估人员应根据被评估对象的不同来选择不同的成新率确定方法。一般说来，对于成本价值不高或价值定位较低的汽车，可采用使用年限法；对于成本价值中等的汽车，可采用综合分析法。但由于该方法来源于使用年限法，因此也存在一些使用年限法的不足，独立性较差，实际应用时还存在重复计算等不足。而对于价值较高的汽车，可采用部件鉴定法。整车观测法则主要用于中、低等价值的二手车的初步估算，或作为综合分析法鉴定估价要考虑的主要因素之一。

可以看出,上述二手车成新率的方法都有其自身的局限性。理论上而言,在二手车交易的过程中,买卖双方应该至少应用以上的三种分析方法之一,推断该二手车的成新率,从而最终获得科学的二手车成交价格。然而,在实际的二手车业务操作过程中,二手车的价格往往由市场决定,由买卖双方在交易过程中,通过协商最终双方认可,这就避开了复杂的技术推算和价格评估。买方或者卖方并没有哪一方真正关心该车的所谓成新率,双方关心的是该二手车的成交价格。

也就是说,在实际操作过程中,二手车成新率的获得具有事后性。只有在二手车的交易完成,即车辆成交后,根据该车的新旧价格,分析、获得该交易中对应类型二手车的真正成新率。未来二手车的成交价格和成新率的预测则主要依赖于对历史数据的积累和研究。而对于新上市的新车型,由于没有历史的二手车成交数据,则只能根据上述方法来推测该车型的二手车价格,但由于方法上的局限性,成新率的确定会存在一定的出入。

5.3 二手车价格评估案例

5.3.1 重置成本法的应用

用重置成本法评估二手车价格的计算步骤如下。

1. 确定重置成本

重置成本是指被评估车辆在评估基准日时的全新车辆价格,一般通过市场询价获得。询价方式包括向汽车生产企业询价、向汽车经销商询价和向专业媒体询价。如果已经知道新车价格,则需要考虑车辆的购置附加费,此时,重置成本计算公式为:

$$\text{重置成本} = \text{新车价格} + \frac{\text{新车价格}}{1+17\%} \times 10\% \qquad (5\text{-}11)$$

2. 确定成新率

可使用本章介绍的使用年限法、部件鉴定法、整车观测分析法、综合分析法等确定二手车成新率。在实际的二手车评估实践中,综合分析法因其操作简单且相对比较全面,使用较为广泛。

3. 计算评估值

二手车的评估值计算公式为:

$$\text{评估值} = \text{重置成本} \times \text{成新率} \times \text{综合调整系数} \qquad (5\text{-}12)$$

[例 5-1] 某单位于 2013 年 6 月购得奥迪 A6 轿车作为公务车使用,2017 年 6 月该车用于交易,此时,北京市场上该车型的新车价格为 42 万元。该车行驶里程为 15 万 km,技术等级被评定为二级车,无重大事故痕迹,车身有少许划痕但无须进行修复处理,车辆保养好,路试车况好。

解:

1)计算重置成本

$$\text{重置成本} = 42 + \frac{42}{1+17\%} \times 10\% = 45.58(\text{万元})$$

2）计算成新率

假设该车的规定使用年限 $G=15$ 年,已使用年限 $Y=4$ 年,采用使用年限法计算成新率。

$$G_f = (1 - 已使用年限/规定使用年限) \times 100\%$$
$$= \left(1 - \frac{4}{15}\right) \times 100\%$$
$$= 73.3\%$$

3）确定综合调整系数

该车为二级车,车况较好,车辆技术状况调整系数 $K_1 = 1.1$

该车保养好,使用与维护状态调整系数 $K_2 = 1.1$

该车为国产品牌车,车辆原始制造质量系数 $K_3 = 1.0$

该车为公务车,工作性质调整系数 $K_4 = 1.0$

该车主要在北京市区行驶,工作条件好,工作性质调整系数 $K_5 = 1.0$

该车的综合调整系数为：

$$K = K_1 \times 30\% + K_2 \times 25\% + K_3 \times 20\% + K_4 \times 15\% + K_5 \times 10\%$$
$$= 1.1 \times 30\% + 1.1 \times 25\% + 1.0 \times 20\% + 1.0 \times 15\% + 1.0 \times 10\%$$
$$= 1.055$$

4）计算车辆的评估值

评估值 $= 45.58 \times 73.3\% \times 1.055 = 35.10$（万元）

[例 5-2] 某单位准备出售一辆高档轿车,目前,全新的该款车辆售价为 35 万元。至评估基准日为止,该车已使用了 2 年 6 个月,累计行驶里程为 6.5 万 km。经查看,该车车身处有两处擦伤痕迹,后悬架局部存在故障,前排座椅电动装置工作不良,一侧电动车窗不能正常工作,发电机工作不正常,其他车况均与车辆的新旧程度相符。试评估该车的价格。

解：

1）计算重置成本

$$重置成本 = 35 + \frac{35}{1+17\%} \times 10\% = 37.06（万元）$$

2）计算成新率

根据调查、比较,该车的重置成本为 37.06 万元,功能性损耗、经济性损耗均很小,可忽略不计。由于被评估车辆的价值较高,因此采用部件鉴定法确定其成新率。

根据被评估车辆上各主要部分的价值及重要性占整车价值及重要性的比重,按百分比确定各部分的权重,如表 5-5 所示。

车辆各部分的权重　　　　　　　　表 5-5

总成部件	发动机及其控制系统	变速驱动桥及其控制系统	悬架与车桥	制动及转向系统	车身及其附属装置	电器及仪表装置	轮胎
权重(%)	30	15	12	12	25	4	2

对车辆进行技术鉴定,确定车辆各部分的成新率及整车的成新率,如表 5-6 所示。

车辆成新率估算　　　　　　　　　　　　　　　　表 5-6

总成部件	权重(%)	成新率(%)	加权成新率(%)
发动机及其控制系统	30	80	24
变速驱动桥及其控制系统	15	80	12
悬架与车桥	12	65	7.8
制动及转向系统	12	80	9.6
车身及其附属装置	25	70	17.5
电器及仪表装置	4	70	2.8
轮胎	2	80	1.6
合计	100		75.3

3) 计算车辆的评估值

车辆的评估值 = 37.06 × 75.3% = 27.91(万元)

5.3.2　收益现值法的应用

用收益现值法评估二手车价格的计算步骤如下:

(1) 调查营运车辆的运营行情和经济收支情况,了解被评估车辆的技术状况。

(2) 确定运营车辆的预期收益情况,即确定折现率。

(3) 将预期收益折现处理,确定二手车评估值。

[例 5-3]　某人拟购置一台某型货车用于物流经营使用,经调查得到以下情况:车辆登记日为 2006 年 4 月,目前汽车在用状况良好。假定该车全年可出勤 300 天,每天平均毛收入 600 元,每天耗油量 100 元,年维修费为 2 万元,人员劳务费每年 2.8 万元,每年的保险及各项杂费支出 3 万元。评估基准日是 2009 年 4 月。

解:

1) 营运车辆的运营行情和经济收支情况

从车辆登记之日起至评估基准日止,车辆投入运行已 3 年,车辆剩余经济寿命为 7 年。预期收益额的计算方法为:将一年的毛收入减去车辆使用的各种税和费用,然后计算其税后纯利润。

2) 确定折现率

根据银行储蓄年利率、国家债券、道路货运行业的收入水平,确定资金预期收益率为 10%,风险报酬率 2%,将折现率取值为 12%。

3) 确定二手车评估值

预计年收入:600 × 300 = 18(万元)

预计年支出:每天耗油量 100 元,年耗油量为:100 × 300 = 3(万元)

日常维修费 = 2(万元)

保险、养路费及各种规费、杂费 = 3(万元)

人员劳务费 = 2.8(万元)

故年毛收入为:18 - 3 - 2 - 3 - 2.8 = 7.2(万元)

假设个人所得税应缴纳所得税率为30%,则年纯收入为:
7.2×(1-30%)=5.04(万元)
该车剩余使用寿命为7年,折现率为12%,假设每年的纯收入相同,根据收益现值法计算收益现值,即该营运车辆的评估值为:

$$P = A(P/A, i, n) = 5.04 \times (P/A, 12\%, 7) = 5.04 \times 4.5638 = 23(万元)$$

5.3.3 现行市价法的应用

用现行市价法评估二手车价格的计算步骤如下:
(1)考察鉴定被评估车辆,按可比性原则选择参照物,参照物的选择数量一般在两个以上。
(2)对被评估车辆和参照物之间的差异进行比较、量化、调整。
(3)汇总各因素差异量化值,求出车辆的评估值。

[例5-4] 2017年8月,海口市李先生有一辆海马产的"福美来AT"家用轿车欲转让,委托海口某二手车鉴定评估机构对该车进行评估。评估机构首先对该车的基本情况进行了了解。该车2013年产、行驶里程8万km、正常保养、无重大事故记录,经检测无故障、车况良好。该车为海南本地生产,在海口及海南的市场保有量较高,在二手车市场的交易量也比较大,适合运用现行市价法进行评估。

解:评估机构接受委托后立即对海口的二手车市场进行了调查,选取了三宗交易作为评估参照。

参照车一:
"福美来AT"轿车,2013年产、行驶里程9万km、无重大事故记录、车况良好,成交时间是在2017年7月,成交价格6.2万元。

参照车二:
"福美来AT"轿车,2013年产、行驶里程7万km、无重大事故记录、车况良好,成交时间是在2017年6月,成交价格6.8万元。

参照车三:
"福美来AT"轿车,2013年产、行驶里程12万km、无重大事故记录、车况一般,成交时间是在2017年8月,成交价格5.8万元。

因为找到的参照车都是近期成交的,与被评估车的评估基准日非常接近,同时参照车的性能指标和技术参数与被评估车很相近,所以参照车的成交价格具备较高的参照性,可以应用直接售价类比法,然后计算出被评估汽车的评估值。计算过程如下:

轿车总共可累计行驶60万km,则将各参照车的成交价折算到行驶里程为8万km,得修正值分别为:

"参照车1"修正值 = 6.2×(60-8)/(60-9) = 6.32(万元)
"参照车2"修正值 = 6.8×(60-8)/(60-7) = 6.67(万元)
"参照车3"修正值 = 5.8×(60-8)/(60-12) = 6.28(万元)

由此,可得到车辆的评估价格:
评估值 = (6.32 + 6.67 + 6.28)/3 = 6.42(万元)

5.3.4 清算价格法的应用

用清算价格法评估二手车价格的计算步骤如下:
(1)确定车辆的重置成本;
(2)确定汽车的成新率;
(3)确定其在公平市场条件下的评估值;
(4)确定折扣率,计算车辆的清算价格。

[例5-5] 一辆公司用POLO1.6轿车,因为清偿债务将被拍卖。该车至评估基准日已使用了两年,行驶了6万km,无事故记录,经过检测技术性能良好。试评估该车的清算价格。

解:
1)确定车辆的重置成本
本次评估的目的是债务清偿,适用清算价格法。
根据市场调查,此车型当前的全新售价为11.18万元,按规定,此汽车购置税率10%计算,此时,重置成本确定为:
重置成本全价 = 11.18 + 11.18 ÷ 1.17 × 10% = 12.136(万元)
2)确定汽车的成新率
因为无事故,成新率与其新旧程度相符,可采用行驶里程折旧。按新的报废标准,被评估车总行驶里程为60万km,目前已行驶6万km,因此,成新率为:
成新率 = (1 - 6/60) × 100% = 90%
3)确定其在公平市场条件下的评估值
该车技术性能良好,功能性损耗及经济性损耗很小,可忽略不计。所以,在公平市场条件下,车辆评估值 = 12.136 × 90% = 10.922(万元)
4)确定折扣率和清算价格
根据市场调查,当折扣率取60%时,可在规定的清算日前将车卖出,故折扣率取值为60%。

清算价格 = 10.922 × 0.60 = 6.55(万元)

5.3.5 折旧法的应用

2017年12月,某二手车公司准备收购一辆别克凯越轿车,车辆情况为:2013款1.6L手动舒适型,注册日期是2014年11月,行驶里程为6万km。该车证件齐全、税费凭证齐全有效。凯越同类型轿车2017年市场行情价格为8.8万元,试确定该车的收购价格,假设车辆残值忽略不计,车辆的使用年限为15年。

解：
1）以等速折旧法计算二手车累计折旧额
年均折旧额 = 88000/15 = 5867（元）
三年后累计折旧额 = 5867×3 = 17600（元）
2）以年份数求和折旧法计算二手车累计折旧额
第一年折旧额 = 88000×15/120 = 11000（元）
第二年折旧额 = 88000×14/120 = 10267（元）
第三年折旧额 = 88000×13/120 = 9533（元）
三年后累计折旧额 = 11000 + 10267 + 9533 = 30800（元）
3）计算二手车收购价格
等速折旧法、年份数求和折旧法这两种折旧法计算的累计折旧额中，年份求和折旧法计算二手车累计折旧额最大。因此，该车的收购价为：
二手车收购价格 = 88000 - 30800 = 57200（元）

本章小结

本章主要内容包括现行市价法、重置成本法、收益现值法、清算价格法四种二手车价格评估方法相关内容。

以下总体概要或框图覆盖了本章的主要学习内容，可以利用以下线索对所学内容进行做一次简要的回顾，以便归纳、总结和关联相应的知识点。

1. 二手车价格评估基本方法

介绍了现行市价法、重置成本法、收益现值法、清算价格法四种二手车价格评估方法。

2. 二手车成新率的确定方法

介绍了成新率的确定方法，分别包括使用年限法、部件鉴定法、整车观测分析法、综合分析法等。

3. 二手车价格评估案例

介绍了现行市价法、重置成本法、收益现值法、清算价格法的实际应用案例。

自测题

一、单项选择题

1. 要评估一辆55座的大客车，评估师从二手车市场上找到与被评估完全一样的参照物，只是参照物装了一套高级音响，价值8600元，参照物的交易价为265000元。则被评估车辆价值为（　　）。

  A. 259400 元   B. 250940 元
  C. 256400 元   D. 251400 元

2. 收益现值是指（　　）。

  A. 以适当的折现率将二手车未来预期收益折现成现值

B. 以适当的利率把二手车现时收益折为将来的收益值

C. 机动车现实能收益的大小

D. 机动车未来预期获利的多少

3. 下面有关二手车成新率说法错误的是(　　)。

A. 反映二手车新旧程度

B. 二手车的功能或使用价值占全新机动车的功能或使用价值的比率

C. 二手车的现时状态与机动车全新状态的比率

D. 二手车保值情况

二、简答题

1. 二手车的价格评估方法有哪些？其特点分别是什么？
2. 影响二手车保值率的影响因素有哪些？
3. 二手车成新率的确定方法有哪些，其使用范围是什么？

三、计算题

某人有一辆奥迪轿车欲出售。根据调查，目前全新的此款车的售价为40万元。至评估基准日止，该车已使用了7年6个月，累计行驶里程210000km。经现场技术勘查，该车发动机状况尚可，无明显动力不足；车身保养较好，无明显补漆痕迹；但转向时内侧单边转向不足；制动时稍向右跑偏。其他车况均与车辆的新旧程度相符。试评估该车的价格。

第6章 二手车交易实务

导言

本章主要介绍二手车交易实务,包括二手车交易概述、二手车的收购价格确定、二手车的销售价格确定、二手车交易流程。通过本章的学习,会根据前修课程的知识鉴定车辆技术状态,进行二手车价值评估,掌握撰写委托书、作业表、评估报告书的方法。熟练掌握操作二手车鉴定与评估仿真模拟软件。

学习目标

1. 认知目标
(1)掌握二手车交易类型及流程。
(2)掌握二手车车辆手续查验及二手车鉴定委托书的填写。
(3)熟悉二手车技术状况鉴定和价值评估的操作流程和方法。
2. 技能目标
(1)熟悉办理车辆转移过户登记手续。
(2)能够鉴定二手车的状况与评估二手车的价值。
(3)熟悉办理二手车交易流程。
3. 情感目标
(1)遵守学习国家法律法规。
(2)培养培养独立完成工作能力。
(3)培养学生强化的思考分析能力。
(4)培养学生活络交际沟通的能力。
(5)引导自我学习的能力与提高认知社会的能力。

6.1 二手车交易概述

6.1.1 二手车交易的特点

二手车交易是指以合法的、可交易的在用车为交易对象,在国家规定的二手车交易市场或其他合法的交易市场中进行的二手车的商品交换和产权交易。

二手车收购的来源主要有运营车辆、单位非运营车辆、私人用车、拍卖的车辆等。

1. 运营车辆

运营车辆具有品种单一、量大、更新周期短的特点,是二手车收购的重要来源。

2. 单位非运营车辆

单位非运营车辆包括公务车和商务车两大类,具有车型结构品种多、档次较高、量较大的特点,非运营车辆使用年限一般较长,也是二手车收购的重要来源。

3. 私人用车

私人生活用车一般是指家庭个人使用的车辆,属于非运营车辆。以家庭轿车为主,车型涵盖高、中、低档各类层次结构。随着我国人民生活水平的提高,私人用车市场的潜力很大,是目前二手车收购的主要来源。

4. 拍卖的车辆

海关罚没车辆、涉案车辆都要经过拍卖程序处理,也是二手车的收购来源。

二手车交易是汽车交易的一种,具有汽车交易的共同特点,但同时又有别于新车的交易,主要有以下4个特点。

(1) 技术性和专业性。

不同的二手车之间技术状况差异很大,从事二手车交易的人员对各种品牌型号的汽车的各种检查检测方法、故障现象、故障原因以及维修工艺和费用都要有较深的了解,还要熟悉二手车交易的相关法律法规和交易程序。

(2) 涉及价值评估技能。

由于当前二手车交易量不是很大,市场不够成熟,信息极度不对称,交易人员定价随意,投机心态强,交易价格往往会偏离合理的价值范围,评估交易人员必须掌握价值规律的相关知识,具备价值评估技能。

(3) 交易技巧要求高。

二手车产品的结构和技术复杂性,决定了二手车交易的难度比一般旧货的交易难度大得多。在交易的收购阶段,还要进行技术状况鉴定、价格评估、确定销售价格、签订交易合同、办理过户手续、车辆交接、售后服务等,使整个交易过程延长。

(4) 交易管理难度大。

由于二手车经营者在技术上相对买主而言具有绝对的优势,一方面由于监控管理困难,易受利益驱使,出现了调里程表、隐瞒事故现实等违规行为,致使行业普遍缺乏信誉;另一方面经营者自身管理难度较大,由于每一辆二手车车况差异较大,价格的高低、成交与否很大程度上取决于收购评估师或销售人员,经营者无法掌握每一辆二手车的交易过程,高额利润驱使许多人参与暗箱操作。

6.1.2 二手车交易的类型

依据交易双方的行为和参与程度的差异,可以将二手车交易分为收购、置换、销售、拍卖、寄售、代购、代售、租赁、经销、经纪、鉴定评估、直接交易(转让)、让与等。其中收购、置换、销售、拍卖为最主要的交易形式。

1. 寄售

卖车方为了获得更高的售价,在不急于回收资金的情况下,与二手车车行签订协议,将所售车辆委托车行保管及寻找买主,车行从中收取一定的场地费、服务费及保管费。

2. 代购

在无须客户进场直接购置的前提下,二手车经营主体(二手车车行)按照客户的要求,代客户购置二手车的行为,车行可帮助办理其他手续。

3. 代销(售)

在无须客户进场直接销售的前提下,二手车车行按照客户的要求代为销售二手车的行为。代销与收购的不同之处是,收购原车主可立即收到售车款,代售要等到旧车卖出去后才能收到售车款,代售有可能卖出一个较高的价钱。

4. 租赁

二手车车行将二手车租给用户使用,按日或按周收取租金的行为。这项业务一般在专门的汽车租赁公司进行。规模较大的二手车经营者也会兼营租赁业务,利用某些闲置的车辆或者销售周期较长的车辆开展租赁业务,但这些车辆必须是已过户至经营者自己。

5. 经纪

二手车经营主体(经纪公司),以收取佣金为目的,为促成他人交易二手车而从中提供信息服务的行为。

6. 直接交易(转让)

二手车所有人不通过经销企业、拍卖企业和经纪机构等二手车经营主体,将车辆直接出售给买方的行为。直接交易的双方必须到办证大厅开专用的二手车交易发票,并交纳过户费和其他费用后才能办理过户手续,未经过户的交易行为法律不予承认。

7. 让与

将二手车转与别人而不要求任何实体性回报的二手车处理方式。直系亲属之间的让与不需到二手车办证大厅办理过户手续,只需到车管所申请办理变更手续即可。

6.1.3 二手车交易的风险

目前,二手车市场中交易的主体包括二手车交易中的买方(个人或机构)、二手车交易中的卖方(个人或机构)以及二手车交易中的中间商(评价机构、经纪公司、鉴定中心等)。二手车交易风险是指由于二手车交易主体的特定行为而使整个二手车交易市场陷入不公平竞争,甚至停滞发展。

二手车交易风险分为客观事件风险和主观事件风险,客观事件风险主要是指某一个二手车交易的外部环境的不完善、体制的不健全等所引发的风险。主观事件风险是指某一个二手车交易由于经验不足、道德水平低、不公平竞争、寻租等行为所引发的风险。二手车交易行为风险与客观事件风险相比,具有其特殊性,它是交易行为中的基本风险,存在于二手车交易主体行为之中,与二手车交易主体的决策行为密切相关,具有更大的不确定性和可管理性,其风险的结果直接影响到整个的二手车交易过程。

二手车交易主体贯穿于整个交易的始终,主体中的任何一方均会对二手车交易产生重大的影响。同时,加上二手车交易主体是一个利益群,都容易从自身角度出发谋取最大的利益,从而产生逆向选择和道德风险。因此,对于二手车交易中风险管理的核心应当在于对二手车交易主体行为的管理,在于对各主体之间信息不对称的管理,从而减少逆向选择和道德风险,降低风险影响。

6.2 二手车的收购价格确定

1. 二手车收购估价的基本方法

根据第 5 章的分析,重置成本法、现行市价法、收益现值法和清算价格法适用于鉴定估价。若采用现行市价法评估,由于目前我国二手车交易市场发育不完全,很难寻找到与被评估车辆相同使用日期、使用强度、使用条件的车辆(除个别大品牌、产量大的车型);采用收益现值法时,由于宏观经济不确定因素多,投资者对预期收益额预测难度大,易受较强的主观判断和未来不可预见因素的影响。故上述两种评估方法在二手车鉴定估价中很少采用。

1)以清算价格的方法估算收购价格

清算价格的特点是企业(或个人)由于破产或其他原因(如急于转向投资、急还贷款等),要求在一定的期限内将车辆快速转卖变现。顾客要求快速转卖变现,因此其收购估价大大低于二手车市场成交的同类型车辆的公平市价,一般来说也低于车辆现时状态客观存在的价格。

2)以重置成本、现行市价折扣的方法估算收购价格

该方法是先以重置成本法的现行市场价对二手车进行鉴定,估算出现时的客观价格,再根据快速变现原则,估定一个折扣率并以此估算收购价格。重置成本法具有收集资料信息便捷,操作简单易行,评估理论强,并结合对车辆的技术鉴定,评估结果有依有据,可信度高等优点而成为鉴定评估中应用最广的一种评估方法。

该方法的具体计算步骤是:

(1)确定车辆成新率,计算车辆评估值。

$$评估值 = 重置成本 \times (1 - 折旧率) \tag{6-1}$$

(2)确定车辆价值的折扣率。折扣率应为变现成本率和变现风险率之和,如折扣率为 30%,则车辆价值的变现率为 70%,车辆的收购价格为车辆评估值的 70%。

2. 二手车收购估价实例

某车为桑塔纳 2010 款,市场价为 9.58 万元,出厂日期为 2009 年 3 月,购买日期为 2009 年 8 月,收购日期为 2013 年 2 月,行驶里程为 25 万 km,修理估价为 0.41 万元,该车耗油量和排污均超过国家标准 6%。现在运用重置成本、现行市价折扣的方法估算收购价格。

解：

(1) 计算车辆的折旧率。

①年限折旧率 n_1。

该车已使用 3.5 年(2009.8—2013.2)，该车的报废年限为 15 年，如折旧年限也定为 15 年，则年限折旧率 n_1 为：

$$n_1 = \frac{3.5}{15} \times 100\% = 23.3\%$$

②里程折旧率 n_2。

该车已行驶 25 万 km，假设该车报废里程为 50 万 km，则里程折旧率 n_2 为：

$$n_2 = \frac{25 - 50 \times \frac{3.5}{15}}{50} \times 0.3 \times 100\% = 8.0\%$$

③故障折旧率 n_3。

各项故障排除费用折价为 0.410 万元

所占比例为：$n_3 = \frac{0.410}{16.300} \times 100\% = 2.5\%$

④车型折旧率 n_4。

$n_4 = 0$（形式未过时）

⑤耗油量及排污量超标折旧率 n_5。

该车超过标准 6%，报废极限为 15%，折旧率 $n_5 = 6\%/15\% \times 0.1 \times 100\% = 4.0\%$

⑥总折旧率 $n_{总}$。

$n_{总} = n_1 + n_2 + n_3 + n_4 + n_5 = 21.6\%$

(2) 确定收购价格

评估值 = 重置成本 × (1 - 折旧率)

= 11.38 × (1 - 21.6%) = 8.92(万元)

该车收购价 = 评估值 × 变现率 = 8.92 × 70% = 6.24(万元)

3. 二手车收购注意事项

在二手车的收购过程中，需要注意如下事项：

(1) 要防止购进偷盗车、伪劣拼装车，要防止购进那些伪造手续凭证、伪造车辆档案的车辆。

(2) 要充分考虑车辆的完全价值，即车辆实体的产品价值和车辆牌证、税费等各项手续的价值。如果收购车辆的证件和规费凭证不全，会在转籍过户的过程中带来后续麻烦。

(3) 旧机动车收购不仅要密切注意市场的微观环境，也要关注市场的宏观环境，即注意国家宏观政策、国家和地方相关法规变化所导致的车辆经济性贬值，如车辆新排放标准、牌照发放、交通拥堵收费等政策的出台，都会给二手车市场的价格带来巨大的影响。

(4) 除了支付车辆产品的货币以外，从收购到售出的这段时间内，还要支付公路养路费、保险费、日常保养费、停车费、收购支出的货币利息和其他管理费等，这些费用，都应计入销售成本。

6.3 二手车的销售价格确定

1. 成本分析

企业在对二手车进行销售定价时,成本是必须首先考虑的基本因素。二手车销售定价时应考虑所收购车辆的成本费用,主要包括固定成本费用和变动成本费用两大类。

(1) 固定成本费用。

固定成本费用是指在既定的经营过程中,不随收购车辆数量、金额的变化而变动的成本费用。如固定资产的折旧、管理人员的工资、营业场地的租金等各项支出。固定成本费用应根据预期的销量,均摊到每辆二手车的销售成本中,使其成为价格的一部分。

(2) 变动成本费用。

变动成本费用是指收购车辆时,随收购的价格和数量而相应变动的费用,主要包括车辆实体的价格、运输费、公路养路费、保险费、日常保养费、停车费、维修费和资金占用的利息等。

2. 定价原理

在商品经济当中,商品的价格是由商品的需求和供给两方面决定的,总的特征为:需求大于供给,价格就会上升;需求小于供给,价格就会下降。同样,汽车作为一种商品,其定价基本上是由汽车供需两方面决定的。

对二手车经营企业而言,行业的平均利润率应是一个稳定值,因为过高的利润会吸引众多的经营者加入,从而使行业内竞争加剧,商品在短时间内就会出现供过于求的现象,激烈的竞争会使商品价格下跌,最终使大多数经营者因亏损而退出市场。大量经营者的退出,使得市场中可供商品的数量减少,从而价格再一次上升。如此周而复始,最终行业的利润率会保持在一个稳定值。

在价格受供求影响而有规律性变动的过程中,不同商品的变动幅度是不一样的。因此,在制订销售定价时还要考虑需求价格弹性。所谓需求价格弹性,是指因价格变动而引起相应的需求变动率,它反映需求对价格变动的敏感程度。

由于不同产品的需求价格弹性不同,当价格变化时,价格与数量的乘积会向着不同的方向变化,因此针对不同的产品,应制订不同的价格策略。

同时,即使是同一种商品,不同价位所带来的总收益也是不同的,产品的定价应使价格和销售数量的乘积最大,过高或过低的定价都会使总收益下降。

3. 定价方法

(1) 成本加成定价法。

成本加成定价法是成本导向定价法大类中的一种方法,它是按照单位成本加上一定百分比的加成来制定产品的销售价格,其公式为:

$$二手车销售价格 = 单位完全成本 \times (1 + 成本加成率) \tag{6-2}$$

单位完全成本是指一辆二手车的总成本费用,它包括这辆车应摊销的固定成本费用和变动成本费用之和。

成本加成率是指企业的目标利润率，目标利润率参照本地区的行业平均标准而定，并结合企业自身的规模、市场认知度、竞争地位和资金实力等因素加以调整。

该方法计算简单，便于管理，为目前大多数二手车经营企业所采用。

(2) 需求导向定价法。

这种定价方法又称"顾客导向定价法"或"市场导向定价法"。它不是根据产品成本状况来定价，而是根据市场需求状况和消费者对产品的感觉差异来制订价格。其特点是产品的销售价格随需求的变化而变化。

采用这种方法，应对顾客的购买心理、市场的供求状况，以及各品牌车辆目标客户群的购买动机有清晰、敏锐的把握。

(3) 竞争导向定价法。

这种定价方法是企业根据自身的竞争力，参考竞争对手的商品价格、生产条件和服务状况等因素，以竞争对手的价格为基础，确定自己产品的价格，从而谋求企业的生存和发展的一种方法。该方法适用于那些市场竞争能力较弱、经营特色不明显的企业。

6.4 二手车交易流程

二手车交易程序的主要环节有：业务洽谈、委托评估、查验车辆、签订交易合同、办理相关证(税)变更，其流程如图6-1所示。

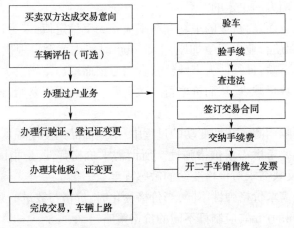

图6-1 二手车直接交易流程图

6.4.1 业务洽谈与委托评估

业务洽谈方式有面谈和电话洽谈两种方式，与客户洽谈的主要内容有车主基本情况、车辆情况、委托评估的意向、时间要求等。通过洽谈摸清楚上述基本情况以后，就应该作出是否接受委托的决定。如果接受委托，就要签订二手车鉴定评估委托协议。

二手车鉴定评估委托协议是受托方与委托方对各自权利、责任和义务的协定，是一项经济合同性质的契约。二手车鉴定评估委托书应写明的内容有：

(1) 委托方、住所。

(2)鉴定评估目的、车辆类型和数量。

(3)鉴定评估基准日。

(4)委托方须做好的基础工作和配合工作。

(5)鉴定评估工作的起止时间。

(6)鉴定评估收费金额及付款方式。

(7)反映协议双方各自的责任、权利、义务以及违约责任的其他内容。

二手车鉴定评估委托书必须符合国家法律、法规和资产评估业的管理规定。二手车鉴定评估委托书的格式如表6-1所示。

二手车鉴定评估委托书　　　　　　　　　　表6-1

委托书编号:〔2011〕××号

××二手车市场:

■交易　□转籍　□拍卖　□置换　□抵押　□担保　□咨询　□司法裁决 需要,特委托你所对车辆:牌照号:浙A·×××××,车架号:LFV3A28K9A300×××,发动机号:CDZ04×××,进行鉴定并出具鉴定评估报告书。

附:委托评估车辆基本信息

车主		王五	车主电话	1234567
车主证件号		330881198809090909	经办人	林××
地址		浙江××市	联系电话	132×××××××
车辆情况	厂牌型号	迪A4L 2.0 AMT	所有权性质	私人所有
	载质量/座位/排量	0.9t/4/2.0	燃料种类	93#汽油
	初次登机日期	2010-2	车辆颜色	银白
	已使用年限	21个月	累计行驶里程	1.8万km
	发动机大修次数	0	整车大修次数	0
	维修情况:	无		
	事故情况:	无		
价值反映	购车日期	2010-1	原始价格	40万元
	车主报价	36万元		
备注:				

委托方:(签字　盖章)　　　　　　　受委托方:(签字　盖章)

说明:

1.若被评估车辆使用用途曾为营运车辆,需在备注栏内予以说明。

2.委托方必须对车辆信息的真实性负责,不得隐瞒任何情节;凡由此引起的法律责任及赔偿责任,均由委托方负责。

3.鉴定评估结论仅对本次委托有效,不作他用。

4.本委托书一式三份。

根据二手车鉴定评估委托书的要求,需要对二手车进行鉴定评估,其主要内容包括评估目的、评估对象和范围、评估基准日、评估人员及协助评估工作的其他人员安排、现场工作计划、评估程序、评估具体工作和时间安排、拟采用的评估方法及其具体步骤等。确定鉴定评估方案后,进行二手车的鉴定评估工作,二手车鉴定评估作业表如表6-2所示。

二手车鉴定评估作业表　　　　　　　　　　表 6-2

车主		所有权性质	□公　□私	联系电话	
住址				经办人	
厂牌型号		号牌号码		车辆类型	
车辆识别代码(VIN)				车身颜色	
发动机号			车架号		
载质量/座位/排量			燃料种类		
初次登记日期	年　月		车辆出厂日期	年　月	
已使用年限	年　月	累计行驶里程	万 km	使用用途	
检查核对交易证件	证件	□原始发票　□机动车登记证书　□机动车行驶证 □法人代码证或身份证　□其他			
	税费	□购置附加税　□养路费　□车船使用税　□其他			
结构特点					
现时技术状况					
维护保养情况			现时状况		
价值反映	账面原值 (元)			车主报价 (元)	
	重置成本 (元)		成新率 (%)		评估价格 (元)
鉴定评估目的:					
鉴定评估说明:					

注册二手车鉴定估价师(签名):　　　　　　　　复核人(签名):
　　　　　　　　　　年　月　日　　　　　　　　　　　年　月　日

说明:

1. 现时技术状况:必须如实填写对车辆进行技术鉴定的结果,客观真实地反映出二手车主要部分(含车身、底盘、发动机、电气、内饰等)以及整车的现时技术状况;
2. 鉴定评估说明:应详细说明重置成本的计算方法、成新率的计算方法以及评估价格的计算方法。

6.4.2　车辆查验

车辆的查验既包括对车辆的技术状况,尤其是对车辆的行驶性查验,也包括对车辆相关证件的核查。

1. 车辆技术状况鉴定

对车辆进行技术状况的鉴定,是为了公正、科学地确定车辆的成新率。现场查勘主要以车辆的静态技术鉴定为主。在条件许可的情况下,可进行车辆的动态技术鉴定,尤其是查验车辆的行驶安全性。

1)静态技术鉴定

(1)汽车主要总成及部件的核查与确认。

观察车身外表面是否平滑、流畅,有无加工痕迹,是否重新喷过油漆;观察车辆内部装饰材料是否平整,有无再装配时所留下的压痕或手印;观察电气线路及各种油、真空、气压等管路布置是否有条理,车辆各部分总成、部件等有无不匹配的现象等。通过上述检查,进一步确认车辆是否存在非法拼装、组装情况。

(2)发动机技术状况的静态直观检查。

观察发动机的外观是否整洁;观察发动机前部的传动带的磨损情况,有无裂纹、油迹,松紧度是否合适;发动机上的各连接件、紧固件及油门拉线、喷油泵供油拉杆等是否有松动、脱落或卡滞等现象;观察发动机燃油系统、润滑系统的油路及各连接部位,各处均不得有漏油现象。

(3)汽车底盘技术状况的静态直观检查。

对汽车的传动系、转向系、行驶系、制动系进行检查。检查主要包括:检查离合器踏板的自由行程;检查转向盘与转向轴的连接部位是否松旷;检查车辆的车架是否有弯、扭、裂、断、锈蚀等损伤;检查轮胎的磨损情况,轿车轮胎胎冠上的花纹深度不得小于 1.6mm,其他车辆转向轮的胎冠花纹深度不得小于 3.2mm,其余轮胎胎冠花纹深度不得小于 1.6mm;检查制动踏板的自由行程是否符合规定;检查液压制动系统的总泵、分泵、管路或管路接头处是否漏油。

(4)车身及电气系统的静态直观检查。

检查车身是否发生碰撞损伤,站在车辆前部观察各接缝,如出现不直、缝隙宽窄不一、线条弯曲、装饰条有脱落或新旧不一,说明车身曾经修理过;检查车厢内部装饰物的新旧程度;检查照明、信号、仪表装置是否齐全,型号、规格是否符合要求,依次接通上述各装置的控制开关,检查上述装置能否正常工作。

2)动态技术鉴定

(1)发动机的动力性能。

汽车行驶时动力不足、加速不灵、转速不能提高到应有的范围,爬坡时功率不足,不管上述哪种故障现象出现,均说明汽车功率不足;发动机技术状况良好、汽缸内可燃混合气燃烧正常时,排气管排出的废气一般呈淡灰色;技术状况良好的发动机,运转过程中仅能听到均匀的排气声和轻微的噪声。

(2)发动机的起动性能。

起动发动机时,应三次内起动成功。每次时间不超过 5s,再次起动时间要间隔 15s 以上。若发动机不能正常起动,说明发动机的起动性能不好。

(3)点火、燃油供给、润滑、冷却和排气等系统的性能。

发动机在各种不同的工况下,需要根据发动机工作的点火次序适时地供给强的电火花,以点燃混合气面产生动力。如果点火系发生故障,不仅会使发动机的动力性、经济性变坏,甚至会使发动机熄火或不能发动。

燃油供给系的故障主要是堵、漏、坏三种情况。

发动机润滑系出现漏油、堵塞或润滑油压力不足等故障，会导致发动机运动零部件磨损加剧，严重的可能导致发动机损坏。

发动机冷却系统技术状况变坏时，发动机易出现过热、过冷等故障。

排气系统的技术状况将影响发动机的输出功率。排气消声器，可减少排气噪声并消除废气中的火焰及火星。

（4）底盘的技术状况。

检查离合器分离是否彻底，离合器接合是否平稳，离合器是否打滑，离合器分离或接合时有无异响。

检查变速器运转过程中有无异响，变速器有无跳挡现象，变速器有无乱挡现象。

检查前轮轮胎磨损情况是否正常，转向是否灵敏、轻便，汽车行驶中是否自动跑偏，前轮有无摆振；制动系统是否失效、正常，是否存在制动拖滞现象；制动是否跑偏，驻车制动效能是否正常。

2．证件与税费核查

1）证件核查

根据《二手车流通管理办法》规定，二手车交易必须提供机动车来历凭证、机动车行驶证、机动车登记证书、机动车号牌、道路运输证、机动车安全技术检验合格标志等法定证件。

（1）机动车来历凭证。

机动车来历凭证主要包括以下几个方面：

①在国内购买机动车的来历凭证，是全国统一的机动车销售发票（图6-2）或者二手车交易发票（图6-3）。在国外购买的机动车，其来历凭证是该车销售单位开具的销售发票及其翻译文本。

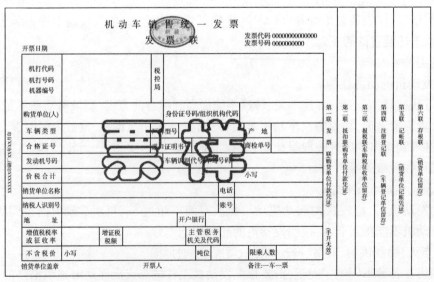

成品尺寸：241mm×177.8mm

图6-2 新车销售发票票样

二手车销售统一发票
转移登记联

发票代码 000000000000
发票号码 00000000

开票日期:					
机打代码 机打号码 机器编号		税控码			
买方单位/个人		单位代码/身份证号码			
买方单位/个人住址				电话	
卖方单位/个人		单位代码/身份证号码			
卖方单位/个人住址				电话	
车牌照号		登记证号		车辆类型	
车架号/车辆识别代码		厂牌型号		转入地车辆管理所名称	
车价合计(大写)				小写	
经营、拍卖单位					
经营、拍卖单位地址			纳税人识别号		
开户银行、账号				电话	
二手车市场			纳税人识别号		
			地 址		
开户银行、账号				电话	
备 注					
开票单位(盖章)		工商部门审核(盖章)		开票人	手写无效

图 6-3 二手车销售发票票样

②人民法院调解、裁定或者判决转移的机动车,其来历凭证是人民法院出具的已经生效的《调解书》《裁定书》或者《判决书》以及相应的《协助执行通知书》。

③仲裁机构仲裁裁决转移的机动车,其来历凭证是《仲裁裁决书》和人民法院出具的《协助执行通知书》。

④继承、赠予、中奖和协议抵偿债务的机动车,其来历凭证是继承、赠予、中奖和协议抵偿债务的相关文书和公证机关出具的《公证书》。

⑤资产重组或者资产整体买卖中包含的机动车,其来历凭证是资产主管部门的批准文件。

⑥国家机关统一采购并调拨到下属单位未注册登记的机动车,其来历凭证是全国统一的机动车销售发票和该部门出具的调拨证明。

⑦国家机关已注册登记并调拨到下属单位的机动车,其来历凭证是该部门出具的调拨证明。

⑧经公安机关破案发还的被盗抢且已向原机动车所有人理赔完毕的机动车,其来历凭证是保险公司出具的《权益转让证明书》。

⑨更换发动机、车身、车架的来历凭证,是销售单位开具的发票或者修理单位开具的发票。

（2）机动车行驶证。

机动车行驶证是由公安交通车辆管理机关依法对车辆进行注册登记核发的证件,它是机动车取得合法行驶权的凭证。《中华人民共和国道路交通安全法》规定,机动车行驶证是车辆上路行驶必需的证件。《中华人民共和国机动车登记办法》规定机动车行驶证是二手车过户、转籍必不可少的证件。机动车行驶证样式如图6-4所示。

中华人民共和国机动车行驶证

号牌号码＿＿＿＿＿＿＿＿＿　　车辆类型＿＿＿＿＿＿＿

所有人＿＿＿＿＿＿＿＿＿＿＿＿＿＿＿＿＿＿

住　址＿＿＿＿＿＿＿＿＿＿＿＿＿＿＿＿＿＿

使用性质＿＿＿＿＿＿＿＿　　品牌型号＿＿＿＿＿＿＿

车辆识别代码＿＿＿＿＿＿＿＿

发证机关章　　发动机号码＿＿＿＿＿＿＿

注册日期＿＿＿＿＿　发证日期＿＿＿＿＿

中华人民共和国机动车行驶证副页

号牌号码＿＿＿＿＿＿＿　　档案编号＿＿＿＿＿＿＿

核定载人数＿＿＿＿＿＿　　总质量＿＿＿＿＿＿＿

整备质量＿＿＿＿＿＿＿　　核定载质量＿＿＿＿＿＿

外廓尺寸＿＿＿＿＿＿＿　　准牵引总质量＿＿＿＿＿

备　注＿＿＿＿＿＿＿＿＿＿＿＿＿＿＿＿＿

检验记录＿＿＿＿＿＿＿＿＿＿＿＿＿＿＿＿

图6-4　机动车行驶证样式

由图6-4可知,驾驶员手中的机动车行驶证上详细记载了许多重要的信息,包括车牌号码、车主姓名、型号类别、发动机号和车架号码、载质量或者乘坐人数、初次登记日期以及年度检验记录等。机动车行驶证具有唯一性的特点,即对于某一辆机动车来说,只有一组发动机号和车架号码,只有一个车牌号码。机动车行驶证具有以下几个重要的功能。

①车辆上牌凭证。

国务院颁布的《道路交通管理条例》第17条规定:"车辆必须经过车辆管理机关检验合格,领取号牌、行驶证,方准行驶。"因此,持有机动车行驶证是车辆上路行驶的先决条件之一,驾驶员上路行车不带行驶证属于违规行为,无论是没有领取机动车行驶证,还是忘记随身携带。

②产权权属证明。

机动车行驶证上"车主姓名"一栏不仅是姓名的问题,行驶证上登记的车主是法律承认的车辆所有人,他有合法使用和处置该宗财产的权力,如果发生交通事故、经济纠纷等,他也是法定的责任承担人。机动车是一种特殊的动产,如果你的机动车被犯罪分子盗窃,报案后,公安机关经过侦察又查获了这辆车。这时必须出示机动车行驶证,而且该证记录的车主姓名、发动机号和车架号码等均与实物完全一致,才能证明这辆车确实属于你的财产,才有可能领回。

③保险索赔凭证。

对于办理了保险的机动车辆,如果发生了保险责任范围内的交通事故,投保人只有持机动车行驶证,而且是有效的行驶证(即按时参加了年度检验),保险公司才有可能理赔。如果不能出示有效行驶证，即使在保险有效期内，保险公司也将拒绝赔偿。另外，车主买新车时即使同时购买机动车辆保险，部分保险项目也要在机动车入户和领取机动车行驶证之日起才能生效。

④新车保修凭证。

机动车行驶证还有一个特殊的功能，就是能够确定新车"保修期"的起始日期。例如，某汽车企业规定该厂生产的汽车保修期限为汽车领取机动车行驶证之日起2年或者累计行驶4万km以内，两个条件缺一不可。在此保修期之内，凡是因为制造、装配以及材料质量问题引起的车辆损坏，用户可以凭保修卡、机动车行驶证等证件，在该厂的特约服务站免费接受保修服务。

(3) 机动车登记证书。

根据2001年10月1日起实施的《中华人民共和国机动车登记办法》，在我国境内道路上行驶的机动车，应当按规定经机动车登记机构办理登记，核发机动车号牌、机动车行驶证、机动车登记证书。

《机动车登记证书》相当于机动车的"户口本"，所有关于机动车的详细信息及机动车所有人的资料都记载在上面，证书上所记载的原始信息发生变化时，机动车所有人应携《机动车登记证书》到车管所作变更登记。目前，《机动车登记证书》还可以作为有效资产证明，到银行办理抵押贷款。

《机动车登记证书》是二手车鉴定评估人员必须认真查验的手续，《机动车登记证书》与机动车行驶证相比它的内容更详细。《机动车登记证书》的样式如图6-5所示。

注册登记机动车信息栏

5.车辆类型	小型轿车	6.车辆品牌	梅赛德斯-奔驰
7.车辆型号	WDD█████	8.车身颜色	灰
9.车辆识别代号/车架号	WDDNG5B█████	10.国产/进口	海关进口
11.发动机号	272946█████	12.发动机型号	272946
13.燃料种类	汽油	14.排量/功率	2996 ml / 178 kw
15.制造厂名称	戴姆勒克莱斯勒辛德尔芬根工厂	16.转向形式	方向盘
17.轮距	前 1604　后 1606　mm	18.轮胎数	4
19.轮胎规格	235/55R17	20.钢板弹簧片数	后轴 —　　片
21.轴距	3165　mm	22.轴数	2
23.外廓尺二	长 5208　宽 1875　高 1475　mm	33.以动机关章	（广东省深圳市公安局交通警察支队印章）
24.货厢内部尺寸	长 —　宽 —　高 —　mm		
25.总质量	2505 kg	26.核定载质量	— kg
27.核定载客	5 人	28.准牵引总质量	— kg
29.驾驶室载客	— 人	30.使用性质	非营运
31.车辆获得方式	购买	32.车辆出厂日期	2009-09-01	34.发证日期	2011-05-23

图6-5　机动车登记证书样式

(4) 机动车号牌。

机动车号牌是由公安机关交通车辆管理部门依法对机动车进行注册登记核发的号牌，它和机动车行驶证一同核发，其号码与行驶证应该一致。它是机动车取得合法行驶权的标志。

《中华人民共和国道路交通安全法》中规定，机动车号牌应当按照规定悬挂并保持清晰、完整,不得故意遮挡、污损。号牌的位置根据《中华人民共和国道路交通安全法实施条例》的规定,应当悬挂在车前、车后指定位置。重型、中型载货汽车及其挂车、拖拉机及其挂车的车身或者车厢后部应当喷涂放大的牌号,字样应当端正并保持清晰。

机动车等级编号一般由包含登记机关的汉字简称以及英文字母和阿拉伯数字组成。具体编号规则可参考最新的国家标准 GA 36—2007,如表 6-3 所示。

号牌的分类、规格、颜色及适用范围　　　　　　表 6-3

序号	分 类	外廓尺寸 (mm×mm)	颜 色	数量	适 用 范 围
1	大型汽车号牌	前:440×140 后:440×220	黄底黑字黑框线	2	
2	挂车号牌	440×220		1	
3	小型汽车号牌	440×140	蓝底白字白框线		中型以下的载客、载货汽车和专项作业车
4	使馆汽车号牌		黑底白字,红"使""领"字白框线		驻华使馆的汽车
5	领馆汽车号牌				驻华领事馆的汽车
6	港澳入出境车号牌		黑底白字,白"港""澳"字白框线		港澳地区入出内地的汽车
7	教练汽车号牌		黄底黑字,黑"学"字黑框线		教练用汽车
8	警用汽车号牌		白底黑字,红"警"字黑框线		汽车类警车
9	普通摩托车号牌	前:220×95 后:220×140	黄底黑字黑框线	2	普通二轮摩托车和普通三轮摩托车
10	轻便摩托车号牌		蓝底白字白框线		轻便摩托车
11	使馆摩托车号牌		黑底白字,红"使""领"字白框线		驻华使馆的摩托车
12	领馆摩托车号牌				驻华领事馆的摩托车
13	教练摩托车号牌		黄底黑字,黑"学"字黑框线		教练用摩托车
14	警用摩托车号牌	220×140	白底黑字,红"警"字黑框线	1	摩托车类警车
15	低速车号牌	300×165	黄底黑字黑框线	2	低速载货汽车、三轮汽车和轮式自行机械车
16	临时行驶车号牌	220×140	天(酞)蓝底纹 黑字黑框线	1	行政辖区内临时行驶的机动车
			棕黄底纹 黑字黑框线		跨行政辖区临时移动的机动车

（5）道路运输证。

道路运输证是县级以上人民政府交通主管部门设置的道路运输管理机构对从事旅客运输（包括城市出租客运）、货物运输的单位和个人核发的随车携带的证件。营运车辆转籍过户时，应到运管机构及相关部门办理营运过户有关手续。

（6）机动车安全技术检验合格标志。

机动车必须进行安全技术检验，检验合格后，公安机关发放合格标志。根据《中华人民共和国道路交通安全法实施条例》的规定，机动车检验合格标志应贴在机动车前窗右上角，若无合格标志或无效，则不能交易。

机动车安全技术检验由机动车安全技术检验机构实施。机动车安全技术检验机构应当按照国家机动车安全技术检验标准对机动车进行检验，对检验结果承担法律责任。对登记后上道路行驶的机动车，按照下列期限进行安全技术检验：

①营运载客汽车5年以内每年检验1次；达到和超过5年的，每6个月检验1次。

②载货汽车和大型、中型非营运载客汽车10年以内每年检验1次；达到和超过10年的，每6个月检验1次。

③小型、微型非营运载客汽车6年以内每2年检验1次；达到和超过6年的，每年检验1次；达到和超过15年的，每6个月检验1次。

④摩托车4年以内每2年检验1次；达到和超过4年的，每年检验1次。

⑤专用校车应当自注册登记之日起每6个月检验1次。

⑥非专用校车应当自取得校车标牌后每6个月检验1次。

⑦其他机动车每年检验1次。

2）税费核查

根据《二手车流通管理办法》的规定，二手车交易必须提供车辆购置税完税证明、养路费缴付凭证、车船使用税缴付凭证、车辆保险单等税费凭证证明。

（1）车辆购置税。

车辆购置税是对在境内购置规定车辆的单位和个人征收的一种税目，它由车辆购置附加费演变而来。现行车辆购置税法的基本规范，是从2001年1月1日起实施的《中华人民共和国车辆购置税暂行条例》。车辆购置税的纳税人为购置（包括购买、进口、自产、受赠、获奖或以其他方式取得并自用）应税车辆的单位和个人，征税范围为汽车、摩托车、电车、挂车、农用运输车，税率为10%。

车辆购置税实行从价定率的办法计算应纳税额，计算公式为：

$$应纳税额 = 计税价格 \times 税率$$

如果消费者买的是国产私车，计税价格为支付给经销商的全部价款和价外费用，不包括增值税税款（税率17%）。因为机动车销售专用发票的购车价中均含增值税税款，所以在计征车辆购置税税额时，必须先将17%的增值税剔除，即车辆购置税计税价格 = 发票价 ÷ 1.17，然后再按10%的税率计征车辆购置税。比如，消费者购买一辆10万元的国产车，去掉增值税部分后按10%纳税。计算公式为：

$$100000 \div 1.17 \times 0.1 = 8547(元)$$

如果消费者买的是进口私车，计税价格的计算公式为：

$$计税价格 = 关税完税价格 + 关税 + 消费税$$

车辆购置税的具体征收范围依照《中华人民共和国车辆购置税暂行条例》所附《车辆购置税征收范围表》执行(表6-4)。

车辆购置税征收范围表　　　　　　表6-4

应税车辆	具体范围	注　释
汽车	各类汽车	
摩托车	轻便摩托车	最高设计时速不大于50km/h,发动机汽缸总排量不大于50cm^{3}的两个或者三个车轮的机动车
摩托车	二轮摩托车	最高设计车速大于50km/h,或者发动机汽缸总排量大于50cm^{3}的两个车轮的机动车
摩托车	三轮摩托车	最高设计车速大于50km/h,或者发动机汽缸总排量大于50cm^3,空车质量不大于400kg的三个车轮的机动车
电车	无轨电车	以电能为动力,由专用输电电缆线供电的轮式公共车辆
电车	有轨电车	以电能为动力,在轨道上行驶的公共车辆
挂车	全挂车	无动力设备,独立承载,由牵引车辆牵引行驶的车辆
挂车	半挂车	无动力设备,与牵引车辆共同承载,由牵引车辆牵引行驶的车辆
农用运输车	三轮农用运输车	柴油发动机,功率不大于7.4kW,载质量不大于500kg,最高车速不大于40km/h的三个车轮的机动车
农用运输车	四轮农用运输车	柴油发动机,功率不大于28kW,载质量不大于1500kg,最高车速不大于50km/h的四个车轮的机动车

车辆购置税的免税、减税,按照下列规定执行:

①外国驻华使馆、领事馆和国际组织驻华机构及其外交人员自用的车辆,免税;

②中国人民解放军和中国人民武装警察部队列入军队武器装备订货计划的车辆,免税;

③设有固定装置的非运输车辆,免税;

④防汛和森林消防部门购置的由指定厂家生产的指定型号的用于指挥、检查、调度、防汛(警)、联络的专用车辆,免税;

⑤在外留学人员(含香港、澳门地区)回国服务的,购买1辆国产小汽车免税;

⑥来华定居专家进口自用的1辆小汽车,免税;

⑦纳税人购置的农用三轮车,免税;

⑧有国务院规定予以免税或者减税的其他情形的,按照规定免税或者减税。

(2)车船税。

车船税是指对在我国境内应依法到公安、交通、农业、渔业、军事等管理部门办理登记的车辆、船舶,根据其种类,按照规定的计税依据和年税额标准计算征收的一种财产税目。从2007年7月1日开始,有车族需要在投保交强险时缴纳车船税,车船税税目税额如表6-5所示。

车船税税目税额表　　　　　　　　　　　　　　　　　　　　表6-5

项　　目	计税单位	每年税额(元)	备　　注
载客汽车	每辆	60～660	包括电车
载货汽车 专项作业车	按自重每吨	16～120	包括半挂牵引车、挂车
三轮汽车 低速货车	按自重每吨	24～120	—
摩托车	每辆	36～180	—
船舶	按净吨位每吨	3～6	拖船和非机动驳船分别按船舶税额的50%计算

《车船税税目税额表》中的载客汽车,分为大型客车、中型客车、小型客车和微型客车4个子税目。其中,大型客车是指核定载客人数大于或等于20人的载客汽车;中型客车是指核定载客人数大于或等于9人且小于20人的载客汽车;小型客车是指核定载客人数小于或等于9的载客汽车;微型客车是指发动机汽缸总排气量小于或等于1升的载客汽车。

《车船税税目税额表》中的三轮汽车是指在车辆管理部门登记为三轮汽车或者三轮农用运输车的机动车。

《车船税税目税额表》中的低速货车是指在车辆管理部门登记为低速货车或者四轮农用运输车的机动车。

《车船税税目税额表》中的专项作业车是指装置有专用设备或者器具,用于专项作业的机动车;轮式专用机械车是指具有装卸、挖掘、平整等设备的轮式自行机械。

(3)机动车保险费。

机动车保险是各种机动车在使用过程中发生事故造成车辆本身以及第三者人身伤亡和财产损失后的一种经济补偿制度。机动车保险费是为了防止机动车发生意外事故,为转嫁风险,避免用户发生较大损失而向保险公司所交付的与保险责任相适应的费用。机动车保险实际上是一种运用社会集体的力量,共同建立规避风险基金进行补偿或给付的经济保障。

我国机动车保险险种分为基本险和附加险两大类。基本险是指可以单独投保和承保的险别;附加险是指不能单独投保和承保的险别,投保人只能在投保基本险的基础上,根据自己的需要选择加以投保。

6.4.3　车辆评估报告撰写

1.评估报告书的概念和作用

二手车鉴定评估报告是指二手车鉴定评估机构按照评估工作制度有关规定,在完成鉴定评估工作后,向委托方和有关方面提交的说明二手车鉴定评估过程和结果的书面报告。它是按照一定格式和内容来反映评估目的、程序、依据、方法、结果等基本情况的报告书。广义的报告还是一种工作制度。它规定评估机构在完成二手车鉴定评估工作之后必须按照一定的程序和要求,用书面形式向委托方报告鉴定评估过程和结果。狭义的鉴定评估报告即鉴定评估结果报告书,既是二手车鉴定评估机构完成对二手车作价意见,提交给委托方的公正性的报告,也是二手车鉴定评估机构履行评估合同情况的总结,还是二手车鉴定评估机构为其所完成的鉴定评估结论承担相应法律责任的证明文件。

按照二手车鉴定评估报告的有关规定,二手车鉴定评估报告书应该包括二手车鉴定评估报告书正文以及相关附件。二手车鉴定评估报告书对管理部门及各类交易的市场主体都是十分重要的。一份二手车鉴定评估报告书,特别是涉及国有资产的评估报告资料,不仅是一份评估工作的总结,而且是其价格的公正性文件和资产交易双方认定资产价格的依据。

2. 评估报告书的类型

二手车鉴定报告书有定型式、自由式和混合式三种。

1) 定型式

定型式二手车鉴定评估报告书又称封闭式二手车鉴定评估报告书,采用固定格式、固定内容,评估人员必须按要求填写,不得随意增减。其优点是通用性好,写作省时省力;缺点是不能根据评估对象的具体情况而深入分析某些特殊事项。如果能针对不同的评估目的和不同类型的机动车作相应的定型式二手车鉴定评估报告书,则可以在一定程度上弥补这一缺点。

2) 自由式

自由式二手车鉴定评估报告书又称开放式二手车鉴定评估报告书,是由评估人员根据评估对象的情况而自由创作、无一定格式的二手车鉴定评估报告书。其优点是可深入分析某些特殊事项,缺点是易遗漏一般事项。

3) 混合式

混合式二手车鉴定评估报告书是兼取前两种二手车鉴定评估报告书的格式,兼顾了定型式和自由式两种报告书的优点。

一般来说,专案案件以采用自由式二手车鉴定评估报告书为优,例行案件以采用定型式二手车鉴定评估报告书为佳。

不论二手车鉴定评估报告书的形式如何,均应客观、公正、详实地记载评估结果和过程。如果仅以结论告知,必然会降低委托评估者或二手车鉴定评估报告书的其他使用者心理上的信任度。二手车鉴定评估报告书的用语要力求准确、肯定,避免模棱两可或易产生误解的文字。对于难以确定的事项应在报告书中说明,并描述其可能影响二手车价格的情形。

3. 鉴定评估报告书的基本内容

二手车鉴定评估报告书不管是采用定型式,还是自由式或混合式,其基本内容是相同的,主要包括以下内容。

(1) 封面。

二手车鉴定评估报告书的封面须载明下列内容:二手车鉴定评估报告书名称、鉴定评估机构出具鉴定评估报告的编号、二手车鉴定评估机构全称和鉴定评估报告提交日期等。有服务商标的,评估机构可以在报告封面载明其图形标志。

(2) 首部。

鉴定评估报告书正文的首部应包括标题和报告书序号。

(3) 绪言。

写明该评估报告委托方全称、受委托评估事项及评估工作整体情况。

(4）委托方与车辆所有方简介。

应写明委托方、委托方联系人的名称、联系电话及住址。

(5）评估目的。

应写明本次资产评估是为了满足委托方的何种需要,及其所对应的经济行为类型。

(6）评估对象。

须简要写明纳入评估范围车辆的厂牌型号、号牌号码、发动机号、车辆识别代号、车架号、注册登记日期、年审检验合格有效日期、养路费交至日期、购置附加税（费）证号、车船使用税缴纳有效期。

(7）鉴定评估基准日。

写明车辆鉴定评估基准日的具体日期。

(8）评估原则。

写明评估工作过程中遵循的各类原则以及本次鉴定评估遵循国家及行业规定的公认原则。对于所遵循的特殊原则,应作适当阐述。

(9）评估依据。

评估依据一般可划分为行为依据、法律法规依据、产权依据和取价依据等,行为依据主要是指二手车鉴定评估委托书、法院的委托书等经济行为文件。法律、法规依据应包括车辆鉴定评估涉及的有关法律、法规等。产权依据是指被评估车辆的机动车登记证书或其他能够证明车辆产权的文件等。

(10）评估方法及计算过程。

简要说明评估人员在评估过程中所选择并使用的评估方法。

(11）评估过程。

评估过程应反映二手车鉴定评估机构自接受评估委托起至提交评估报告的工作过程,包括接受委托、验证、现场查勘、市场调查与询问、评定估价、提交报告等过程。

(12）评估结论。

(13）特别事项说明。

评估报告中陈述的特别事项是指在已确定评估结果的前提下,评估人员揭示在评估过程中已发现可能影响评估结论,但非评估人员执业水平和能力所能评定估算的有关事项。提示评估报告使用者应注意特别事项对评估结论的影响,揭示鉴定评估人员认为需要说明的其他问题。

(14）评估报告法律效力。

揭示评估报告的有效日期,特别提示评估基准日的期后事项对评估结论的影响以及评估报告的使用范围等。

(15）鉴定评估报告提出日期。

写明评估报告提交委托方的具体时间,评估报告原则上应在确定的评估基准日后一周内提出。

(16）附件。

附件应包括二手车鉴定评估委托书、二手车鉴定评估作业表、车辆行驶证、购置附加税（费）、车辆登记证书复印件、二手车鉴定评估人员资格证书影印件、鉴定评估机构营业执照影印件、鉴定评估机构资质影印件、二手车照片等。

(17)尾部。

写明出具评估报告的评估机构名称并盖章,写明评估机构法定代表人姓名并签名,二手车鉴定评估人员盖章并签名,高级二手车鉴定估价师审核签章,以及报告日期。

4.评估报告书业务实例

二手车鉴定评估报告书

××二手车鉴定评估机构　评报字(2011年)第××号

一、绪言

××二手车市场(鉴定评估有限公司)接受××市人民法院的委托,根据国家有关资产评估的规定,本着客观、独立、公正、科学的原则,按照公认的资产评估方法,对奥迪A4L(车辆)进行了鉴定评估。本机构鉴定评估人员按照必要的程序,对委托鉴定评估车辆进行了实地查勘与市场调查,并对其在2011年12月25日所表现的市场价值作出了公允反映。现将车辆评估情况及鉴定评估结果报告如下:

二、委托方与车辆所有方简介

(一)委托方:××市人民法院,委托方联系人:××,联系电话××××

(二)根据机动车行驶证所示,委托车辆车主： 张××

三、评估目的

根据委托方的要求,本项目评估目的

□交易　　□转籍　　□拍卖　　□置换　　□抵押　　□担保　　□咨询　　■司法裁决

四、评估对象

评估车辆的厂牌型号(奥迪A4L 2.0 MT);号牌号码(浙A·H××××);发动机号(CDZ×××××);车辆识别代号/车架号(LFV××××××××××××)登记日期(2010-2);年审检验合格至2012年2月;公路规费交至2012年2月;购置附加税(费)证(已交);车船使用税(2010年已交)。

五、鉴定评估基准日

鉴定评估基准日2011年12月25日。

六、评估原则

严格遵循"客观性、独立性、公正性、科学性"原则。

七、评估依据

(一)行为依据

二手车评估委托书第[2011]××号。

(二)法律、法规依据

1.《国有资产评估管理办法》(国务院令第91号);

2.《摩托车报废标准暂行规定》(国家经贸委等部门令第33号);

3.原国家国有资产管理局《关于印发〈国有资产评估管理办法施行细则〉的通知》(国资办发〔1992〕36号);

4.原国家国有资产管理局《关于转发〈资产评估操作规范意见(试行)〉的通知》(国资办发〔1996〕23号);

5. 国家经贸委等部门《汽车报废标准》(国经贸经〔1997〕456号)、《关于调整轻型载货汽车及其补充规定》(国经贸经〔1998〕407号)、《关于调整汽车报废标准若干规定的通知》(国经贸资源〔2000〕1202号)、《农用运输车报废标准》(国经贸资源〔2001〕234号)等;

6. 其他相关的法律、法规等。

(三) 产权依据

委托鉴定评估车辆的机动车登记证书编号:××××××

(四) 评定及取价依据

技术标准资料:《汽车标准汇编》

技术参数资料:随车说明书

技术鉴定资料:《汽车质检技术》和《汽车维修手册》

其 他 资 料:百度文库

八、评估方法

□重置成本法　　□现行市价法　　□收益现值法　　■其他

计算过程如下:因该车鉴定估价目的为司法裁决,故采用清算价格法(按重置成本法估算成新率),重置成本全价为现时新车价加上车辆购置附加税。本车的重置成新率为82.5%,清算折扣率为75%。

计算公式为:评估价 = 重置成本全价 × 成新率 × 清算折扣率
$$= 475860 \times 82.5\% \times 75\% = 294438(元)$$

九、评估过程

按照接受委托、验证、现场查勘、评定估算、提交报告的程序进行。

十、评估结论

车辆评估价格:294438元,金额大写:贰拾玖万肆仟肆佰叁拾捌元整

十一、特别事项说明

无

十二、评估报告法律效力

(一) 本项评估结论有效期为90天,自评估基准日至2012年3月25日止。

(二) 当评估目的在有效期内实现时,本评估结果可以作为作价参考依据。超过90天,需重新评估。另外,在评估有效期内若被评估车辆的市场价格或因交通事故等原因导致车辆的价值发生变化,对车辆评估结果产生明显影响时,委托方也需重新委托评估机构重新评估。

(三) 鉴定评估报告书的使用权归委托方所有,其评估结论仅供委托方为本项目评估目的使用和送交二手车鉴定评估主管机关审查使用,不适用于其他目的;因使用本报告书不当而产生的任何后果与签署本报告书的鉴定估价师无关;未经委托方许可,本鉴定评估机构承诺不将本报告书的内容向他人提供或公开。

附件:

一、二手车鉴定评估委托书

二、二手车鉴定评估作业表

三、车辆行驶证复印件(略)

四、鉴定评估机构营业执照复印件(略)

五、二手车照片(要求外观清晰,车辆牌照能够辨认,加盖钢印)

二手车鉴定评估师(签字、盖章)　　　　　复核人(签字、盖章)

(鉴定评估机构盖章)
年　　月　　日

备注:本报告书和作业表一式三份,委托方二份,受托方一份。

本章小结

本章主要内容包括二手车交易概述、二手车的收购价格确定、二手车的销售价格确定、二手车交易流程等。

下列的总体概要或框图覆盖了本章的主要学习内容,可以利用以下线索对所学内容进行一次简要的回顾,以便归纳、总结和关联相应的知识点。

1. 二手车交易概述

介绍了二手车交易的特点,二手车交易的类型及风险。

2. 二手车的收购价格确定

介绍了二手车收购估价的基本方法及二手车收购注意事项。

3. 二手车的销售价格确定

介绍了确定二手车的销售价格的相关知识,分别为成本分析、定价原理、定价方法。

4. 二手车交易流程

介绍了二手车交易程序的主要环节,分别为业务洽谈与委托评估,车辆的查验内容,车辆评估报告撰写。

自测题

一、单项选择题

1. 不属于二手车市场中交易的主体的是(　　)。
　　A. 买方　　　　　　　　　　　　　　　　　B. 卖方
　　C. 中间商(评价机构、经纪公司、鉴定中心等)　D. 市场
2. 评估报告的有效期自(　　)算起。
　　A. 评估基准日　　　　　　　　　　　　　　B. 付款之日
　　C. 提交报告之日　　　　　　　　　　　　　D. 报告批准之日
3. 二手车交易流程主要包括(　　)等。
　　A. 业务洽谈、接受委托、查验车辆、签订交易合同、办理相关证(税)变更

B. 业务洽谈、接受委托、查验车辆、双方交谈、办理相关证(税)变更

C. 接受邀请、查验车辆、签订交易合同、办理相关证(税)变更、提交报告

D. 业务洽谈、接受委托、查验车辆、现场勘察、评定估算、签订交易合同

二、判断题

1. 重置成本法、现行市价法、收益现值法和清算价格法适用于现行市价法和收益现值法评估。（ ）

2. 二手车交易程序的主要环节有：业务洽谈、委托评估、查验车辆、签订交易合同、办理相关证(税)变更 。（ ）

3. 评定机构在完成二手车鉴定评估工作之后必须按照一定的程序和要求，用书面形式向委托方报告鉴定评估过程和结果。（ ）

4. 二手车鉴定报告书有定型式、自由式和混合式三种。（ ）

三、简答题

1. 二手车交易有何特点？二手车在交易过程中存在哪些风险？

2. 二手车的收购和销售价格如何确定？

3. 二手车在交易过程中需要查验哪些证件和凭证？

4. 二手车交易中车辆评估报告的撰写内容有哪些？

第7章 汽车碰撞损失评估

导言

本章主要介绍汽车碰撞损失评估,包括汽车碰撞事故分类、二手车交汽车碰撞损伤的诊断、汽车维修费用的评估、碰撞损伤的评估报告。通过本章的学习,能够掌握事故车辆损失评估的基本知识,能够对碰撞、火灾、水淹等不同事故类型车辆进行初步检查并确认损失,能对轻微事故车辆的损失费用进行估算,学会撰写事故损失评估报告。

学习目标

1. 认知目标
(1) 理解事故车辆损失评估的重要性。
(2) 掌握车辆事故损失的类别。
(3) 掌握不同事故车辆的检查方法。
(4) 掌握车辆事故损失导致的汽车零部件定损原则与方法。
(5) 掌握事故车辆修复费用的构成。
(6) 了解事故损失评估报告的作用及撰写要求。
2. 技能目标
(1) 熟悉不同类别的事故车损失项目。
(2) 能够判断碰撞造成的零部件基本修复方案。
(3) 能够对事故车辆损失费用进行估算。
(4) 会撰写事故损失评估报告。
3. 情感目标
(1) 遵守学习国家法律法规。
(2) 培养培养独立完成工作能力。
(3) 培养学生强化的思考分析能力。
(4) 培养学生活络交际沟通的能力。
(5) 引导自我学习的能力。

7.1 汽车碰撞事故分类

汽车碰撞事故分为单车事故和多车事故,单车事故又分为翻车事故和撞障碍物事故,汽车碰撞事故分类情况如图7-1所示。

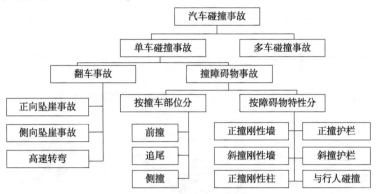

图7-1 汽车碰撞事故分类

1. 汽车单车事故

（1）翻车事故。

一般是由汽车驶离公路路面或由于高速转弯造成的。其事故严重程度主要与车速、翻车路况有关。翻车事故又可细分为高速转弯翻车、正向坠崖翻车和侧向坠崖翻车等。

（2）撞障碍物事故。

撞障碍物事故按撞车部位分为前撞、尾撞和侧撞。其中，前撞和侧撞约占事故的70%。追尾事故主要发生在市内交通，其相对碰撞速度较低，但追尾常造成乘客颈部严重损伤或致残，后果严重。按障碍物特性分为正撞刚性墙、斜撞刚性墙、正撞刚性柱、正撞护栏、斜撞护栏以及与行人碰撞等类型。

2. 汽车多车事故

多车事故是指两辆或两辆以上的汽车在同一事故中发生碰撞造成的事故。在多车事故中，两车相撞的情况较多。多车事故有两个明显特征：一是给事故车辆施加冲击力的均为其他车辆；二是一般无来自上下方向的冲击载荷，且其障碍物的刚性变化没有单车事故大。

3. 汽车碰撞损伤类型

按碰撞部位是否接触分类，可分为直接损伤和间接损伤：

（1）直接损伤（或一次损伤）。

指汽车碰撞直接接触部分出现的损伤。如汽车发生前撞，直接接触部分包括前保险杠、前翼子板、散热器护栅、发动机舱、前灯等零部件导致的变形损坏，称为直接损伤。

（2）间接损伤（或二次损伤）。

指汽车碰撞非直接接触部分出现的损伤。即离碰撞点有一定距离，因碰撞力传递而导致的变形，如车架横梁、行李舱、车轮外壳、护板等。

按被碰撞零部件变形特点，可分为：侧弯、凹陷、折皱、菱形损坏和扭曲5类，如图7-2所示。

（1）侧弯。

指偏离原行驶方向时发生的损坏，表现为一边伸长，一边缩短。

（2）凹陷。

指前机罩区域出现的比正常平面低的情况。

(3)折皱。

指车架或侧梁上发生微小的弯曲。

(4)菱形损坏。

指原为方形,碰撞后变为菱形。

(5)扭曲。

指零件平面的两个对角碰撞后变为其中一个角高出正常平面,另一个角低于正常平面。

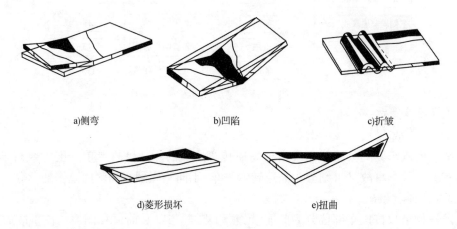

a)侧弯　　　　　b)凹陷　　　　　c)折皱

d)菱形损坏　　　　e)扭曲

图7-2　车身碰撞损坏类型

7.2　汽车碰撞损伤的诊断

7.2.1　碰撞对车身结构的影响

1. 车身结构

汽车车身结构从形式上说,主要分为承载式和非承载式两种。

承载式车身没有刚性车架,只是加强了车头、侧围、车尾、底板等部位,发动机、前后悬架、传动系统的一部分等总成部件装配在车身上设计要求的位置,承载式车身如图7-3所示。

图7-3　承载式车身结构图

承载式车身除了其固有的乘载功能外,还要直接承受各种负荷力的作用。如今承载式车身通过不同强度钢材的运用,发生碰撞时通过吸能等方式保证车内人员安全,在安全性及稳定性方面都有很大的提高,但产生的噪声和振动相对较大。车体的刚性和载重能力相对较弱,所以一般专业越野车和货运车辆不采用这种结构,其优、缺点如表7-1所示。

承载式车身优、缺点 表7-1

优 点	缺 点
(1) 无车架,减轻整车质量; (2) 结构不影响车厢内部空间,地板高度降低,上下车方便; (3) 适合轿车、小车,以及城市 SUV,比较轻、省油; (4) 重心较低,公路行驶平稳,整体式车身比较安全	(1) 传动系统和悬架的震动和噪声会直接传入车内,需采取防震和隔声措施; (2) 底盘强度远不如大梁结构的车身,当四个车轮受力不均匀时,车身会发生变形; (3) 制造成本偏高

非承载式车身是指车架承载着整个车体,发动机、悬挂和车身都安装在车架上,车架上有用于固定车身的螺孔以及固定弹簧的基座的一种底盘形式。非承载式车身如图7-4所示。

非承载式车身车架有边梁式、钢管式等形式,其中边梁式是采用最广泛的一种车架。边梁式车架由两根长纵梁及若干根短横梁铆接或焊接成形,纵梁主要承负弯曲载荷,一般采用具有较大抗弯强度的槽形钢梁。也有采用钢管,但多用于轻型车架上。非承载式车身的优缺点如表7-2所示。

图7-4 非承载式车身结构图

非承载式车身优缺点 表7-2

优 点	缺 点
(1) 车身强度高,钢架能够提供很强的车身刚性; (2) 有独立的大梁,底盘强度较高,一般用在货车、客车和越野吉普车上; (3) 四个车轮受力再不均匀,也是由车架承担,而不会传递到车身上去; (4) 车身和车架是采用弹性元件连接的,具有一定的缓冲减振作用	(1) 遇到危险(如翻车)的时候,厚重的底盘,也会对相对薄弱的车身产生致命威胁; (2) 车架重,车身和车架又是两个独立的部件,整体重量更大; (3) 车辆重心比承载式更高

2. 车身构成

轿车普遍采用承载式车身结构,其车身主要由车身前部、车身底部、中间车身、车身侧部、车身后部及其他相关附件组成,车身构成如图7-5所示。

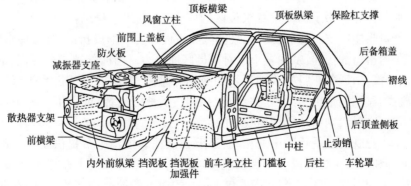

图7-5 车身构成图

（1）车身前部。车身前部主要由翼子板、前段纵梁、前围板及发动机罩等构件组成。当汽车受到正向冲击时，依靠前车身来有效地吸收冲击能量。

（2）车身底部。车身底部是将车身前部后侧、客箱和行李舱底板连接在一起的构件。车身底部是中间车身的基础，而且汽车行驶中加给车身的载荷都是通过底板传递并加以扩散的。车身底部要求具有较高的刚性，用以支撑乘员和货物并连接后悬架和后轴，车身底部由数条横梁及两侧的纵梁构成刚性较高的承载浅盘形地板。为了适当吸收车辆碰撞时的部分冲击能量，防止发动机侵入驾驶室，前纵梁和后纵梁都设计成向上弯曲的挠曲状。

（3）车身侧部。车身侧部用以连接车身的底部、前部、后部和顶盖，并构成客箱的侧面。用前、中、后3根立柱和上下纵梁构成车门框，用以安装车门。由于车门面积的要求，车身侧面的刚性较弱。

（4）车身后部。轿车后车身是用于放置物品的部分，车身后部主要由后侧板、后挡泥板、衬板、行李舱盖或背门形成行李舱。与车身前部框比，车身后部只有面板，而没有骨架部分，所以其刚性比车身前部低得多。

上述四大件焊接在一起构成了车身壳体，车身壳体内部一般都设置隔音隔热和防振材料或涂层。车身除了这四大构件以外，还包括：

（1）车身外部装饰件，主要有：装饰条、车轮装饰罩、标志等，散热器面罩、保险杠等也具有明显的装饰作用。

（2）车身内部装饰件，主要有：仪表板、顶棚、侧壁内衬、车门内衬等。

（3）车身附件，主要有：车门锁、门铰链、玻璃升降器、各种密封件、扶手、安全带、安全气囊、座椅头枕等。

3.碰撞力对不同车身结构汽车的影响

汽车碰撞对于不同结构的汽车损坏程度是不同的，损失金额也是不一样的，汽车发生碰撞事故，首先受到损坏的是汽车的外壳——车身，再后就是汽车零部件。

1）碰撞对承载式车身结构的影响

客车和轿车广泛采用承载式车身，承载式车身受碰撞后通常会造成车身整体结构件损伤，在修理时既要满足形状要求，又要满足发动机至驱动轮动力传递和各大总成及前轮定位，技术要求很高。由于承载式车身是整体结构，受到碰撞后，尤其是碰撞力度大而又指向质心时，汽车车身由于吸收碰撞能量而产生变形，碰撞能量通过车身结构扩散，车身从撞击点依次吸收撞击能量。车身结构由许多薄钢板通过焊接而成车身完体，车身壳体吸收碰撞能量导致变形和损坏。为了保证车身乘员区的安全，承载式车身结构的汽车在前部和后部设置了碰撞能量吸能区，在受到碰撞时，吸能区能按设计要求形成折曲，吸收撞击能量，这样就大大减少了撞击力的传递，从而减小了对乘员区冲击力。当前部被碰撞，由前部车身吸收能量；后部被碰撞，由后部车身吸收能量。如前侧方碰撞，则由前翼子板及前部纵梁吸收能量；中部被碰撞，碰撞能量由边梁、立柱和车门吸收；后侧方碰撞，能量由后翼子板及后纵梁吸收；车顶盖受到碰控，则由顶部结构吸收能量。

现代汽车车身既要经受行驶中的振动，还要在碰撞时能给乘员提供安全。现代乘用车在碰撞时，前部和后部车身形成一个吸引能量的结构，在某种程度上碰撞容易损坏，使得车身中部形成一个相对安全区。当汽车以48 km/h的速度碰撞坚固障碍物时，发动机舱的长度会被压缩30%~40%,但乘员室的长度仅被压缩1%~2%。承载式车辆发生正碰和追尾时候的能量分布、吸收情况如图7-6所示。

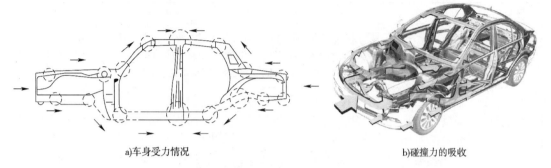

a)车身受力情况　　　　　　　　　　　b)碰撞力的吸收

图7-6　承载式车身对碰撞力量的吸收

2)碰撞对非承载式车身结构的影响

汽车发生碰撞事故时,车架被损伤的概率是很高的,由于是基础件,它损坏变形后将直接影响到各大总成的正常工作,严重时会导致汽车丧失工作能力。

对非承载式车身而言,碰撞对车身结构的影响主要表现在车架的弯曲和车架的扭曲,如图7-7所示。

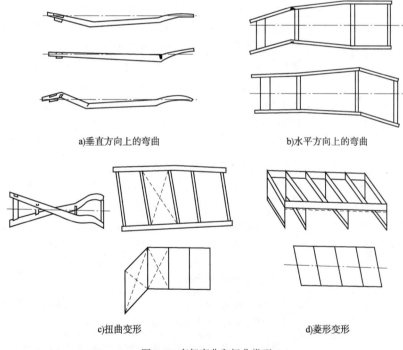

a)垂直方向上的弯曲　　　　　　　　　b)水平方向上的弯曲

c)扭曲变形　　　　　　　　　　　　　d)菱形变形

图7-7　车架弯曲和扭曲类型

7.2.2　车身的碰撞损伤诊断

碰撞事故造成车身损坏的特点主要是骨架扭曲变形、断裂和板面的刮裂、凹陷、皱褶等。事故车修复后,车身各钣金件外形尺寸和工作性能应基本达到原厂设计要求。若质量未达到要求或使其他零部件装配困难时应返工,车身的碰撞损伤诊断与修复如表7-3所示。

车身的碰撞损伤诊断与修复　　　　　　　　　　　　　　　　　　　　　表7-3

序号	部位(部件)	碰撞损伤诊断与修复
1	保险杠	当汽车发生正面碰撞(含追尾)时保险杠支架、骨架可能发生变形,保险杠面罩(大多为塑件)可能发生擦伤、撕裂、断裂、凹裂等损坏。保险杠支架、骨架,一般变形(含中度变形的)可采取修复校正方法处理。对于变形严重的,则考虑更换
2	发动机舱盖	碰撞会引起发动机舱盖变形。一般小轿车发动机舱盖由蒙皮和内加强筋两部分组成。轻微碰撞,因变形部位不受内加强筋限制,钣金容易操作的。对于碰撞较严重且整形操作受影响的,则必须将蒙皮与内加强筋剥离后进行整形修复
3	前翼子板	一般翼子板的损坏程度不十分严重,基本上都可采取修复方法进行处理
4	前围	前围在车身结构中,位置处在前部,当汽车发生正面、侧面碰撞时,都会造成前围不同部位的变形。当汽车发生正面碰撞时(含追尾),首先发生变形的就是散热器框架。对于轻微的碰撞或者局部的碰撞,一般都可采取整形恢复的办法处理,但对追尾碰撞,造成该部位被损、变形严重,因其几何形状复杂,可采取更换的办法进行处理
5	前纵梁	当汽车发生正面碰撞、侧面斜交碰撞时,往往会造成双边纵梁或单边纵梁弯曲变形,较大的碰撞还可能造成弯折或破损。一般情况下,大多采用校正处理
6	挡泥板	当汽车发生正面碰撞,挡泥板前部变形,一般都采取整形修复处理。若碰撞严重,造成前纵梁弯折,挡泥板破损,在决定更换前纵梁的同时,连挡泥板一同更换。若从侧面碰撞,使平行包变形严重或破损,可更换挡泥板
7	车身支撑件	当汽车发生正面碰撞,一般来说对此部位的变形影响不大,如碰撞严重也只能造成立柱的变形。由于这些部位都是些组合件,且焊接比较牢固,所用的材质比其他构件厚,刚度较大。因此在变形、受损后,要进行修复难度较大。轻微凹陷变形,可用顶拉的方法即可恢复,如果变形严重,就要解体分开修整,最后组合
8	车门	在汽车碰撞事故中,造成车门变形、破损的主要原因是该车被侧面碰撞或覆倾。由于车门是多体件组成,在定损时可采取哪个附件变形破裂,就修复或更换哪个附件
9	后翼子板	一般来说,轻微的擦撞,只是对翼子板面板造成损伤,修复整形后能够达到表面光滑、弧度均匀,恢复到原来的几何形状。对于侧面碰撞,较为严重者一般需解体整形。对于变形、破损严重的,为保证车体后部的标准尺寸和车的外形几何形状要求,可采取更换此件的方法解决
10	后围	后围的变形破损,在定损过程中都是以修复为主(无单体件可供更换),由于它的结构简单,恢复后基本上无后遗故障
11	车顶	车顶本身结构比较薄弱,轻微的直接碰撞都会造成车顶的凹变。车顶的轻度变形或局部凹陷,通过简单的整形就能恢复到原来的形状
12	车身底板	除非严重碰撞,车身底板一般不会造成变形。车身底板的变形,一般都采用修整的办法来恢复原来的几何形状及尺寸,破裂的进行焊补
13	行李舱盖	侧部碰撞行李舱盖一般只是轻度变形,或者移位;正面碰撞,行李舱盖变形、拱曲、破损比较严重。当行李舱盖碰撞变形后,通过整形修复基本上都能恢复原来的形状

车身修复作业的主要内容有两大项：钣金修复和喷涂修复。车身钣金修复作业的主要内容包括：鉴定、拆卸、修正与装配等。

（1）鉴定。鉴定就是用尺子、样板或模具等对车身损伤部位进行检查，以确定损伤的性质和具体的修复方法。

（2）拆卸。拆卸的原则是尽量避免零件的损伤和毁坏，连接件的拆卸方法除用扳手外，还可以根据实际情况采取钻孔、锯、錾、气割等。

（3）修整。车身变形的修整作业内容和方法很多，根据不同形式的损伤采取不同的方法，具体有：锤敲、撑拉、挖补、氧-乙炔焊、气体保护焊、手工电弧焊、电阻点焊、铝合金钎焊、等离子弧切割等。

（4）装配。将经过修正的车身和局部附件、需要更换的部件和拆卸件，按原车的要求进行总装。

车身进行钣金整形后的工序就是喷涂工序。工艺过程包括：脱漆、表面预处理、涂料选择和调色、实施喷涂工艺。

（1）脱漆。根据车身维修和车身旧漆的情况，需要部分或全部地除去车身上的旧漆，以保证涂装工艺的质量要求。常用的方法有：火焰法、手工或机械法、化学脱漆剂等。

（2）表面预处理。预处理的工序是：去锈斑、除污垢，进行氧化处理、磷化处理、钝化处理等。去锈除污的目的是增加涂层和腻子与基体金属的附着力；氧化处理、磷化处理、钝化处理的目的是防锈，延长车身的使用寿命。

（3）涂料选择和调色。根据原车面漆的质地与色号，选择涂料和调色。车身涂料除面漆外，还需要各种附料，如底漆、腻子、稀释剂、清漆、固化剂、防潮剂、红灰、胶纸等。

（4）涂装工序。涂装主要工序包括：头道底漆的喷涂，刮涂腻子，喷涂二道底漆，用红灰填补沙眼、气孔，喷涂末道底漆，面漆喷涂，罩清漆，喷涂后处理。头道底漆为防锈底漆，目的是防锈和增加腻子与基体金属的附着力。腻子至少要刮涂二三遍，并进行打磨，刮涂腻子的目的是将修整时留下的不平整平。

7.2.3　发动机和底盘的碰撞损伤诊断

1. 发动机损伤的鉴定

汽车的发动机，尤其是小型轿车的发动机，一般布置于车辆前部发动机舱。车辆发生迎面正碰撞事故，不可避免地会造成发动机及其辅助装置的损伤。对于后置发动机的大型客车，当发生追尾事故时，有可能造成发动机及其辅助装置的损伤。

一般发生轻度碰撞时，发动机基本上受不到损伤。当碰撞强度较大，车身前部变形较严重时，发动机的一些辅助装置及覆盖件会受到波及和诱发的影响而损伤，如空气滤清器总成、蓄电池、进排气歧管、发动机外围各种管路、发动机支撑座及胶垫、冷却风扇、发动机正时罩等，尤其对于现代轿车，发动机舱的布置相当紧凑，还可能造成发电机、空调压缩机、转向助力泵等总成及管路和支架的损坏。更严重的碰撞事故会波及发动机内部的轴类零件，致使发动机缸体的薄弱部位破裂，甚至致使发动机报废。

在对发动机损伤检查时，应注意详细检查有关支架所处发动机缸体部位有无损伤。发动机的辅助装置和覆盖件损坏可以直接观察到,采用就车拆卸、更换或修复的方法。若发动机支撑、正时罩和基础部分损坏,则需要将发动机拆下进行维修。当怀疑发动机内部零件有损伤、破裂或缸体有破裂损伤时,需要对发动机进行解体检验和维修。

2. 汽车底盘损伤的鉴定

1) 悬架系统

由于悬架直接连接着车架(或承载式车身)与车桥(或车轮),其受力情况十分复杂,在碰撞事故中,悬架系统(尤其是独立悬架系统)经常受到严重的损伤,致使前轮定位失准,影响车辆正常行驶。

车辆遭受碰撞事故时,悬架系统由于受到车身或车架传导的撞击力,悬架弹簧、减振器、悬架上支臂、悬架下支臂、横向稳定器和纵向稳定杆等元件会受到不同程度的变形和损伤。悬架系统元件的变形和损伤往往不易直接观察到,在对其进行损伤鉴定时,应借助检测设备和仪器进行必要的测量及检验。这些元器件的损伤一般不宜采用修复方法修理,应换新件。

2) 转向系统

转向系统的技术状况直接影响着行车安全,而且由于转向系统的部件都布置在车身前部,通过转向传动机构将转向机与前桥连接在一起。当发生一般的碰撞事故时,撞击力不会波及转向系统元件。但当发生较严重的碰撞事故时,由于波及和传导作用,会造成转向传动机构和转向机的损伤。

转向系统易受损伤的部件有:转向横拉杆、转向机、转向节等;更严重的碰撞事故,会造成驾驶室内转向杆调整机构的损伤。转向系统部件的损伤不易直接观察,在车辆定损鉴定时,应配合拆检进行,必要时做探伤检验。

3) 制动系统的定损

对于普通制动系统,在碰撞事故中,由于撞击力的波及和诱发作用,往往会造成车轮制动器的元器件及制动管路损坏。这些元器件的损伤程度需要进一步的拆解检验。

对于装用 ABS 系统的制动系统,在进行车辆损失鉴定时,应对有些元件进行性能检验,如 ABS 轮速传感器、ABS 制动压力调节器。管路及连接部分的损伤可以直观检查。

4) 变速器及离合器的定损

变速器及离合器总成与发动机组装为一体,并作为发动机的一个支撑点固定于车架(或承载式车身)上,变速器及离合器的操纵机构又都布置于车身底板上。因此,当车辆发生严重碰撞事故时,由于波及和诱发等原因,会造成变速器及离合器的操纵机构受损、变速器支撑部位壳体损坏、飞轮壳断裂损坏。这些损伤程度的鉴定,需要将发动机拆下进行检查鉴定。

7.2.4　电器和空调的碰撞损伤诊断

1. 电器设备损伤的鉴定

汽车电器设备包括电源部分和用电部分。电源部分有蓄电池、发电机和调节器;用电部分有起动机、点火系、照明装置和辅助设备等。车辆碰撞直接撞击电器设备零件,造成电器零件壳体变形、断裂等直接损坏。

1）蓄电池

汽车蓄电池一般安装在发动机舱盖里、驾驶员座位下或车架纵梁外侧。当蓄电池直接受撞击时有可能造成以下损坏：

（1）蓄电池外壳产生裂纹或破裂，致使电解液溢出。定损时，根据裂缝的部位和程度，确定对壳体进行修补或单独更换外壳；

（2）连接板断裂，可进行焊接；

（3）极柱折断，可将折断处清洁干净，重新焊修；

（4）极板组因碰撞而变形，活性物质脱落，可更换单格极板组。

2）发电机

发电机一般安装在发动机机体前部的侧面，当车辆发生碰撞时容易造成发电机以下损坏：

（1）发电机皮带盘破裂或变形。皮带盘破裂，一般应予更换；

（2）发电机外壳破裂。凡发生壳体破裂的一般应予更换；

（3）电枢轴因碰撞弯曲。对电枢轴弯曲的可进行校正处理；

（4）前、后端盖支臂螺孔处断裂。发生断裂的可进行修焊处理。

3）起动机

起动机安装在发动机后侧飞轮壳上，一般事故不会使其受损，只有当车辆严重碰撞造成飞轮壳受损或起动机本身遭直接撞击时，才可能使起动机部分零件造成以下损坏：

（1）驱动机构的驱动齿轮变形、牙齿断裂，更换驱动齿轮；

（2）后端盖因碰撞断裂，应更换；

（3）电枢轴弯曲，可进行校正处理；

（4）起动开关变形损坏。可根据损坏程度确定是否需要更换总成，电磁式起动机开关若碰撞凹陷，可导致内部线圈短路，一般应更换开关总成；

（5）推动离合机构的传动叉因碰撞变形，可拆下校正。

4）照明装置

照明装置(灯具)在碰撞中首当其冲极易损坏。对灯罩破裂的，如有灯罩配件可更换灯罩，无灯罩但有半总成的可更换半总成。对于灯具底座(或称后壳)破裂的，可采取塑焊修补方法处理。

5）仪表板

在碰撞事故中极易造成仪表台面挤压弯折及破裂。对于台面轻微弯折或破裂的可采取塑工处理；台面内支架破裂的可进行塑焊处理；对于有组合部件的可更换部分组件，对于仪表损坏的可单独更换仪表；对于仪表未损坏，而仪表台面严重损坏的可单独更换仪表台面。仪表台总成一般价值都较高(尤其是高档轿车类)，轻易不得更换仪表台总成。

2. 空调系统损伤的鉴定

汽车空调系统包括：制冷压缩机、冷凝器、蒸发箱、暖气水箱、鼓风机等。

1）冷凝器

冷凝器与水箱一起被安装在水箱框架上。一般的正面碰撞极易造成冷凝器损坏。对于冷凝器轻度弯扭变形的,可采取校正方法处理;严重变形或破漏的一般应予更换。对冷凝器外部连接的空调管道直接撞击弯折、破裂的一般都应更换。

2) 制冷压缩机

制冷压缩机的损坏一般表现为:皮带盘变形、压缩机轴弯曲变形、压缩机壳体破裂、压缩机空压管接头损坏等。皮带盘的轻微变形可采取校正方法处理,严重变形的可更换皮带盘;压缩机轴弯曲变形可校正处理;壳体破裂的一般应予更换;空压管接头损坏的可设法更换接头。

3) 蒸发箱与鼓风机

蒸发箱及鼓风机在碰撞过程中极易遭受挤压壳体破碎。一般壳体局部破碎都可采取塑焊方法处理,但对于壳体大面积破碎的,亦可采取更换壳体处理(有壳体配件的),一般不得轻易更换总成件。

7.3 汽车维修费用的评估

7.3.1 作业项目的确定

在完成对汽车的碰撞损伤鉴定之后,需要制订维修计划。在此基础上,进行维修费用的计算与评估。维修计划包括需要修理和更换的项目、维修工位、维修工时、需要采购和外加工的项目等。

作业项目的确定可分为四项:更换项目的确定、拆装项目的确定、修理项目的确定与待查项目的确定。

1. 更换项目的确定

需要更换的零部件一般可归纳为以下四种。

1) 无法修复的零部件

非承载式汽车中的车桥、悬架;转向系统中的所有零部件,如方向横拉杆的弯曲变形等;灯具的严重损毁,玻璃的破碎等。

2) 工艺上不可修复使用的零部件

工艺上不可修复使用的零部件主要有胶贴的各种装饰条,如胶贴的风窗玻璃饰条、胶贴的门饰条、翼子板饰条等。

3) 安全上不允许修理的零部件

从保证安全的角度考虑,不可修复使用的零部件是指那些对汽车安全起重要作用的零部件,如行驶系统中的所有零部件。这些零部件在受到明显的机械性损伤后,从安全的角度出发,基本上都不允许再使用,必须予以更换。

4) 无修复价值的零件

无修复价值的零部件是指从经济角度考虑,已无修复价值,即那些修复价值接近或超过零部件原价值的零部件。

2.拆装项目的确定

有些零部件或总成并没有损伤,但是更换、修复、检验其他部件需要拆下该零部件或总成后再重新将其装回。

拆装项目的确定,要求评估人员对被评估汽车的结构非常清楚。当对被评估汽车拆装项目的确定有疑问时,可查阅相关的维修手册和零部件目录。

3.修理项目的确定

在现行的汽车损失评估以及绝大多数机动车保险条款中,受损汽车在零部件的修理方式上仍以修复为主,所以在工艺上、安全上允许的且具有修复价值的零部件应尽量修复。

4.待查项目的确定

在车险查勘定损工作中,经常会遇到一些零件,用肉眼和经验一时无法判断其是否受损、是否达到需要更换的程度,甚至在车辆未修复前,就单独某零件用仪器都无法检测,如转向节、悬架臂、副梁等,这些零件在定损工作中常被列为待查项目。减少待查项目中道德风险的方法主要包括:尽量减少待查项目、拍照备查、参与验收、取走损坏件。

7.3.2　零部件更换原则

在汽车维修的过程中,往往会涉及相关零部件的维修与更换,零部件是否需要更换,需要注意以下原则。

1.质量与寿命有保证

维修后零部件的使用寿命应能达到新件寿命的80%以上,且应能与整车使用寿命相匹配。

2.确保行车安全

1)影响安全的保安件

如转向系统的球头转向节、横、直拉杆,悬架系统的扭杆等。

2)修复后不能达到原有技术标准的

如发动机缸体、缸盖、飞轮壳等。

3)修复后不能恢复原有性能的

如钢圈、转向节等。

4)修复后会产生漏水、漏气的

如骨架、立柱、轮槽等。

5)无探伤条件的

对于零部件变形后需要探伤但无探伤条件而无法确定损伤情况的,必须更换,以确保行车安全。

6)无矫正设备或检验设备的

无法保证维修质量的零件,必须更换。例如,汽车的侧梁、翼子板的内板、发动机副梁、转动轴等重要零件,如无维修把握时,都必须更换。

3. 零部件修理费用与新购价格的关系

1) 价格较低的

一般修理费用应小于或等于新价格的 30%。

2) 中等价值的

一般修理费用应小于或等于新价格的 50%。

3) 总成的修理费用

一般修理费用应小于或等于新价格的 75%。

4. 板件的损伤程度

1) 对于结构性的板件

对于非结构性的板件,如前/后翼子板、发动机舱盖,因在车身中起到承载的作用,需要仔细考虑整体更换车壳总成。

2) 对于车门外皮等

如无撕裂、死褶或开裂部位很小,均属于可修复的情况,一般不更换。

5. 特殊零部件的更换

特殊零部件包括以下五类。

1) 仪表类

目前轿车多采用组合仪表,一般有明显碰伤、破损的都需要整体更换。某些车型的仪表可以单独更换。

2) 电气元件

对于各种继电器、传感器等电气元件,尤其是 ECU,它们通常情况下都无法修理,只能更换。

3) 橡胶、塑料和玻璃制品

(1) 橡胶制品:包括轮胎和低值易损橡胶制品。

(2) 塑料制品:如利用玻璃钢型材等复合材料制造保险杠、翼子板等非结构件。当这些制品损伤不严重时,一般都可以用粘接或塑料焊接的方法修理,但若损伤严重则应更换。

(3) 玻璃制品:车身玻璃为不可修复件,必须更换。

4) 电镀装饰件

在碰撞中这类零部件失去装饰作用,必须更换。

5) 车身附加设备

某些车主购车后,又自行增添了音响、装饰件等价值较高的设备。由于车损险的赔偿范围应限定于该车型的原厂配置。若车主未投保新增设备险,则不能赔偿,应由车主自行负担损伤的维修费用。

6. 关于外协加工和专项修理

在目前的汽车维修市场上,出现了许多专项维修业户,其维修质量有保证且价格合理。例如,铝合金焊接专项维修户,可以对于采用铝合金的发动机缸体、缸盖、变速器壳等,进行铝合金焊接修理。在决定此类零部件的修与换时,应充分考虑。

7. 老旧车型

对于某些老旧车型,其配件价格昂贵且在市场上很难买到,考虑到该车型离法定报废时限很短,一般采用修理的方法为好。

8. 商品车或 3 个月以内的新车

凡属于本例汽车上的损伤零部件,都必须更换。

7.3.3　维修费用的计算与评估

1. 汽车维修费用的组成

汽车维修费用主要由工时费、材料费、外协加工费和税费等四项所组成。

1) 工时费

$$工时费 = 工时单价 \times 工时定额 \qquad (7-1)$$

式中:工时单价——即完成某工种每单位维修工时所需的费用,元/h;

工时定额——即完成某工种的单项修理所需的工作时间,h。

其中,工时单价是按汽车维修企业级别而定的,共分四档:一类企业工时单价,二类企业工时单价,三类企业工时单价,机加工及车辆急修的工时单价(各地情况不同,会有一定差别)。某地的汽车维修行业工时单价如表 7-4 所示。

某地汽车维修行业工时单价　　　　　表 7-4

类　　别	工时单价(元)	范　　围	备　　注
一类维修企业	10	各工种	不含辅料费
二类维修企业	8	各工种	不含辅料费
三类维修企业	5	专项修理、摩托车维修	含辅料费
机加工、车辆急修	14	—	含辅料费

工时定额则与汽车的维修项目紧密相关,汽车维修的类型如下。

(1) 汽车大修。

汽车大修的作业范围包括:发动机总成、前桥总成、后桥总成、车架总成、变速器总成、客车车身总成、货车总成的解体、拆卸清洗、分类检验、备料、换件、零件修复、装配、总成的组装调试、竣工验收等全部过程。

(2) 发动机总成大修。

发动机总成大修的作业范围包括:发动机的解体、清洗、分类检验、换件、发动机机加工、零件修复、总成装配、发动机涂漆、发动机电器修理、磨合、调试及竣工验收的全部过程。

(3) 前桥、后桥、变速器总成大修。

作业范围包括:总成零部件的解体清洗、分类检验、换件、修复、装配、调试及竣工验收的全部工作过程。

(4) 车架总成大修。

当车架出现断裂、弯曲、扭曲、铆钉松动,必须拆卸其他总成才能修理时,可以按总成大修的工时计算。在计算工时时,拆装其他总成的工时另计。

(5) 车身总成大修。

作业包括:彻底修复横直梁、骨架断裂、霉烂、变形。

(6)汽车小修。

作业范围包括:个别零部件的修理、更换、润滑、故障排除、调整试车、竣工验收等工作过程。

(7)汽车维护作业。

汽车维护作业分为一级维护、二级维护,《汽车维护工艺规范》(JT/T 201—1995)中已明确规定了汽车维护的作业范围和具体工艺内容(该标准已作废,但仍在行业内使用)。凡维护作业范围之外的修理都属于附加项目,可附加计费。

轿车的大修工时定额、轿车的二级维护工时定额分别如表7-5、表7-6所示。

轿车的大修工时定额参考表(单位:h)　　表7-5

项目\车型	微型	普通型	中级	中高级	高级
一、全车大修工时合计	1147	1452	1812	1926	2069
二、发动机及离合器大修工时合计	232	284	396	408	443
1.发动机解体、清洗、检修、装配、磨合、调试	174	196	244	254	274
2.发动机机加工	32	58	68	70	75
3.发动机电器	24	28	82	82	92
4.发动机涂漆	2	2	2	2	2
三、底盘大修工时合计	268	310	394	418	442
1.变速器、分动器及传动轴	45	54	74	76	80
2.前桥、前悬架及转向器	60	61	87	88	96
3.后桥(包括中桥)、后悬架	60	61	80	83	90
4.制动系(不包括前、后轮制动器)	35	36	45	45	50
5.车架	40	54	60	70	70
6.轮胎	8	12	16	16	16
7.底盘机加工	12	24	24	32	32
8.底盘涂漆	8	8	8	8	8
四、车头、车身	250	350	400	418	460
五、蓬垫	70	80	100	120	120
六、全车电系(不含发动机电器)	70	90	120	140	150
七、机加工(不含发动机和底盘机加工)	6	8	8	8	8
八、整车检验、调试	16	20	24	24	26
九、全车涂漆(不含发动机和底盘涂漆)	235	310	370	390	420

轿车的二级维护工时定额参考表(单位:h)　　表7-6

项目\车型	微型	普通型	中级前驱	中级后驱	高级
一、全车工时合计	41	41	41	41	41
二、维护作业前检测	1.5	1.5	1.5	1.5	1.5

续上表

项目 \ 车型	微型	普通型	中级前驱	中级后驱	高级
三、维护作业	33	33	33	33	33
1. 发动机附离合器	8	8	8	8	8
2. 底盘合计	12	12	12	12	12
1）前桥及转向器	6	6	6	6	6
2）变速器、传动轴	1.5	1.5	1.5	1.5	1.5
3）后桥	3	3	3	3	3
4）制动	1.5	1.5	1.5	1.5	1.5
3. 车身、车架、悬架	6	6	6	6	6
4. 电器、仪表	6	6	6	6	6
5. 轮胎	1	1	1	1	1
四、竣工过程检验	1.5	1.5	1.5	1.5	1.5
五、上线检测	5	5	5	5	5

2）材料费

（1）指维修工作中所需要更换的零件与使用的材料费用，如涂料及其配套的固化剂、稀释剂和需要添加的其他材料的费用。

（2）一般维修所需要的消耗性材料不应包括在其中，如清洗零部件的油料、用品、钣金维修所需要的氧气、乙炔气、普通砂纸以及水、电消耗等。

（3）某些低值易耗品，如塑料件、橡胶件、紧固件、电线、插头等所需费用。

3）外协加工费

外协加工费是指维修过程中受自身条件所限必须外协或进行专项修理的实际发生的费用。对于外协加工费，不得自行加价。

4）税费

税费是指维修厂家在向用户进行结算时必须收取的，按照国家规定要向税务部门上交的维修增值税。

2. 确定维修费用所需资料

在定损工作中，确定维修费用所需资料主要包括汽车的维修手册、零配件价格表、喷涂材料的价格表，以及维修工时定额和工时费率等。

1）零配件价格

（1）对于修理厂家而言，配件的使用和销售，是利润的一项主要来源。按照有关规定，修理厂家按照出厂价进货的零配件，可加价30%；按照批发价进货的零配件，可加价15%；按照零售价进货的零配件，不准加价销售但可收取3%的代购手续费。

（2）由于汽车市场整车销售价格变化性比较大，维修配件的价格相应也存在较大的波动。因此，维修费用的估算是一项时效性很强的工作。而且，零配件进货的渠道不同，其价差也很大，对维修厂家的利润影响很大。评估人员应随时掌握最新的零配件价格，从而进行较为准确的评估。

2) 喷涂材料的价格

(1) 喷涂材料主要包括：原子灰、底漆、中涂漆、面漆、清漆和相应的固化剂、稀释剂等喷涂材料以及抛光蜡、美容用品等。

(2) 需要掌握的计算内容包括：汽车需要涂装修理的面积、采用何种涂装修理方法、每升涂料可涂布的面积大小，以及各种涂料的价格水平等。

3) 维修工时定额和工时费率

维修工时定额和工时费率标准的种类有地方标准、维修厂家标准、汽车生产厂家及其4S店标准以及汽车维修车型系数等。

(1) 地方指导性标准：是由地方政府物价部门和地方汽车维修管理部门根据本地区维修业平均工时和本地区主要保有车型制定的指导性价格标准。它有利于统一和平衡本地区汽车维修价格。一般也是保险定损的依据。

(2) 维修厂家标准：是指汽车维修厂家根据自身条件在地方指导性标准基础上，作适当上浮或下浮，并报当地汽车维修管理部门批准后执行的厂家标准，主要作为本厂定损人员的依据。

(3) 汽车生产厂家及其4S店标准：是指汽车生产厂家依据地方指导性标准制定的专一车型维修标准。当对该车型进行评估时，应重点参考的依据。

(4) 汽车维修车型系数：由于现代汽车技术的飞速发展及各类新车型的不断涌现，使得汽车修理技术水平的档次产生明显高低之分。为此，某些地区在维修收费标准中，也按车型划分档次制订了汽车维修车型系数标准。在具体计算维修费用时，应将基本维修标准再乘以汽车维修车型系数，以应对各类不同档次的车型。

3. 维修工时的确定

确定维修工时是计算维修费用的关键，维修工时可分为以下9种：

1) 拆装工时

事故车的修理与正常车的修理区别很大，其拆装工时占很大的比例，其拆装工时分为以下三种形式。

(1) 显性拆装工时：是指为修理某项零部件而单纯拆装该项零部件所需要的工时。例如某碰撞车的两个车门需要整形，那么，单纯拆装这两个车门的所需工时，即为显性拆装工时。

(2) 隐性拆装工时：是指修理某些零部件时，需要首先拆除一些不需要修理的其他完好的零部件的工时。在修复后的装配过程也是如此。隐性拆装工时，在碰撞车的修理工作中是常见现象。例如，为校正或更换碰撞车损伤的纵梁和前翼子板的内板，首先要拆除已经损坏的散热器、散热器支架、冷凝器、风扇、翼子板等，这些零部件的拆装工时属于显性工时，并已经包括在这些零部件各自的单项修理工时之中。此外，还需拆除发动机，而发动机完好无损。所以，拆除发动机的工时即为拆除纵梁和前翼子板的内板的隐性拆装工时。

(3) 整车拆装工时：主要是针对非承载式车身汽车而言的。当该类车型发生翻车或严重碰撞时，一般会引起车架的严重变形。此时，为校正或更换车架，必须拆除车身，并拆下发动机、变速器、前后桥、悬架等几乎所有的汽车零部件。而在修复后,再按相反的顺序逐一装复,这就是整车拆装工时。

2)换件工时

在修理过程中,凡经鉴定已经损坏且必须更换的零部件时,更换此类零部件的工时称为换件工时。例如,某轿车发生前部碰撞,经鉴定需要更换前保险杠衬板、散热器格栅、散热器框架、前灯、翼子板等。更换这些零部件的工时,就应计为换件工时。

3)整形工时(钣金工时)

(1)凡事故车辆的钣金件变形,而对其进行整形修理所需要的工时,称为整形工时(钣金工时)。

(2)钣金件的损伤程度,分为轻度损伤、中度损伤和重度损伤三类。

①轻度损伤:是指局部的、小范围的、不影响整体安装的轻度变形。如前翼子板、车门的轻微碰撞变形等。其钣金修理费用为新零部件价格的10%~20%。

②中度损伤:是指局部框架的变形或板件中等程度的损伤。如前门的立柱和中柱等。其钣金修理费用为新零部件价格的20%~35%。

③重度损伤:是指板件和结构件已经变形,需要全部拆开进行整形矫正修理。如平头货车的前门立柱、前围板、车门和驾驶室总成等。其钣金修理费用为新零部件价格的35%~50%。某省轿车部分钣金件整形的工时定额如表7-7所示,可供参考。

某省轿车部分钣金件整形的工时定额参考表(单位:h)　　表7-7

	变形程度	轻　度	中　度	重　度	需要换件
1	前围框架	6	9	12	16
2	发动机舱盖	10	15	20	—
3	前翼子板	8	10	12	—
4	前纵梁挡泥板总成	12	16	20	28
5	前风窗框架	8	12	16	—
6	前门前立柱	10	15	20	25
7	车门中柱	12	16	20	20
8	车门	10	16	22	—
9	行李舱盖	10	15	20	—
10	后翼子板	10	15	20	24

4)检修工时

是指事故车辆维修中,对其机械部分进行检查、调整和修理所需要的工时。如更换碰撞损坏的变速器壳体(也就是变速器总成大修)所需要的工时,即为检修工时。

在事故车辆维修中,当检修工时与总成大修或维修作业工时相同的,即可参考机修工时定额进行计算,但有时需增加拆装工时。

5)电工工时

电工工时包括对电气设备的修理和配合其他工种作业而进行的灯具拆装、线路更换或修整、仪表台和仪表的拆装、蓄电池的电解液补充和充电、仪表传感器等的拆装以及发电机、起动机的检修等,均可参照电工工时定额确定。

6）调整工时

包括总成检修后的调试与磨合,以及所有修理部位的检查等所需要的工时,称为调整工时。例如,转向器、离合器、变速器以及四轮定位等修理后的路试检验等。

7）辅助工时

辅助工时通常包括以下作业所耗费的工时。

(1) 把汽车安放到修理设备上并进行故障诊断。

(2) 用推拉、切割等方式拆卸撞坏的零部件。

(3) 相关零部件的矫正与调整。

(4) 去除内漆层、沥青、油脂及类似物质。

(5) 修理生锈或腐蚀的零部件。

(6) 松动锈死或卡死的零部件。

(7) 检查悬架系统和转向系统的定位。

(8) 拆去打碎的玻璃。

(9) 更换防腐蚀材料。

(10) 修理作业中当温度超过60℃时,拆装主要电脑模块。

(11) 拆卸及装回车轮和轮毂罩。

上述各项虽然每项工时不大,但对于较大的碰撞事故,各作业项累计工时通常是不能忽视的一项重要工作。

8）外协工时

是指尚未包括在正规外协加工费项目中的某些小量零星工时,如焊补散热器、安装玻璃或铝合金制品的焊修等。

9）喷涂维修工时及其费用

(1) 喷涂维修总费用,应按下式计算:

$$\text{喷涂维修总费用} = \text{喷烤漆材料费} + \text{铲底及全车喷烤漆工时费} + \text{烤漆房使用费} + \text{利税} \tag{7-2}$$

(2) 喷、烤漆材料费:包括原子灰、面漆、底漆、固化剂、稀释剂、砂布、砂纸、胶带等的费用。油漆种类分为普通漆、金属漆和珍珠漆等。金属漆价格一般高于普通漆,珍珠漆又高于金属漆。

(3) 铲底及全车喷、烤漆工时:铲底即车身底材的去锈处理所需工时。按照铲底面积将全车喷、烤漆工时分为三档。例如,一辆桑塔纳轿车喷、烤普通漆的工时定额分为:

① 铲底30%以下,全车喷、烤漆的工时为120h。

② 铲底30%~60%,全车喷、烤漆的工时为160h。

③ 铲底60以上%,全车喷、烤漆的工时为200h。

(4) 烤漆房使用费:400~500元。

(5) 利税,按以下公式计算:

$$\text{利税} = (\text{喷、烤漆材料费} + \text{铲底及全车喷、烤漆工时费} + \text{烤漆房使用费}) \times 18\% \tag{7-3}$$

其中,喷漆工时来源:一是部分进口车型配有专业估损手册,规定了新更换件的喷涂工时、维修过的零件的喷涂工时等;二是查找该车型的主机厂的《工时手册》或《零件手册》,一般也规定了各个主要板件或部件的喷漆工时;三是各地维修管理部门规定或推荐的工时。表7-8为某省于2006年1月1日开始实施的汽车车身烤漆项目工时定额。

汽车车身烤漆项目工时(单位:h) 表7-8

漆面类型	单位	外覆件	内构件(涂胶、涂漆)	
			承载式车身	非承载式车身
单层漆(面漆、素色漆类)	m²	3	1.5	1
双层漆(底漆/清漆、金属漆类)	m²	4	2	1.5
三层漆(底漆/中间层/清漆、珍珠漆类)	m²	5	2	1.5

注:1. 腻子处理面积占烤漆漆面积40%的事故车,单位工时可上浮30%。
 2. 三厢类轿车的前盖、后盖、车顶部位做漆,单位工时可上浮20%。
 3. 在柔性塑料上烤漆,可增加5%~10%的费用。
 4. 喷漆面积不足0.5m²,按0.5m²计算,大于0.5m²而不足1m²,按1m²计算。
 5. 喷漆面积小于12m²的汽车喷漆工时=喷漆类型单位工时×喷漆实际面积×80%。
 6. 喷漆面积大于12m²的汽车喷漆工时=喷漆类型单位工时×喷漆实际面积×70%。

按喷漆工时计算涂饰费是用喷漆工时乘以预先设定的每工时耗漆费用。例如,如果预先确定的每工时费用为200元,车门的喷漆工时为3h,则喷涂车门的涂饰费就是600元。某地广州本田部分轿车事故部位喷漆价格如表7-9所示。

广州本田部分轿车事故部位喷漆价格参考表(单位:元) 表7-9

项目	奥德赛系列	飞度两厢/三厢系列	08雅阁系列
发动机舱盖	400	350	450
行李舱盖	300	300	400
前翼子板	250	220	300
后翼子板	300	250	350
前车门上幅/下幅	200/150	300	400
后车门上幅/下幅	200/150	300	400
车顶	450	350	450
车顶边梁	100	100	100
下裙板	200	150	200
前杠外皮全喷/补喷	350/180	300/150	400/200
后杠外皮全喷/补喷	350/180	300/150	400/200
后视镜	50	50	80
全车喷漆	4000	3000/2800	4000

注:1. 若事故喷漆部位较多时,应作相应的递减(即在总额的基础上下浮20%~30%)。
 2. 上述喷漆价格均为单个部位的喷漆价格且已包含材料费。

一般来讲,对碰撞事故车辆的修理,工作量比较大的是车身壳体外饰钣金件的修复整形和喷漆,其次是结构件的矫正,最后是零部件的修理。因此,需要确定事故车辆的修复分项工时情况,轿车、客车和货车事故修复分项工时分别如表7-10、表7-11、表7-12所示。需要说明的是:事故级别"轻微"是指车辆损坏部位不太严重,覆盖件小碰小擦,稍有凹凸、漆痕不深、不需拆卸,可在车上修复;事故级别"一般"是指车辆覆盖件有凹痕、局部皱褶、不需动焊枪,但需拆卸修复;事故级别"较重"是指车辆覆盖件损坏接近更换,而修复工时费已达该零件价格的50%~60%。

轿车事故修复分项工时(单位:h)　　　　　表7-10

序号	项目	单位	微型			普通型			中级			中高级			高级		
			轻微	一般	较重	轻微	一般	较重	轻微	一般	较重	轻微	一般	较重	轻微	一般	较重
1	前保险杠	只	1	2	3	2	4	6	3	5	8	7	13	20	11	20	27
2	保险杠骨架	根	1	3	5	2	3	5	2	3	5	7	13	20	7	13	24
3	保险杠支架	只	1	1	2	1	1	2	1	1	2	1	2	3	3	4	5
4	前面罩	只	1	1	2	1	1	2	1	1	2	1	2	3	3	4	5
5	散热器框架	只	1	2	3	2	5	8	3	5	8	7	13	20	10	20	27
6	前横梁	根	1	3	4	2	5	8	3	5	8	8	2	24	10	20	27
7	发动机舱盖	只	3	5	8	3	7	11	3	7	11	5	5	21	5	13	24
8	前翼子板	块	1	3	4	1	3	5	2	4	6	3	13	9	4	7	11
9	前轮廓	只	3	5	11	4	7	11	4	8	13	7	5	20	11	16	21
10	前纵梁	根	3	7	11	3	5	11	3	7	13	7	12	20	11	21	32
11	前围板	只	3	5	11	3	5	11	3	7	13	7	12	20	11	21	32
12	前风窗玻璃框	只	3	5	9	5	7	16	7	16	21	16	13	40	20	40	53
13	前风窗玻璃下围板	只	1	4	7	2	4	8	3	7	13	13	27	40	20	40	50
14	仪表台框架	台	2	4	6	3	5	7	5	7	3	5	8	5	8	13
15	前立柱	根	4	11	13	5	11	16	8	13	20	13	27	40	20	27	40
16	中立柱	根	3	7	9	5	11	17	7	12	19	11	13	27	13	20	33
17	后立柱	根	4	11	13	5	11	16	8	20	20	13	27	40	20	27	40
18	车门	扇	3	7	9	5	11	17	7	12	19	8	15	27	13	20	27
19	换车门窗框	扇	3	7	10	5	9	13	5	9	16	7	13	19	7	13	19
20	换车槛梁	根	2	4	5	3	4	9	7	12	8	11	16	5	11	16
21	后纵梁	根	1	3	4	1	3	4	1	3	4	3	5	7	3	53	8

续上表

序号	项目	单位	微型			普通型			中级			中高级			高级		
			轻微	一般	较重	轻微	一般	较重	轻微	一般	较重	轻微	一般	较重	轻微	一般	较重
22	车顶	台	3	7	10	4	8	13	5	9	13	7	11	16	8	13	20
23	车顶梁	根	1	3	4	1	3	4	1	3	4	3	5	7	3	53	8
24	车身底梁	根	3	5	7	3	5	7	3	7	9	4	7	8	4	70	9
25	转向机固定支架	只	1	3	4	1	3	4	1	3	4	2	3	6	2	9	6
26	后翼子板	块	3	5	12	3	7	11	3	8	13	3	8	13	4	8	16
27	刮水器下围板	只	1	3	4	3	5	8	3	5	8	5	8	16	5	8	16
28	座椅靠背挡板	只	1	2	3	1	2	3	1	2	3	1	3	4	2	4	6
29	排气管	只	1	3	4	1	3	4	1	3	6	2	3	5	2	9	4
30	座椅骨架	只	1	3	4	3	5	7	3	5	7	3	9	11	5	9	13
31	后行李舱底板	块	3	5	8	3	7	11	3	7	11	4	9	13	4	9	13
32	后三角窗框架	只	1	2	3	1	3	4	1	3	4	3	5	8	3	5	8
33	后悬挂臂架	只	2	3	3	2	3	3	3	5	5	4	5	7	4	5	7
34	外侧梁	根	2	3	3	2	3	3	3	4	5	4	5	7	4	5	7
35	行李舱盖	只	3	5	9	3	5	9	4	8	16	5	8	16	5	11	16
36	后行李舱后围板	块	3	5	7	3	8	13	4	8	16	5	8	16	5	11	16
37	后保险杠	只	1	3	4	2	4	6	3	5	7	3	8	12	4	8	12
38	车身底板	块	3	5	8	4	8	16	5	10	18	7	13	20	7	13	20
39	后横梁	根	2	4	6	3	7	8	4	7	9	5	11	16	5	11	16
40	天窗框	只	0	0	0	0	0	0	0	0	0	7	12	20	7	13	20
41	副梁（副车架）	根	1	3	4	1	3	4	3	4	5	5	11	16	5	11	16

客车事故修复分项工时 表 7-11

序号	项目	单位	微型 轻微	微型 一般	微型 较重	小型 轻微	小型 一般	小型 较重	中型 轻微	中型 一般	中型 较重	大型 轻微	大型 一般	大型 较重
1	前保险杠	只	0.7	1	2	1	2	2.5	1	4	6.5	5	6.5	12
2	保险杠支架及骨架	只	0.7	1	2	0.7	1	2	2	3	6	2.5	5	8
3	前面罩	只	1	2.5	5	0.7	1	2	1	2.5	4	2.5	5	8
4	前散热器框架	只	1	2.5	4	1	2.5	5	2.5	5	6.5	4	8	11
5	前横梁	根	1	2.5	4	2.5	5	8	5	8	11	6.5	11	13
6	发动机盖	只	2.5	5	6.5	1	2.5	4	2.5	5	8	5	11	13
7	前纵梁	根	3	6.5	10	4	6.5	8	5	11	16	6.5	12	17
8	车身前围	台	4	6.5	11	4	6.5	9	5	8	11	8	11	13
9	前风窗玻璃框架	只	4	6.5	9	5	8	12	6.5	9	12	8	10.5	13
10	前立柱	根	2.5	5	6.5	4	6.5	9	5	8	11	8	11	13
11	中立柱	根	2.5	5	6.5	2.5	5	6.5	4	6.5	8	6.5	9	11
12	后立柱	根	4	6.5	9	4	6.5	9	4	6.5	8	8	11	13
13	前翼子板	块	0.7	1	2.5	0.5	1.5	2.5	1	2	3	2.5	4	5
14	驾驶员门	扇	5	6.5	13	5	8	14	5	11	16	8	13	20
15	乘客门	扇	6.5	9	16	8	10.5	17	9	13	20	9	14.5	21
16	门立柱	根	4	6.5	9	5	8	10.5	6.5	9	12	8	11	13
17	车顶	台	5	11	16	6.5	12	17	8	13	19	9	15	20
18	顶横梁	根	1	2	2.5	1	2.5	4	2.5	5	8	5	8	11
19	车身后围	台	1	2.5	5	2.5	8	12	4	9	13	5	11	15
20	行李舱盖	只	2.5	8	13	2.5	9	15	5	10.5	16	6.5	12	17
21	行李舱后围	块	1	2.5	5	2	4	6.5	2.5	5	8	4	6	9
22	行李舱底板	块	1	2.5	5	2	4	6.5	2.5	5	8	4	6.5	9
23	车身底板	块	2.5	5	8	3	6	7	4	8	12	5	9	13
24	后横梁	根	1	2.5	4	2.5	6.5	11	4	8	12	5	9	13
25	后保险杠	只	0.7	1	2	2.5	5	8	3	6.5	9	4.5	8	12
26	车身蒙皮	m²	0	6.5	0	0	6.5	0	0	6.5	0	0	6.5	0
27	车窗框架	只	0.7	2	3	1	2.5	4	2.5	5	8	4	6.5	9
28	天窗框	只	2.5	5	8	4	6.5	9	5	8	12	6.5	9	13
29	乘客门踏板	只	1	4	5	2.5	6.5	8	4	8	9	5	9	11
30	排气管	只	0	2.5	0	0	2	0	0	3	0	0	3	0
31	油箱支架	只	0	2.5	0	0	2.5	0	0	4	0	0	4	0
32	前窗沿口	只	2.5	5	9	3	6	11	4.5	7	12	6.5	10	14.5
33	车窗沿口	扇	1	4	5	2.5	6.5	8	4	8	9	5	9	11

续上表

序号	项目	单位	微型			小型			中型			大型		
			轻微	一般	较重	轻微	一般	较重	轻微	一般	较重	轻微	一般	较重
34	仪表台骨架	只	2	3	5	3	6.5	9	4	7	10	5	10	13
35	驾驶座椅	只	2.5	5	11	4	6.5	12	4.5	8	13	5	9	14.5
36	乘客座椅	只	1	2	3	2	3	5	2.5	4	6	2.5	4	6
37	中门轨道	只	1	2	2.5	2	3	5	5	3	5	8	4	6.5
38	车尾门	扇	1	4	8	2.5	5	11	0	0	0	0	0	0

货车事故修复分项工时(单位:h)   表7-12

序号	项目	单位	微型			轻型			中型			重型		
			轻微	一般	较重	轻微	一般	较重	轻微	一般	较重	轻微	一般	较重
1	驾驶室门	扇	1	3	8	3	4	9	4	5	11	7	11	16
2	驾驶室面罩	台	1	1	2	1	3	4	2	4	5	3	5	7
3	驾驶室包角	只	0.3	1	1	1	3	4	2	3	5	3	5	7
4	驾驶室侧面	面	3	4	8	4	5	9	5	8	11	7	9	13
5	驾驶室后部	台	3	4	9	4	5	12	5	8	15	7	11	17
6	驾驶室底部	台	3	4	8	4	5	9	5	8	12	7	11	16
7	驾驶室上部	台	3	4	1	4	5	12	7	8	15	8	13	20
8	驾驶室翻转机构	付	0	0	0	0	3	0	0	5	0	0	5	0
9	前风窗玻璃窗框	只	1	3	5	3	4	7	5	8	13	7	11	16
10	后风窗玻璃窗框	只	0.5	1	2	1	2	3	2	3	4	2	3	4
11	驾驶室门窗框	只	2	3	5	3	4	7	5	8	13	7	11	16
12	侧窗玻璃框	只	1	2	3	2	5	7	3	7	12	5	8	13
13	发动机盖铰链	付	0	1	0	0	1	0	0	3	0	0	3	0
14	发动机盖	只	0	2	0	4	8	10	5	9	11	6	10	12
15	车门饰板	块	0	1	0	0	1	0	0	1	0	0	1	0
16	单人座椅	只	0	3	0	0	3	0	0	3	0	0	3	0
17	双人座椅	只	0	3	0	0	4	0	0	4	0	0	4	0
18	驾驶室天窗及框	只	0	3	0	0	3	0	0	4	0	0	4	0
19	驾驶室壳	台	0	3	0	0	3	0	0	3	0	0	3	0
20	前翼子板	台	3	5	7	4	7	8	5	11	13	7	13	20
21	挡泥板	块	0	1	0	0	1	0	0	1	0	0	1	0
22	散热器	只	1	2	3	3	4	5	5	8	11	7	9	12
23	散热器框架	只	1	2	3	2	3	5	3	5	7	5	8	11
24	百叶窗	只	0	1	0	0	1	0	0	2	0	0	2	0
25	倒车镜支架	付	0	1	0	0	1	0	0	1	0	0	1	0
26	挡风板	块	0	1	0	0	1	0	0	3	0	0	3	0

续上表

序号	项目	单位	微型			轻型			中型			重型		
			轻微	一般	较重	轻微	一般	较重	轻微	一般	较重	轻微	一般	较重
27	排气管	根	0	1	0	0	1	0	0	2	0	0	2	0
28	保险杠(金属)	根	1	1	2	1	3	7	3	5	9	3	7	10
29	车架横梁	根	1	3	4	2	3	5	4	7	11	5	8	12
30	车厢支架	只	0	1	0	0	1	0	0	1	0	0	2	4
31	车架头部弯曲	台	3	7	13	5	11	20	11	16	17	21	40	48
32	车架扭曲	台	13	20	27	27	40	53	93	133	160	147	173	190
33	车厢前栏板	只	1	3	4	3	5	8	5	9	13	7	11	15
34	车厢栏板	块	1	3	5	3	5	9	4	7	12	5	8	10
35	车厢栏板柱	只	0	0	0	0	1	0	0	3	0	0	3	5
36	车厢框条	m	1	1	3	2	3	5	8	11	13	9	13	15
37	车厢底板	m²	1	3	5	3	5	8	8	12	16	12	16	27
38	车厢直梁	根	0.5	1	1.5	0.5	1.5	2.5	1	2	3.5	1	2.5	4
39	车厢横梁	根	0.5	1	1.5	0.5	1	2	1	2	4	1	2.5	5
40	驾驶室后翻转支架	只	0	0	0	0	0	0	1	2	4	1.5	4	8

7.4 碰撞损伤的评估报告

7.4.1 评估报告的要求与内容

1.汽车碰撞损失评估报告的要求

汽车碰撞损失评估报告是制订汽车修复计划与决定维修费用的基本依据,其相关要求如下:

1)书面报告形式

保险公司必须对被保险人或托修客户提供关于汽车碰撞损失评估的书面报告。

2)汽车碰撞损失评估报告的形式

(1)汽车碰撞损失评估报告可以是单独的损伤情况记录,也可以是将损伤情况记录与维修费用估算二者合一的形式。但其报告的费用、修理方案和修理时间等,多为粗略的估算。

(2)承修厂家接车业务人员对车辆损伤给出的检验单,多以损伤报告的形式,与托修单一同下达到修理车间,作为修理工作的依据。

(3)关于修理时间与修理费用的决定。由承修厂家相关业务人员进一步具体核算,并与客户进行协商后,最后决定修理费用和统一结算。

2.汽车碰撞损失评估报告的内容

1)汽车车主或送修单位的信息

(1)记录车主或送修单位的名称、地址、邮编、联系电话等,以便通知送修方结算和提车,或就维修过程中临时发生的问题(如维修项目维修时间和维修费用等的变化)进行协商解决。

(2)如送修方已经参保的,还要记录承保公司名称、联系方式、保险单号、报案号、保险公司的定损单等,以便就维修中的某些问题及时与车主和保险公司联系与协商,避免给三方造成不必要的损失或不愉快。

2)汽车的基本信息

(1)汽车的厂牌型号、VIN码、发动机号、生产年份、登记日期和汽车牌号等,以便为配件购买和查阅维修手册提供依据和方便。尤其是通过VIN码,可准确地查出该车的生产地和生产批号。通过维修手册则可准确地订购到所需配件。

(2)车身颜色(如有车身颜色代码,也要记录),有无改变颜色等,以便为车身的涂装修复提供方便。车身的涂装修复应力争做到"无痕迹修补"。通过查阅车身颜色代码,可准确地调配出所需的颜色,以实现无痕迹修补。

(3)车身类型、行驶里程等。这些内容有助于车身维修技师制订正确的修复计划和更准确地计算维修时间和维修费用。同时又可辨别非因本次碰撞而造成的、原来已经存在的损伤或强度弱化现象。

(4)交通部门的证明文件:如系事故车辆或需要全车改色的车辆,还必须有交管部门或相关部门出具的事故证明和车管部门出具的改色证明文件。

3)汽车损伤情况和预计的修理方式

经过车辆损伤检验后,必须仔细记录损伤情况,并提出维修方案。如系定损单,还要依据维修的细目初步估算维修费用。

(1)关于碰撞的简单描述。

要记录碰撞当时的车速、碰撞物体、碰撞角度、驾驶员采取的措施、车辆载质量等,以便于维修人员对车辆进行进一步的检查和分析。

(2)损伤检验项目的详细记录。

经过损伤检验的项目要作详细的记录,包括各个部件的测量尺寸、损坏程度和建议的修理方案等。

(3)分细目登记损伤情况。

要分细目登记损伤情况。

①按大类分,如:

a.车身损坏情况:车身损坏的主要部分、损坏程度和需要进行钣金维修的部分等。

b.车辆机电部分损坏情况:车辆机电部分损坏的主要部分、程度和需要维修的项目等。

c.需要涂装修复的部位与项目等。

②在每个大项之下,再分小项加以说明,如维修与更换则需要单列。又如,当汽车的前侧梁碰撞损伤失去修理价值必须更换时,在"更换"一栏中,应仔细说明其损伤的部位和程度等。

4) 关于汽车维修待定项目

在汽车碰撞损失评估报告中,保留汽车维修待定项目的目的在于:定损鉴定工作出现疏漏项目时,可依据维修具体的实际情况与需要,对托修合同进行补充修订,以免引起纠纷或造成不良后果。

5) 关于预计的汽车修理费用

(1) 保险公司的定损单中,应包括有预计的汽车修理费用项目。

(2) 预计的汽车修理费用只是一种比较粗略的估算,并非维修实际准确的费用。

(3) 定损人员必须明确区分哪些项目是不作赔偿的。如保险公司定损理赔时,只负责本次事故所造成的损失,对于车辆原有问题将不作赔偿。此外,凡在定损单之外,应客户要求而追加的项目,其修理费用应由客户自行承担。

7.4.2 评估报告的撰写

在对车辆的损伤状况做完必要的检查与费用估算工作后,需要以书面的形式对车辆的损伤情况进行记录。这份记录将对制订车辆的修复计划起到决定的作用。

碰撞损伤的评估报告,可以是单独的损伤情况记录,也可以与车辆损伤的费用估算合二为一。汽车损失评估报告必须真实、实事求是、准确、经得起考验、得到各方的承认,撰写的报告是在事故现场查勘记录(原始材料)、损失情况确认书(定损书)、零部件更换项目清单、修理项目清单、保险快捷案件处理单等鉴定材料的基础上撰写而成的,要将以上各式表格材料作为补佐材料附在评估报告中。

1. 车损报告的编制

1) 基本信息

车损报告中的基本信息主要是指车主姓名、地址、电话号码、保险信息、车辆17位代码、油漆代码、牌照号、行驶里程等。

2) 确定是否有重要选装件

汽车选装某些零部件可能会增加汽车现值,因而应在汽车碰撞评估中列出,有以下这些件可以选择:

(1) 特定大小的发动机尺寸或其他;

(2) 汽车天窗;

(3) 中波/调频、立体声音响、录音机、CD 播放器(仅限原装件);

(4) 遥控门锁、车窗自动升降器和座椅自动调节器;

(5) 巡航控制、倾斜式转向盘;

(6) 真皮座椅、特制轮毂罩盖、行李舱盖(原装件)和专用修理包。

2. 判断事故前损伤

必须彻底检查整车,排除与保险条款无关的事故前损伤,例如:

(1) 旧划痕和凹痕;

(2) 锈、腐蚀或喷漆抛光的缺口和瑕疵;

(3)在保险杠、框架、护罩上的塑料件和橡胶件的裂缝、凹痕；

(4)座椅或内饰撕裂口；

(5)座椅、地毯和内部表面的污点和损伤；

(6)玻璃或后视镜的破碎和裂纹；

(7)轮箍罩盖或装饰条的损伤或缺失；

(8)灯罩开裂或破碎或者灯泡烧损；

(9)单独选配设备的损伤,如空调、暖风等。

确定事故前损伤,将其记录在车损报告和鉴定中。保险公司不负担对事故前损伤的修理费用,其责任只是负担由于这次事故造成的损伤。

3. 确定更换零件及其价格

根据碰撞方向和程度,确定受损零件,其确定方法是：

(1)从直接碰撞点开始检查,向内检查整个损伤区域,列出受影响的全部零件。按着冲击力贯穿全车的路径进行检查。在最常见的前端碰撞事故中,检查过程是从汽车前端开始,逐渐向后。

(2)考虑把汽车划分为主要总成或相关零件组,然后按从外到里的顺序,按组找出损伤零件。

例如,一辆汽车左前角受到损伤。在这种碰撞中损伤的典型总成(按从前向后的顺序)为保险杠、格栅、左前照灯、散热器、车顶和翼子板。从汽车前端开始,检查已损伤总成的每个损伤零件。把零件按从外向内的顺序列出。例如,损伤翼子板需更换以下零件：翼子板、悬架滑柱支座、滑柱塔座、后延伸件、挡泥板和车裙围。翼子板附属件、车身嵌条和车灯等也可能需要换。

(3)根据配件价格手册,即可查出所需更换零件的价格及更换工时费用。

4. 确定维修项目及价格

对于需要维修的板件和车架,必须合理确定维修项目,分别列出需维修矫正的零件。根据"机动车事故修复分项工费"可查得修复某一零件所需工时及对应的工时费,填入评估表中。

5. 填写车损评估表注意事项

1) 避免缩写

除非缩写在评估报告中已定义,否则不要过多地使用缩写。当一块后围侧板必须进行矫直时,不要写成"矫围板",而要具体写成"矫正后围侧板"。应区分左、右侧的零件,如在这种情况下就要写明"左后侧围板"。

2) 字迹要整洁

给每个汽修厂员工或理赔员一份清楚、准确的报告,报告上无涂划、无污迹、无潦草或难懂文字或计算符号。

3) 特殊说明

任何特殊说明都应当清楚地在输入项中予以注明。这可以提醒修理者注意存在隐蔽损伤,给出解体说明,并详细说明拆解修理。拆解修理涉及的任何一方(碰撞修理企业、保险公司和用户)应该了解拆解修理项目、修理方法以及质量工作的重要性。

4)顾客要求

如果用户希望进行条款未规定的附加作业(例如修复事故前的损伤),这应视为"顾客要求"修理。作为一项通用规则,保险公司将不负责赔偿这部分修理费。在这种情况下,经常需要单独为顾客进行评估。

5)审阅车损报告

在完成车损报告编制并汇总和核查数字后,与用户共同审阅报告。逐项审阅报告,解释要做什么、怎样做和为什么某种类型零件和修理方法对于这辆汽车来说是最好的。

6)拍照记录

一般事故车的损伤摄影照片属于车损报告的一部分。照片可以用来记录和发现车辆损伤。照片上可能显示出隐患损伤、车架损伤、微量失准、小划痕和凹坑等。

7.4.3 评估报告实例

对事故汽车进行评估时,汇总材料费、工时费、材料管理费、喷涂费用、税收等,得到事故车辆的修理总费用。本节以一辆桑塔纳 2000 型轿车左前车碰撞为例,说明车辆的查勘、检验和损失评估过程。

(1)填写车辆受损情况查勘表。详细、具体的车辆受损查勘记录表是车辆损失评估的工作基础,其形式如表 7-13 所示。

车辆受损查勘表 表 7-13

委托人:×××　　　　　　　　　　　　　　委托书编号:××××××

号牌号码:苏A×××××		车架号码(VIN):WVW77733ZTW×××××	
厂牌型号:上海大众×××××		车辆类型:轿车	检验合格至:200×年××月
初次登记年月: ×××年××月		使用性质: 家庭自用	颜色及漆种: 红色、双涂层烤漆
行驶证车主:×××	行驶里程:20.3 万 km	燃料种类:汽油	车身结构:承载式
方向形式:左	变速器类型:五挡手动	驱动形式:前驱	损失程度:□无损失　■部分损失 □全部损失
查勘时间:2004 年 12 月 26 日			
查勘地点:×××修理厂			
受损时间:×××年××月××日	保险期限:×××年××月××日		出险地点:××××××
损 失 清 单			
序号	损失项目	数量	损失情况	修复方式	备注说明
0101	前保险杠	1	破损	更换	
0102	前保险杠骨架	1	严重变形	更换	
0103	前保险杠左支架	1	严重变形	更换	

续上表

	损 失 清 单				
序号	损失项目	数量	损失情况	修复方式	备注说明
0104	前保险杠右支架	1	轻微变形	校正	
0105	左右雾灯	各1	破碎	更换	
0201	前护栅	1	破碎	更换	
0202	前徽标	1	破碎	更换	
0301	左右前照灯	各1	破碎	更换	
0302	左右角灯	各1	破碎	更换	
0303	左前照灯下饰条	1	破碎	更换	
0401	散热器框架	1	中度变形	更换	
0402	前横梁	1	轻度变形	校正	
0403	扭力梁	1	断裂	更换	
0501	冷凝器	1	变形	修理	未漏
0502	回收加注R134制冷剂		回收后加注	修理	
0601	散热器	1	严重变形	更换	
0602	冷却液		已漏	加注	
0603	风扇护罩	1	中度变形	更换	
0604	主风扇及电动机	1	破损	更换	
0605	水泵传动带	1	破损	更换	
0701	发动机舱盖	1	中度变形	校正	
0702	发动机舱盖锁	1	轻度变形	修理	
0801	左前翼子板	1	轻度变形	校正	
0901	左前纵梁	1	轻度变形	校正	
1001	事故处	2m²		做漆	

当事人：×××　　　　　　　　　　　　　　　　　　　　查勘员：×××

(2) 制作车辆损失评估单。通常评估基准时点为事故时点，如2004年12月26日。损失评估的方法为重置成本法。材料价格来自市场，均为正厂件；材料管理费标准取自《××省汽车修理工时定额与收费标准》；工时取自《××省汽车修理工时定额与收费标准》，工时单价取自市场平均水平；涂饰费用取自市场平均水平；税收标准取自《××省汽车修理工时定额与收费标准》；残值定价来自废旧材料市场行情以及与承修厂协调的结果。汽车损失评估单见表7-14。

汽车损失评估单

表 7-14

编号:200×××××××

车主:×××		牌照号码:××××××		事故日期:2004年12月26日		
厂牌型号:上海大众×××××			车辆类型:轿车		结构特征:承载式车身	
颜色及漆种:红色、双涂层烤漆			VIN(车架号):WVW77733ZTW××××××			
序号	损失项目	数量	修理方式	材料费(元)	工时费(元)	备注
0101	前保险杠	1	更换	340	1.5×80	
0102	前保险杠骨架	1	更换	90		
0103	前保险杠左支架	1	更换	10		
0104	前保险杠右支架	1	校正			
0105	左右雾灯	各1	更换	2×160		
0201	前护栅	1	更换	60	0.2×80	
0202	前徽标	1	更换	13		
0301	左右前照灯	各1	更换	2×350	0.7×80	
0302	左右角灯	各1	更换	2×60		
0303	左前照灯下饰条	1	更换	5		
0401	散热器框架	1	更换	320	3×80	
0402	前横梁	1	校正		1×80	
0403	扭力梁	1	更换	25		
0501	冷凝器	1	修理		3×80	事故后未漏
0502	回收加注R134制冷剂		修理			
0601	散热器	1	更换	500	3×80	
0602	冷却液		加注	60		已漏
0603	风扇护罩	1	更换	70		
0604	主风扇及电动机	1	更换	250		
0605	水泵传动带	1	更换	15	0.2×80	
0701	发动机舱盖	1	校正		3×80	
0702	发动机舱盖锁	1	修理		0.2×80	
0801	左前翼子板	1	校正		1×80	
0901	左前纵梁	1	校正		2×80	
1001	事故处	2m²	做漆			
1101	辅助作业			80	1×80	
材料费合计:2978元		材料管理费合计(12%):357元			工时费:1584元	
涂饰费:800元(含税)		外加工费:0元			税金:836元	
修理费合计:陆仟伍佰伍拾伍元整(6555.00元)					残值:伍拾伍元	

车主:×××　　保险公司:×××　　承修厂:×××××××　　评估师:×××

通常修理评估单一式三份,两份交委托人,一份留存,结论有效期限为30天。限定时间的原因:一是零件的价格可能会变,二是汽车的损伤也会变化。注意,原则上以事故时点为评估基准时点,若不以事故时点为评估基准时点时,评估单上必须加以说明。

本章小结

本章主要内容包括汽车碰撞事故分类、二手车交汽车碰撞损伤的诊断、汽车维修费用的评估、碰撞损伤的评估报告等内容。

下列的总体概要或框图覆盖了本章的主要学习内容,可以利用以下线索对所学内容进行做一次简要的回顾,以便归纳、总结和关联相应的知识点。

1. 汽车碰撞事故分类

介绍了汽车碰撞损伤类型。

2. 二手车的销售价格确定

介绍了汽车碰撞损伤的诊断,分别包括碰撞对车身结构的影响,车身的碰撞损伤诊断,发动机和底盘的碰撞损伤诊断,发动机和底盘的碰撞损伤诊断。

3. 汽车维修费用的评估

介绍了作业项目的确定,汽车维修费用的组成。论述了汽车主要零部件更换原则,维修费用的计算与评估。

4. 碰撞损伤的评估报告

介绍了评估报告的撰写要求与内容。

自测题

一、单项选择题

1. 下列不属于汽车碰撞直接损伤是(　　)。
　　A. 前保险杠　　　　B. 前翼子板　　　　C. 散热器护栅　　　　D. 车架横梁
2. 零件平面的两个对角碰撞后变为其中一个角高出正常平面,另一个角低于正常平面是指(　　)。
　　A. 侧弯　　　　B. 扭曲　　　　C. 折皱　　　　D. 凹陷
3. 维修后零部件的使用寿命应能达到新件寿命的(　　)以上,且应能与整车使用寿命相匹配。
　　A. 60%　　　　B. 70%　　　　C. 80%　　　　D. 90%

二、判断题(在括号内正确的打√、错误的打×)

1. 汽车发生前撞直接接触部分的前保险杠、前翼子板、散热器护栅、发动机舱、前照灯等零部件导致的变形损坏称为直接损伤。(　　)
2. 承载式车身是指车架承载着整个车体,发动机、悬挂和车身都安装在车架上。(　　)
3. 维修后零部件的使用寿命应能达到新件寿命的80%以上,且应能与整车使用寿命相匹配。(　　)
4. 在对车辆的损伤状况做完必要的检查与费用估算工作后,需要以书面的形式对车辆的损伤情况进行记录。结论有效期限为10天。(　　)

三、简答题

1. 车辆损失的影响因素有哪些？
2. 碰撞对承载式车身和非承载式车身的影响有何不同？
3. 汽车维修过程中的作业项目有哪些？
4. 如何理解汽车维修中的工时单价和工时定额？
5. 汽车碰撞损伤的评估报告撰写内容有哪些？

附录 普通复利系数表

$i = 5\%$

附表1

年限 n (年)	一次支付终值系数 (F/P,i,n)	一次支付现值系数 (P/F,i,n)	等额系列终值系数 (F/A,i,n)	偿债基金系数 (A/F,i,n)	资金回收系数 (A/P,i,n)	等额系列现值系数 (P/A,i,n)
1	1.0500	0.9524	1.0000	1.0000	1.0500	0.9524
2	1.1025	0.9070	2.0500	0.4878	0.5378	1.8594
3	1.1576	0.8638	3.1525	0.3172	0.3672	2.7232
4	1.2155	0.8227	4.3101	0.2320	0.2820	3.5460
5	1.2763	0.7835	5.5256	0.1810	0.2310	4.3295
6	1.3401	0.7462	6.8019	0.1470	0.1970	5.0757
7	1.4071	0.7107	8.1420	0.1228	0.1728	5.7864
8	1.4775	0.6768	9.5491	0.1047	0.1547	6.4632
9	1.5513	0.6446	11.0266	0.0907	0.1407	7.1078
10	1.6289	0.6139	12.5779	0.0795	0.1295	7.7217
11	1.7103	0.5847	14.2068	0.0704	0.1204	8.3064
12	1.7959	0.5568	15.9171	0.0628	0.1128	8.8633
13	1.8856	0.5303	17.7130	0.0565	0.1065	9.3936
14	1.9799	0.5051	19.5986	0.0510	0.1010	9.8986
15	2.0789	0.4810	21.5786	0.0463	0.0963	10.3797
16	2.1829	0.4581	23.6575	0.0423	0.0923	10.8378
17	2.2920	0.4363	25.8404	0.0387	0.0887	11.2741
18	2.4066	0.4155	28.1324	0.0355	0.0855	11.6896
19	2.5270	0.3957	30.5390	0.0327	0.0827	12.0853
20	2.6533	0.3769	33.0660	0.0302	0.0802	12.4622
21	2.7860	0.3589	35.7193	0.0280	0.0780	12.8212
22	2.9253	0.3418	38.5052	0.0260	0.0760	13.1630
23	3.0715	0.3256	41.4305	0.0241	0.0741	13.4886
24	3.2251	0.3101	44.5020	0.0225	0.0725	13.7986
25	3.3864	0.2953	47.7271	0.0210	0.0710	14.0939
26	3.5557	0.2812	51.1135	0.0196	0.0696	14.3752
27	3.7335	0.2678	54.6691	0.0183	0.0683	14.6430
28	3.9201	0.2551	58.4026	0.0171	0.0671	14.8981
29	4.1161	0.2429	62.3227	0.0160	0.0660	15.1411
30	4.3219	0.2314	66.4388	0.0151	0.0651	15.3725

$i=8\%$ 附表2

年限 n (年)	一次支付终值系数 $(F/P,i,n)$	一次支付现值系数 $(P/F,i,n)$	等额系列终值系数 $(F/A,i,n)$	偿债基金系数 $(A/F,i,n)$	资金回收系数 $(A/P,i,n)$	等额系列现值系数 $(P/A,i,n)$
1	1.0800	0.9259	1.0000	1.0000	1.0800	0.9259
2	1.1664	0.8573	2.0800	0.4808	0.5608	1.7833
3	1.2597	0.7938	3.2464	0.3080	0.3880	2.5771
4	1.3605	0.7350	4.5061	0.2219	0.3019	3.3121
5	1.4693	0.6806	5.8666	0.1705	0.2505	3.9927
6	1.5869	0.6302	7.3359	0.1363	0.2163	4.6229
7	1.7138	0.5835	8.9228	0.1121	0.1921	5.2064
8	1.8509	0.5403	10.6366	0.0940	0.1740	5.7466
9	1.9990	0.5002	12.4876	0.0801	0.1601	6.2469
10	2.1589	0.4632	14.4866	0.0690	0.1490	6.7101
11	2.3316	0.4289	16.6455	0.0601	0.1401	7.1390
12	2.5182	0.3971	18.9771	0.0527	0.1327	7.5361
13	2.7196	0.3677	21.4953	0.0465	0.1265	7.9038
14	2.9372	0.3405	24.2149	0.0413	0.1213	8.2442
15	3.1722	0.3152	27.1521	0.0368	0.1168	8.5595
16	3.4259	0.2919	30.3243	0.0330	0.1130	8.8514
17	3.7000	0.2703	33.7502	0.0296	0.1096	9.1216
18	3.9960	0.2502	37.4502	0.0267	0.1067	9.3719
19	4.3157	0.2317	41.4463	0.0241	0.1041	9.6036
20	4.6610	0.2145	45.7620	0.0219	0.1019	9.8181
21	5.0338	0.1987	50.4229	0.0198	0.0998	10.0168
22	5.4365	0.1839	55.4568	0.0180	0.0980	10.2007
23	5.8715	0.1703	60.8933	0.0164	0.0964	10.3711
24	6.3412	0.1577	66.7648	0.0150	0.0950	10.5288
25	6.8485	0.1460	73.1059	0.0137	0.0937	10.6748
26	7.3964	0.1352	79.9544	0.0125	0.0925	10.8100
27	7.9881	0.1252	87.3508	0.0114	0.0914	10.9352
28	8.6271	0.1159	95.3388	0.0105	0.0905	11.0511
29	9.3173	0.1073	103.9659	0.0096	0.0896	11.1584
30	10.0627	0.0994	113.2832	0.0088	0.0888	11.2578

$i=10\%$ 附表 3

年限 n (年)	一次支付 终值系数 $(F/P,i,n)$	一次支付 现值系数 $(P/F,i,n)$	等额系列 终值系数 $(F/A,i,n)$	偿债基金 系数 $(A/F,i,n)$	资金回收 系数 $(A/P,i,n)$	等额系列 现值系数 $(P/A,i,n)$
1	1.1000	0.9091	1.0000	1.0000	1.1000	0.9091
2	1.2100	0.8264	2.1000	0.4762	0.5762	1.7355
3	1.3310	0.7513	3.3100	0.3021	0.4021	2.4869
4	1.4641	0.6830	4.6410	0.2155	0.3155	3.1699
5	1.6105	0.6209	6.1051	0.1638	0.2638	3.7908
6	1.7716	0.5645	7.7156	0.1296	0.2296	4.3553
7	1.9487	0.5132	9.4872	0.1054	0.2054	4.8684
8	2.1436	0.4665	11.4359	0.0874	0.1874	5.3349
9	2.3579	0.4241	13.5795	0.0736	0.1736	5.7590
10	2.5937	0.3855	15.9374	0.0627	0.1627	6.1446
11	2.8531	0.3505	18.5312	0.0540	0.1540	6.4951
12	3.1384	0.3186	21.3843	0.0468	0.1468	6.8137
13	3.4523	0.2897	24.5227	0.0408	0.1408	7.1034
14	3.7975	0.2633	27.9750	0.0357	0.1357	7.3667
15	4.1772	0.2394	31.7725	0.0315	0.1315	7.6061
16	4.5950	0.2176	35.9497	0.0278	0.1278	7.8237
17	5.0545	0.1978	40.5447	0.0247	0.1247	8.0216
18	5.5599	0.1799	45.5992	0.0219	0.1219	8.2014
19	6.1159	0.1635	51.1591	0.0195	0.1195	8.3649
20	6.7275	0.1486	57.2750	0.0175	0.1175	8.5136
21	7.4002	0.1351	64.0025	0.0156	0.1156	8.6487
22	8.1403	0.1228	71.4027	0.0140	0.1140	8.7715
23	8.9543	0.1117	79.5430	0.0126	0.1126	8.8832
24	9.8497	0.1015	88.4973	0.0113	0.1113	8.9847
25	10.8347	0.0923	98.3471	0.0102	0.1102	9.0770
26	11.9182	0.0839	109.1818	0.0092	0.1092	9.1609
27	13.1100	0.0763	121.0999	0.0083	0.1083	9.2372
28	14.4210	0.0693	134.2099	0.0075	0.1075	9.3066
29	15.8631	0.0630	148.6309	0.0067	0.1067	9.3696
30	17.4494	0.0573	164.4940	0.0061	0.1061	9.4269

$i=12\%$ 附表 4

年限 n (年)	一次支付终值系数 $(F/P, i, n)$	一次支付现值系数 $(P/F, i, n)$	等额系列终值系数 $(F/A, i, n)$	偿债基金系数 $(A/F, i, n)$	资金回收系数 $(A/P, i, n)$	等额系列现值系数 $(P/A, i, n)$
1	1.1200	0.8929	1.0000	1.0000	1.1200	0.8929
2	1.2544	0.7972	2.1200	0.4717	0.5917	1.6901
3	1.4049	0.7118	3.3744	0.2963	0.4163	2.4018
4	1.5735	0.6355	4.7793	0.2092	0.3292	3.0373
5	1.7623	0.5674	6.3528	0.1574	0.2774	3.6048
6	1.9738	0.5066	8.1152	0.1232	0.2432	4.1114
7	2.2107	0.4523	10.0890	0.0991	0.2191	4.5638
8	2.4760	0.4039	12.2997	0.0813	0.2013	4.9676
9	2.7731	0.3606	14.7757	0.0677	0.1877	5.3282
10	3.1058	0.3220	17.5487	0.0570	0.1770	5.6502
11	3.4785	0.2875	20.6546	0.0484	0.1684	5.9377
12	3.8960	0.2567	24.1331	0.0414	0.1614	6.1944
13	4.3635	0.2292	28.0291	0.0357	0.1557	6.4235
14	4.8871	0.2046	32.3926	0.0309	0.1509	6.6282
15	5.4736	0.1827	37.2797	0.0268	0.1468	6.8109
16	6.1304	0.1631	42.7533	0.0234	0.1434	6.9740
17	6.8660	0.1456	48.8837	0.0205	0.1405	7.1196
18	7.6900	0.1300	55.7497	0.0179	0.1379	7.2497
19	8.6128	0.1161	63.4397	0.0158	0.1358	7.3658
20	9.6463	0.1037	72.0524	0.0139	0.1339	7.4694
21	10.8038	0.0926	81.6987	0.0122	0.1322	7.5620
22	12.1003	0.0826	92.5026	0.0108	0.1308	7.6446
23	13.5523	0.0738	104.6029	0.0096	0.1296	7.7184
24	15.1786	0.0659	118.1552	0.0085	0.1285	7.7843
25	17.0001	0.0588	133.3339	0.0075	0.1275	7.8431
26	19.0401	0.0525	150.3339	0.0067	0.1267	7.8957
27	21.3249	0.0469	169.3740	0.0059	0.1259	7.9426
28	23.8839	0.0419	190.6989	0.0052	0.1252	7.9844
29	26.7499	0.0374	214.5828	0.0047	0.1247	8.0218
30	29.9599	0.0334	241.3327	0.0041	0.1241	8.0552

$i = 15\%$ 附表 5

年限 n (年)	一次支付终值系数 $(F/P, i, n)$	一次支付现值系数 $(P/F, i, n)$	等额系列终值系数 $(F/A, i, n)$	偿债基金系数 $(A/F, i, n)$	资金回收系数 $(A/P, i, n)$	等额系列现值系数 $(P/A, i, n)$
1	1.1500	0.8696	1.0000	1.0000	1.1500	0.8696
2	1.3225	0.7561	2.1500	0.4651	0.6151	1.6257
3	1.5209	0.6575	3.4725	0.2880	0.4380	2.2832
4	1.7490	0.5718	4.9934	0.2003	0.3503	2.8550
5	2.0114	0.4972	6.7424	0.1483	0.2983	3.3522
6	2.3131	0.4323	8.7537	0.1142	0.2642	3.7845
7	2.6600	0.3759	11.0668	0.0904	0.2404	4.1604
8	3.0590	0.3269	13.7268	0.0729	0.2229	4.4873
9	3.5179	0.2843	16.7858	0.0596	0.2096	4.7716
10	4.0456	0.2472	20.3037	0.0493	0.1993	5.0188
11	4.6524	0.2149	24.3493	0.0411	0.1911	5.2337
12	5.3503	0.1869	29.0017	0.0345	0.1845	5.4206
13	6.1528	0.1625	34.3519	0.0291	0.1791	5.5831
14	7.0757	0.1413	40.5047	0.0247	0.1747	5.7245
15	8.1371	0.1229	47.5804	0.0210	0.1710	5.8474
16	9.3576	0.1069	55.7175	0.0179	0.1679	5.9542
17	10.7613	0.0929	65.0751	0.0154	0.1654	6.0472
18	12.3755	0.0808	75.8364	0.0132	0.1632	6.1280
19	14.2318	0.0703	88.2118	0.0113	0.1613	6.1982
20	16.3665	0.0611	102.4436	0.0098	0.1598	6.2593
21	18.8215	0.0531	118.8101	0.0084	0.1584	6.3125
22	21.6447	0.0462	137.6316	0.0073	0.1573	6.3587
23	24.8915	0.0402	159.2764	0.0063	0.1563	6.3988
24	28.6252	0.0349	184.1678	0.0054	0.1554	6.4338
25	32.9190	0.0304	212.7930	0.0047	0.1547	6.4641
26	37.8568	0.0264	245.7120	0.0041	0.1541	6.4906
27	43.5353	0.0230	283.5688	00035	0.1535	6.5135
28	50.0656	0.0200	327.1041	0.0031	0.1531	6.5335
29	57.5755	0.0174	377.1697	0.0027	0.1527	6.5509
30	66.2118	0.0151	434.7451	0.0023	0.1523	6.5660

$i = 20\%$ 附表6

年限 n (年)	一次支付 终值系数 $(F/P, i, n)$	一次支付 现值系数 $(P/F, i, n)$	等额系列 终值系数 $(F/A, i, n)$	偿债基金 系数 $(A/F, i, n)$	资金回收 系数 $(A/P, i, n)$	等额系列 现值系数 $(P/A, i, n)$
1	1.2000	0.8333	1.0000	1.0000	1.2000	0.8333
2	1.4400	0.6944	2.2000	0.4545	0.6545	1.5278
3	1.7280	0.5787	3.6400	0.2747	0.4747	2.1065
4	2.0736	0.4823	5.3680	0.1863	0.3863	2.5887
5	2.4883	0.4019	7.4416	0.1344	0.3344	2.9906
6	2.9860	0.3349	9.9299	0.1007	0.3007	3.3255
7	3.5832	0.2791	12.9159	0.0774	0.2774	3.6046
8	4.2998	0.2326	16.4991	0.0606	0.2606	3.8372
9	5.1598	0.1938	20.7989	0.0481	0.2481	4.0310
10	6.1917	0.1615	25.9587	0.0385	0.2385	4.1925
11	7.4301	0.1346	32.1504	0.0311	0.2311	4.3271
12	8.9161	0.1122	39.5805	0.0253	0.2253	4.4392
13	10.6993	0.0935	48.4966	0.0206	0.2206	4.5327
14	12.8392	0.0779	59.1959	0.0169	0.2169	4.6106
15	15.4070	0.0649	72.0351	0.0139	0.2139	4.6755
16	18.4884	0.0541	87.4421	0.0114	0.2114	4.7296
17	22.1861	0.0451	105.9306	0.0094	0.2094	4.7746
18	26.6233	0.0376	128.1167	0.0078	0.2078	4.8122
19	31.9480	0.0313	154.7400	0.0065	0.2065	4.8435
20	38.3376	0.0261	186.6880	0.0054	0.2054	4.8696
21	46.0051	0.0217	225.0256	0.0044	0.2044	4.8913
22	55.2061	0.0181	271.0307	0.0037	0.2037	4.9094
23	66.2474	0.0151	326.2369	0.0031	0.2031	4.9245
24	79.4968	0.0126	392.4842	0.0025	0.2025	4.9371
25	95.3962	0.0105	471.9811	0.0021	0.2021	4.9476
26	114.4755	0.0087	567.3773	0.0018	0.2018	4.9563
27	137.3706	0.0073	681.8528	0.0015	0.2015	4.9636
28	164.8447	0.0061	819.2233	0.0012	0.2012	4.9697
29	197.8136	0.0051	984.0680	0.0010	0.2010	4.9747
30	237.3763	0.0042	1181.8816	0.0008	0.2008	4.9789

参 考 文 献

[1] 马晓春,尹继辉.汽车鉴定与评估[M].北京:人民交通出版社股份有限公司,2017.

[2] 成英,刘晓锋.汽车评估[M].北京:清华大学出版社,2014.

[3] 李耀平,胡立伟,吴刚.汽车评估[M].北京:人民交通出版社股份有限公司,2014.

[4] 裘文才.二手车评估[M].北京:人民交通出版社,2010.

[5] 杜秀菊,贾长治.二手车鉴定与评估实用教程[M].北京:机械工业出版社,2013.

[6] 毛矛,张鹏九.汽车评估实务[M].北京:机械工业出版社,2011.

[7] 黄费智.汽车评估与鉴定[M].北京:机械工业出版社,2011.

[8] 杜建.汽车评估[M].北京:人民交通出版社,2008.

[9] 何宝文,王海宝.汽车评估[M].大连:大连理工大学出版社,2009.

[10] 张克明.汽车评估[M].北京:机械工业出版社,2002.

[11] 王永盛.汽车评估[M].北京:机械工业出版社,2005.

[12] 林艺琳.基于层次分析法确定二手车剩余价值的研究——以A公司品牌二手车为研究对象[D].上海:同济大学,2011.

[13] 于承欢.二手车综合成新率的改进及算法研究[D].上海:同济大学,2011.

[14] 刘玉光,刘志新.各国新车评价规程(NCAP)测试评价技术的现状与发展[J].汽车安全与节能学报,2013,4(1):16-22.

[15] 张南峰,陈述官.二手车评估与交易[M].北京:人民邮电出版,2010.

[16] 王辉."保值率"成消费者购车重要指标[J].中国质量报,2012-5-8(8).

[17] 王星.大数据分析:方法与应用[M].北京:清华大学出版社,2013.

[18] Yali Yang,Hao Chen,et al. Development of Used Car Market in China[J]. Modern Economy, 2013,Vol.4 (6):453-460.

[19] Kazuyuki Iwata,Shigeru Matsumoto. Use of hybrid vehicles in Japan:An analysis of used car market data [J]. Transportation Research Part D,2016, Vol.46.